經濟數學

主編 葉鳴飛、謝素鑫

前 言

　　數學是人類社會進步的產物,也是推動社會發展的動力之一.可以說,自經濟學成為一門學科後,數學就在研究和說明經濟思想中扮演著重要的角色.不僅許多經濟學概念需要用數學來度量(如成本、利潤、價格、商品數量以及貨幣量等),而且數學可以幫助我們研究這些數量之間的關係(也就是我們常說的經濟模型).經濟模型是經濟變量之間的數學關係的集合.瞭解如何將經濟問題的重要特徵提煉出來,使之抽象化、簡單化,是每一個學經濟的人所接受訓練的一個重要部分.我們將在經濟模型中用數學的方法對這些關係加以研究,而這就是本書的主題之一.數學具有精確、嚴密的特點,並能解決許多複雜的經濟問題,這使得數學方法在分析經濟問題時具有很高的價值.

　　本書是根據數學理論而不是經濟的發展脈絡編寫的,例題和練習既適合於練習單純的數學方法,又可應用於經濟類問題的討論.本書的編寫原則是:不追求數學理論的完整性和系統性,只突出重要結論、典型數學方法的應用,盡可能用生活語言來描述抽象的數學概念,在傳統教材原有的計算公式基礎上,建立計算模型,直觀給出計算方法,以適應高職高專學生數學基礎薄弱、計算力差、邏輯思維能力不強的學習狀況,提高了課程內容的可讀性.

　　為激發學生對經濟數學課程的學習興趣,我們在開篇緒論中,以「閒話微積分」的方式,簡單介紹了微積分學的發展歷程,並在每一章的後面添加了「人文數學」和「數學史話」等,在第五章增加了對數學建模以及大學生數學建模競賽的介紹,強調數學應用,突出了數學教學中的人文性.

　　本書的編寫方式獨特,講述的數學方法難度適中,適合經濟類學生的學習,可作為短學時經濟數學課程教師教學用書,也可作為學生能力拓展和自學用書

　　由於作者水準有限,書中難免存在不妥之處,懇請專家和廣大讀者批評指正,以便我們在今後的再版修訂中改進和完善.

編　者

內容提要

全書的主要內容有：函數、極限與連續、微分學及其應用、積分學及其應用、常微分方程初步、數學建模介紹等．本書除第五章外，其餘各章均配有習題與復習題，並配有習題答案二維碼，學生可根據專業特點有選擇性地學習本書內容．

本書可作為財經類專業短學時教材，也可作為大學、成人大學的參考書．

閒話微積分

微積分是經濟數學的重要組成部分,為此我們先和大家聊聊微積分的發展歷程,以及其在發展過程中的一些相關趣聞.

從古至今,整個數學學科的發展過程大體上可以分為五個時期:

數學萌芽時期(公元前 600 年以前);

初等數學時期(公元前 600 年至 17 世紀中葉);

變量數學時期(17 世紀中葉至 19 世紀 20 年代);

近代數學時期(19 世紀 20 年代至第二次世界大戰);

現代數學時期(20 世紀 40 年代以來).

微積分學創始於變量數學時期,也就是 17 世紀中葉.可以說牛頓和萊布尼茨這兩位偉大的科學家是微積分學的奠基人,但並非發明者.在漫長的封建社會裡,科學的發展也是緩慢的,尤其是這門伴隨著資本主義先進生產力的發展而發展起來的微積分學,更是發展遲緩.從阿基米德關於微積分的萌芽,到牛頓、萊布尼茨的最終完成,歷時約 1,900 年.可以說,這是一段到達微積分光輝頂峰的漫長攀登過程,在這一段時間裡,人們對阿基米德提供的方法,不斷地應用著、爭論著、發展著.

提起阿基米德,大家自然會想到中學物理中液體浮力的阿基米德原理.這位古希臘傑出的數學家、發明家、工程師、靜力學的奠基人,被人們譽為微積分的鼻祖,所以我們聊微積分,應從他的貢獻開始.

人類在早期的生產與生活實踐中,急切需要度量線段的長度、平面圖形的面積、物體的體積,現在我們就以度量平面圖形的面積為例,看看當時的人們在這個問題上遇到了什麼困難.

開始時,人們把邊長為一個單位的正方形的面積作為一個面積單位,就如同用尺子去度量一條線段那樣,去度量其他正方形、矩形的面積.例如,一個矩形能容納 6 個單位正方形,就說此矩形的面積則為 6 個單位,當然,如果矩形的一邊長為 a 個單位,另一邊長為 b 個單位,那麼此矩形就能容納 ab 個單位的正方形,這個數值就是此矩形的面積.在此基礎上人們又用割補的方法,將平行四邊形換成矩形,得出其面積為底與高之積,三角形的面積則為底與高之積的一半.而對於多邊形,則可將其分解為三角形之和,仍可求出其面積.一般來說,只要圖形的邊是直線段,總可以用上述方法得出它的面積.

可是隨著生產、科學技術的發展,人們常常需要去度量像圓、橢圓、弓形等圖形的面積,由於這類圖形的邊(至少一條邊)往往是曲線,所以儘管人們將單位正方形分成若干小方塊,並用這些小方塊去度量,但總是不能使直邊與曲邊重合,因而總是不能準確得出能容納多少單位的正方形,也就算不出它的真實面積,這就是人們當時所遇到的困難.然而阿基米德卻在總結了前人經驗的基礎上,對這一問題提出了他自己的想法.

阿基米德把平面圖形視為由線段組成的圖形,這多少有些使人迷惑

不解.在這裡,他應用了「不可分量」的概念.所謂「不可分量」,當時的意思是這樣的:一條直線可以分成若干個小線段,小線段又可以再分,直至成為點,則不可分,故稱點為直線的不可分量;平面圖形可分割成相互平行的窄條(面積),窄條又可以再分,直至分成線段,則不可分,故稱線段為平面圖形的不可分量;同樣,平面是立體圖形的不可分量.該概念來源於原子論,即物質是由不可分的原子(單子)組成的,這個概念也不是阿基米德發明的,而是古希臘另一位偉大的哲學家德謨克利特(Democritus,約公元前460—前370)創立的.但應用這種概念使之成為一種方法,並推出一系列新的結果,則是阿基米德的首創.他視平面由線段組成,即用長短不一的線段覆蓋平面,克服了矩形不能與曲邊圖形相吻合的弱點,然而隨之又出現了許多需要解決的問題,如有人提出:需要多少線段組成平面?顯然不是有限條,但在當時,無窮這個概念由於超出了人們的直觀感受,尚未被人們所接受.此外,還有些問題如它們是怎麼組成的?是離散的還是連續的?等等.這些問題在當時也都無法得到回答,直至19世紀末,這些問題才得到滿意的解釋,所以阿基米德只是把它作為預測新結果的手段.不過需要指出的是,阿基米德的許多想法,只有在極限概念引入後才能得到解決,但他這種處理問題的想法,給後人的研究指引了方向,在那個時代不失為一項傑出的創舉,也被歷代科學家們採用著、改進著.事實上,現代積分學就是在此基礎上發展起來的.

不過,我們在聊到微積分學的發展時,不能不提到牛頓和萊布尼茨這兩位偉大的科學家.他們被稱為微積分學的奠基人.

牛頓(Newton,1642—1727)是英國人,他的名字幾乎人人皆知,他是歷史上最傑出的數學家、物理學家,尤其是在經典力學與微積分學上,都取得了奠基性的成就,微積分學就是他在24歲時創立的.

萊布尼茨(Leibniz,1646—1716)是德國人.一開始他是學法律的,也是個哲學家,曾任法學教授、外交官,並不研究數學,直到26歲時他還是基本不研究數學,後來在朋友的建議下才對數學產生興趣.當他認準方向後,就大膽創新,在30歲之前創立了他的微積分學.

牛頓和萊布尼茨所處的時代正是資本主義生產力飛速發展的時代,相應地各門科學也得到了很大的發展,提出了大量需要解決的數學問題.這時,他們兩人各自總結了前人運用無窮小進行計算的大量成果,但沒有像前人那樣拘泥於具體問題的解決,而是力求總結規律,使方法代數化、概念化和邏輯合理化.那麼他們是抓住什麼問題使之獲得成功的呢?他們兩人幾乎同時看到,切線與求積、路程與速度是完全互逆的兩類問題,用的也是兩種互逆的運算,以及可在計算時反向應用.他們抓住了這個核心問題,從而得到簡單而又普遍適用的微積分法,建立了他們的微積分學.不過要說明的是,他們兩人是在不同的時間內,在兩個不同

的國家獨立完成研究的,並且研究的方法也有所不同.牛頓是把兩個變量的無窮小增量作為求流數(即導數)的手段,當增量越小的時候,流數實際上就是兩增量比值的極限.而萊布尼茨卻直接用了 X 和 Y 的無窮小增量或微分,求出它們之間的關係.這個差別反應了牛頓的物理學方向和萊布尼茨的哲學方向.牛頓完全是從考慮變化率的角度出發來解決他求變速運動的距離問題,對他來說微分是基礎;而萊布尼茨首先考慮的是求和,當然這些和仍然是用反微分計算的.從他們的工作方式來看,牛頓是經驗的、具體的,而萊布尼茨則是富於想像的.從微積分應用的價值來說,牛頓的工作遠遠超過了萊布尼茨,幾乎決定了整個18世紀數學分析的發展方向;而萊布尼茨更關心的是以運算公式創造出廣泛意義下的微積分,並且是微積分學現代通行符號的首創者,萊布尼茨記法的優越性對於微積分在歐洲大陸的普及做出了很大的貢獻,也使人們看到了這個新工具的巨大威力.

那麼牛頓與萊布尼茨究竟誰先完成微積分的呢?這個問題也曾引起英國與歐洲大陸的隔海論戰,那場爭論使得英國的數學家與歐洲大陸的數學家們停止了思想交流,在其後的100年內英國人繼續以幾何為主要工具,拒絕使用萊布尼茨的符號,致使英國的數學家遠遠落後於歐洲大陸的數學家.其實在科學史上兩個或幾個天才同時各自獨立地提出同一個發現或是發明,早已屢見不鮮,這是因為科學內部邏輯發展的必然性決定了人們認識上的共同性.例如,笛卡爾與費爾馬就曾為誰先完成解析幾何學,發生過很大的爭論,而且是親朋門徒一起上陣,吵的難解難分.下面就將牛頓和萊布尼茨的這場爭論簡略地給大家介紹一下.

從研究微積分的時間上看,牛頓是在 1665—1666 年,而萊布尼茨則是在 1673—1676 年,然而我們從發表的時間上來看,萊布尼茨是在 1684—1686 年發表的,而牛頓則是在 1704—1736 年.這很難界定發明權應屬於誰,不過雙方的門徒是互不相讓的.萊布尼茨的擁戴者說,萊布尼茨先發表,理應擁有發明權.可是在牛頓研究出他的微積分方法而未發表的時候,萊布尼茨曾遊歷英國,結交過一些牛頓的友人,這其中就有牛頓的老師巴羅.萊布尼茨得到了巴羅的一本書《幾何學講義》,回去後才研究並發表了他的微積分學,這樣,牛頓的門徒自然也不客氣,攻擊萊布尼茨是科學工作的「間諜」,把萊布尼茨符號也說成是「牽強附會的符號」.而這兩位大師彼此之間好像也互不相讓.1676年牛頓發現萊布尼茨正在研究微積分,曾通過他的友人給萊布尼茨寫信,信中用謎語的形式談了微積分的基本問題——流數.人們猜測,牛頓是為了說明是他首先發現微積分的.1705 年,《教師期刊》上發表了一篇評述牛頓的文章《求積術》,其中說到,那本書裡只不過是把萊布尼茨的微積分換成了流數,人們估計這篇文章是出自萊布尼茨之手.為此,英國皇家學會還專門

成立了評判牛頓、萊布尼茨優先發明權的委員會,一時爭議不止.這場爭論對英國的影響比較深,傷害也比較大.當時英國在科學上較為先進,英國人對牛頓特別崇拜,認為其他人不能與之相比.這種情緒,阻礙了他們認真學習歐洲大陸的成就,以致慢慢落後下來.到後來,微積分的邏輯基礎的完成果然不是在英國,而是在歐洲大陸由以法國數學家柯西(Cauchy,1789—1857)為代表的一大批數學家完成的,其各分支的發展也大部分在歐洲大陸.

那麼對發明權的爭論有沒有結論呢?大多數人的評論是:他們兩人是各自獨立地建立了自己的微積分學.除了時間上幾乎相同以外,他們的微積分也是各具特點,一個是以流數為基礎,一個是以微分為基礎;一個是不定積分,一個是定積分.這兩種體系直到現在仍然並存,各有各的用處,往往互為補充,缺一不可.牛頓在理論上較嚴格一些,而萊布尼茨善於聽取別人的意見,採用的符號也很科學,既表示了概念,又非常適合於具體的運用,直到現在人們仍在使用.

用歷史唯物主義的觀點去看微積分的出現,它與任何科學成就一樣,都是歷史發展的必然產物,並非一兩個人的功績.正如牛頓所說,他之所以看得遠,是因為他站在了巨人的肩膀上,一門科學發展到了一定階段,達到成熟,必然會出現這個人寫不出來,另一個人也會寫出來的情況,這從牛頓、萊布尼茨幾乎同時發明微積分這點可以看出.從某種意義上說,一定要分清是誰先發明的,沒有多大價值,不過像牛頓、萊布尼茨這樣的科學家,他們不拘泥於前人的成就,而是總結前人的成果,大膽創新,這種精神是可貴的,也正是我們這個時代大家要學習的.

微積分雖然誕生了,但牛頓和萊布尼茨兩個人都說不清它的基本原理,而這引來了一大批批評者.大主教貝克萊攻擊牛頓的流數:既不是有限量,也不是無窮小量,可也不是虛無,難道可以把它們稱為死去的幽靈嗎?不過也應當承認,貝克萊的這種批評對微積分的發展和完善還是起到了一定的作用,為了回答這位神學家的批評,當然更主要的還是由於生產力的發展、社會的需要,學界於十八九世紀進入了一個以微積分為基礎的「分析時代」.

目 錄

第一章　函數與極限 ……………………………………………… (1)
　　§1.1　函數 ……………………………………………………… (1)
　　§1.2　常用經濟函數 …………………………………………… (14)
　　§1.3　極限及相關概念 ………………………………………… (18)
　　§1.4　極限的運算 ……………………………………………… (28)
　　§1.5　函數的連續性 …………………………………………… (38)

第二章　微分學及其應用 ………………………………………… (46)
　　§2.1　導數的概念 ……………………………………………… (46)
　　§2.2　導數的運算 ……………………………………………… (53)
　　§2.3　函數的微分 ……………………………………………… (61)
　　§2.4　洛必達法則 ……………………………………………… (65)
　　§2.5　導數在研究函數幾何特性中的應用 …………………… (70)
　　§2.6　導數在經濟分析中的應用 ……………………………… (77)

第三章　積分學及其應用 ………………………………………… (89)
　　§3.1　不定積分的概念及性質 ………………………………… (89)
　　§3.2　不定積分的換元與分部積分法 ………………………… (94)
　　§3.3　定積分的概念與性質 …………………………………… (106)
　　§3.4　定積分的計算 …………………………………………… (112)
　　§3.5　定積分的應用 …………………………………………… (119)

第四章　常微分方程初步 ………………………………………… (128)
　　§4.1　微分方程概述 …………………………………………… (128)
　　§4.2　可分離變量的一階微分方程 …………………………… (132)
　　§4.3　一階線性微分方程 ……………………………………… (135)

第五章　數學建模簡介 …………………………………………… (144)
　　§5.1　數學模型、數學建模的概念及類型 …………………… (144)
　　§5.2　數學建模的基本方法和步驟 …………………………… (146)

目 錄

§5.3　全國大學生數學建模競賽簡介 …………………（149）

附錄一　希臘字母表 ………………………………………（161）
附錄二　常用初等數學基本公式 …………………………（162）

第一章 函数与极限

数学是研究现实世界中物质及物质之间的数量关系与空间形式的一门科学,在我们的生活中可谓是「无处不在,无所不用」.微积分学是经济数学的重要组成部分,以变量为主要研究对象,而变量的主要表现形式就是函数,所以本章将在中学数学已有函数知识的基础上,进一步介绍函数的概念、常见的经济函数以及函数的极限与连续性,并著重说明极限的计算方法.

§1.1 函数

1.1.1 函数概述

在同一个自然现象或科学过程中,往往同时会有好几个变量发生变化,並且这些变量並不是孤立地发生变化,而是相互聯繫並遵循著某一种确定的规律发生变化,下面就两个变量的情形举例说明.

引例 1.1 我们知道球的大小(即体积 V)总是由球的半径 y 来确定,如果我们任取一个 $r \in (0, +\infty)$,都会对应著一个球的体积 V,並且它们之间的对应关系是:

$$V = \frac{4}{3}\pi r^3 \quad (\text{其中 } \pi \text{ 是常数})$$

引例 1.2 某工厂每日最多生產某种產品 2,000 件,每日的固定成本為 160 元,单位產品的变动成本為 5 元,则每日的日產量 x 与每日的总成本 y 建立的函数关系可构成如下函数:

$$y = 160 + 5x (\text{其中 } x \in [0, 2,000])$$

上述两个例子虽然表示的实际意义不同,但在数学上却具有共性,那就是都给出了变量与变量之间的对应关系.这种关系式可以充分揭示各因素之间的数量关系,也是人类揭示事物发展规律,对事物进行分析和研究的重要基础.

1.1.1.1 函数的定义

函数在 17 世纪之前总是与公式紧密关联,直到 1837 年,德国数学家狄利克雷(Dirichlet,1805—1859)才提出了至今仍易被人们接收且较為合理的函数概念.

定义1.1 设 x 与 y 是两个变量,如果变量 x 在其变化范围 D_f 内任意取定一个数值 x,而另一个变量 y 根据某种确定的对应法则 f,有唯一确定的数值 y 与取定的 x 相对应,那麼称 y 是 x 的函数,记为:
$$y = f(x), x \in D_f$$
其中: x 是自变量, y 是因变量, f 是对应法则, D_f 是函数的定义域.

因变量 y 的取值范围称为函数的值域.当自变量 x 在定义域 D_f 中取某个值 x_0,得到相应的 y 值称为函数 $y = f(x)$ 在点 x_0 处的函数值,记为 $y = f(x_0)$ 或 $y(x_0)$.

由函数定义 1.1 可以知道,函数的两大要素为定义域 D_f 和对应法则 f,而函数的概念只与两大要素有关,与变量的记号无关.例如, $y = 2x, s = 2t, u = 2v$ 都表示同一个函数.因此,判断两个函数是否相同,只需要判断其定义域与对应法则是否相同即可.

例1.1 下列各对函数是否相同,为什么?

(1) $f(x) = x$, $g(x) = \dfrac{x^2}{x}$;

(2) $f(x) = x$, $g(x) = \sqrt{x^2}$;

(3) $f(x) = \sqrt[3]{x^4 - x^3}$, $g(x) = x\sqrt[3]{x - 1}$.

解 据题意:

(1) 不相同.理由:两个函数定义域不相同.

(2) 不相同.理由:两个函数的对应法则不同,这一点可以通过比较值域得出结论.

(3) 相同.定义域均为 $(-\infty, +\infty)$,对应法则也相同(即值域相同).

例1.2 求 $y = \dfrac{\ln(x + 3)}{x + 1} - \sqrt{4 - x^2}$ 的定义域.

解 因为
$$D_f : \begin{cases} x + 3 > 0 \\ x + 1 \neq 0 \\ 4 - x^2 \geq 0 \end{cases} \quad 得 \quad \begin{cases} x > -3 \\ x \neq -1 \\ -2 \leq x \leq 2 \end{cases}$$
所以
$$D_f = [-2, -1) \cup (-1, 2]$$

注意:函数的定义域一般分为自然定义域与实际定义域两种,我们上面求解的就是自然定义域,也就是能让数学表达式有意义的所有取值,而实际定义域往往需要根据实际问题本身的约束条件来确定.

1.1.1.2 函数的表示方法

常用的函数表示方法有三种:公式法、表格法和图像法.

公式法:用一个(或几个)数学解析表达式来表示函数的方法称为函数的公式表示方法,简称公式法(也称解析法).这种方法的优点是形式简明,便于做理论研究与数值计算,也是我们在学习中常用的一种方法.其缺点是不够直观.

在用公式法表示函数时经常遇到下面几种情况:

(1) 初等函数.

如例 1.2 中表达的函数,这类函数的表达形式为:
$$y = f(x), x \in D (见定义 1.8)$$

(2) 分段函数.

例 1.3 某运输公司规定货物的吨公里運價為:在 a 公里以內,每公里 k 元,超過 a 公里後,超過的部分每公里為 $\frac{4}{5}k$ 元,求運價 p 和里程 s 之間的函數模型.

解 由題意知,里程不同,運價不同,因此它們之間的關係要分段表示:

當 $0 < s \leq a$ 時,$p = ks$;

當 $s > a$ 時,$p = ka + \frac{4}{5}k(s-a)$.

綜上討論,得函數關係式為:

$$p = \begin{cases} ks, & 0 < s \leq a \\ ka + \frac{4}{5}k(s-a), & s > a \end{cases} \quad 定義域為 (0, +\infty)$$

形如 $p = \begin{cases} ks, & 0 < s \leq a \\ ka + \frac{4}{5}k(s-a), & s > a \end{cases}$ 這種表述函數的形式稱為分段函數.分段函數與一般初等函數的表達方式不同:它是在自變量不同的取值範圍內,用不同的數學表達式(或常數)來同時表示一個函數.這種函數在經濟學中經常遇到,如中國現行的個人所得稅的計算公式就是一個分段函數.

例 1.4 設銀行活期存款月利率為 r_0,一年期定期存款年利率為 r_1,某人存入本金 P 元,定期一年,第二年自動轉存.若提前支取,則利息只能按活期利息 r_0 計算,若存滿一年取出,則得利息為 $r_1 P$;若超過一年又不到兩年時取出,則超過一年的那段時間的利息按活期利息計算,以 S 表示存款的本利和(單位:元),以 t 表示存款時間(單位:月,以30天計算),於是 S 關於 t 的函數關係為:

$$S(t) = \begin{cases} P(1 + r_0 t), & 0 < t < 12 \\ P(1 + r_1), & t = 12 \\ P(1 + r_1)[1 + r_0(t-12)], & 12 < t < 24 \end{cases}$$

例 1.5 設函數 $f(x) = \begin{cases} x+2, & 0 \leq x \leq 2 \\ x^2, & 2 < x \leq 4 \end{cases}$,求 $f(1)$, $f(4)$, $f(x-1)$ 的值.

解 當 $0 \leq x \leq 2$ 時,$f(x) = x+2$,所以 $f(1) = 3$;

當 $2 < x \leq 4$ 時,$f(x) = x^2$,所以 $f(4) = 16$.

$$f(x-1) = \begin{cases} (x-1)+2, & 0 \leq x-1 \leq 2 \\ (x-1)^2, & 2 < x-1 \leq 4 \end{cases}$$

即:

$$f(x-1) = \begin{cases} x+1, & 1 \leq x \leq 3 \\ (x-1)^2, & 3 < x \leq 5 \end{cases}$$

（3）用參數方程確定的函數．

用參數方程 $\begin{cases} x = \varphi(t) \\ y = \psi(t) \end{cases}$ $(x \in 0)$ 表示的變量 x 與 y 之間的函數關係，稱為用參數方程確定的函數．例如上半圓函數 $y = \sqrt{1-x^2}(x \in [-1,1])$ 就可以用參數方程 $\begin{cases} x = \cos t \\ y = \sin t \end{cases}$ $(0 \leq t \leq \pi)$ 來表示．

（4）隱函數．

如果在二元方程 $F(x,y) = 0$ 中，當 x 在某區間 I 內任意取定一個值時，相應地總有滿足該方程唯一的 y 值存在，則稱二元方程 $F(x,y) = 0$ 在區間 I 內確定了一個一元隱函數．例如，二元方程 $2x - 3y - 1 = 0$ 就確定了變量 y 與變量 x 之間的函數關係．

注意：能表示成 $y = f(x)$（其中 $f(x)$ 僅為 x 的解析式）的形式的函數，稱為顯函數．把一個隱函數化成顯函數的過程稱為隱函數的顯化．例如，由二元方程 $2x - 3y - 1 = 0$ 所確定的隱函數就可以化成顯函數 $y = \dfrac{2x-1}{3}$．但有些隱函數未必能夠顯化，如由方程 $e^x + xy - e^y = 0$ 所確定的隱函數就難以顯化．

表格法：將自變量的某些取值及與其對應的函數值列成表格表示函數的方法稱為函數的表格表示方法，簡稱表格法，如中學生數學用表中的平方根表、對數表、三角函數表等．這種方法的優點是查找函數值方便，缺點是數據有限，同時也往往不能完整地表達一個函數．

例 1.6 2014 年交通銀行人民幣定期儲蓄存期與年利率如表 1 - 1 所示．

表 1 - 1

存期	3 個月	6 個月	1 年	2 年	3 年	5 年
年利率（％）	2.60	2.80	3.00	3.75	4.25	4.75

表 1 - 1 給出了交通銀行定期儲蓄中年利率與存期的對應關係，而這種對應關係決定了年利率是存期的函數．

圖像法：用函數的圖形來表示函數的方法稱為函數的圖像表示方法，簡稱圖像法．這種方法直觀性強並可觀察函數的變化趨勢，但有些函數圖形很難用數學公式來表達，並且事前這些圖形總是難以獲取，因而不便於做理論研究．

例 1.7 圖 1 - 1 是中國平安股票在 2017 年 12 月 29 日的成交價曲線走勢圖，時間 t 是自變量，股票成交價 P 是因變量，其對應關係很難用一個數學公式來表示，但這並不影響他們之間的函數關係，而且這種函數關係事前總是難以預料．

在學習中，我們用得最多的函數表達方法還是公式法，但為了便於學習與研究，使函數變量之間的對應關係更加直觀、形象，我們常常會把函數的圖形畫出來幫助分析、討論．

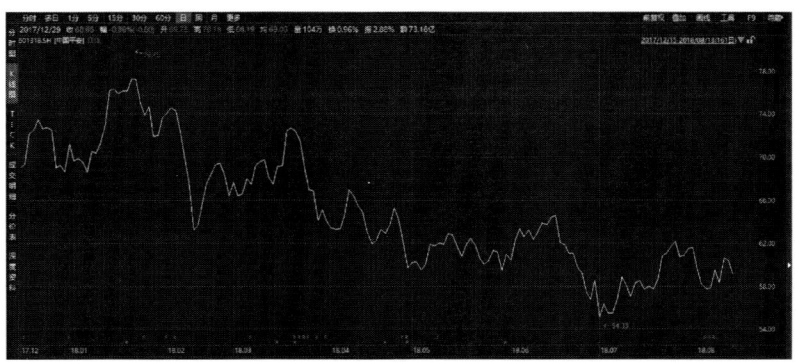

圖 1 - 1

1.1.2　函數的性質

1.1.2.1　有界性

定義1.2　設函數 $y=f(x)$ 的定義域是 D，如果存在正數 M，對於任意的 $x \in D$，都有 $|f(x)| \leq M$，則稱 $f(x)$ 在 D 上是有界的，否則稱 $f(x)$ 在 D 上是無界的.

從幾何直觀上看，有界函數 $y=f(x)$ 在 D 內的圖像夾在 $y=M$ 和 $y=-M$ 兩條平行直線之間(見圖 1 - 2).

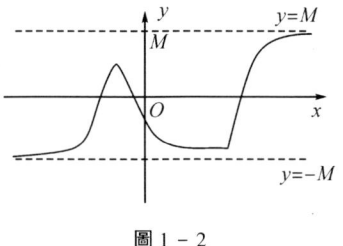

圖 1 - 2

例如：函數 $y=\sin x$ 在 $(-\infty, +\infty)$ 內有界；$y=\ln x$ 在 $(0,1)$ 內無界，在 $(1,2)$ 內有界；$y=\ln x$ 在 $(0,1)$ 內無界，在 $(1,2)$ 內有界.

1.1.2.2　單調性

定義1.3　如果函數 $y=f(x)$ 在區間 I 內有定義，且對於區間 I 內的任意兩點 x_1 和 x_2，當 $x_1 < x_2$ 時，都有：

$$f(x_1) \leq f(x_2)(或 f(x_1) \geq f(x_2))$$

那麼稱函數 $y=f(x)$ 在區間 I 內是單調增加(或單調減少)的；

如果函數 $y=f(x)$ 在區間 I 內有定義，且對於區間 I 內的任意兩點 x_1 和 x_2，當 $x_1 < x_2$ 時，都有：

$$f(x_1) < f(x_2)(或 f(x_1) > f(x_2))$$

那麼稱函數 $y = f(x)$ 在 I 內是嚴格單調增加(或嚴格單調減少)的.

單調增加函數與單調減少函數統稱為單調函數.

從幾何直觀上看,對於單調增加(或減少)的函數,其圖形在區間 I 內是自左向右上升(或下降)的(見圖 1-3 和圖 1-4).

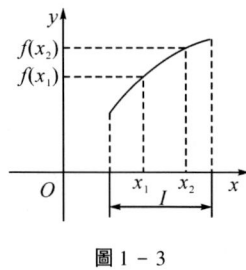

圖 1-3

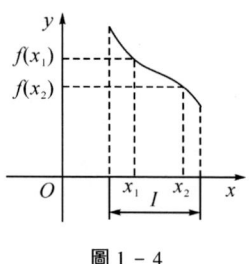

圖 1-4

例如:函數 $y = x^2$ 在區間 $(-\infty, 0]$ 上是單調遞減函數,在區間 $[0, +\infty)$ 上是單調遞增函數,如圖 1-5 所示.

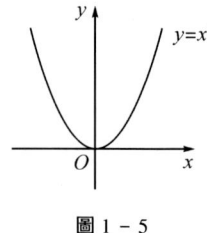

圖 1-5

1.1.2.3 奇偶性

定義1.4 設函數 $y = f(x)$ 在對稱區間 $(-l, l)$ 上有定義,如果對任意的 $x \in D$,都有:

(1) $f(-x) = f(x)$,則稱 $f(x)$ 為偶函數;

(2) $f(-x) = -f(x)$,則稱 $f(x)$ 為奇函數.

在幾何上,對於偶函數,由於 x 和 $-x$ 處函數值相等,所以偶函數圖像關於 y 軸對稱(見圖 1-6(a) 所示);對於奇函數,由於 x 和 $-x$ 處的函數值互為相反數,所以奇函數圖像關於原點對稱(見圖 1-6(b)).

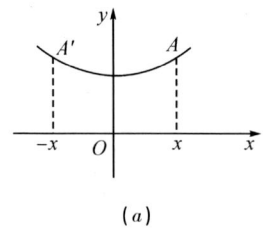

(a)

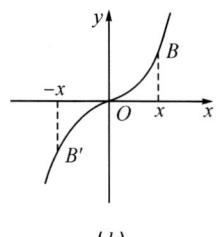

(b)

圖 1-6

例如:函數 $y = \sin x$ 是奇函數,函數 $y = \cos x$ 是偶函數,而函數 $y = \sin x + \cos x$ 既非奇函

數,也非偶函數,這類函數我們也稱非奇非偶函數.

例1.8 討論函數$f(x) = |\sin x|$的奇偶性.

解 因為
$$f(-x) = |\sin(-x)| = |-\sin x| = |\sin x| = f(x)$$
所以$f(x) = |\sin x|$為偶函數(見圖1-7).

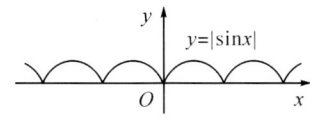

圖1-7

例1.9 設函數$f(x)$是定義在$(-l, l)$上的任意函數,試證:

(1)$f(x) + f(-x)$是偶函數;

(2)$f(x) - f(-x)$是奇函數.

證明 設
$$F(x) = f(x) + f(-x), \quad G(x) = f(x) - f(-x)$$
則據題意有:

(1)因為
$$F(-x) = f(-x) + f(-(-x)) = f(-x) + f(x) = F(x)$$
所以$F(x) = f(x) + f(-x)$是定義在$(-l, l)$上的偶函數.

(2)因為
$$G(-x) = f(-x) - f(x) = -[f(x) - f(-x)] = -G(x)$$
所以$G(x) = f(x) - f(-x)$是定義在$(-l, l)$上的奇函數.

1.1.2.4 週期性

定義1.5 設函數$y = f(x)$的定義域是D,如果存在正數T,對任意的$x \in D$,都有$f(x+T) = f(x)$,則稱$f(x)$為週期函數,T為函數的一個週期.通常我們說週期函數的週期是指最小正週期.

例如:$y = \sin x, y = \cos x$都是以2π為週期的週期函數;$y = \tan x$與$y = \cot x$都是以π為週期的週期函數.

例1.10 證明函數$f(x) = \sin\omega x$是以$\dfrac{2\pi}{\omega}$為週期的週期函數.

證明 因為
$$f\left(x + \frac{2\pi}{\omega}\right) = \sin\omega\left(x + \frac{2\pi}{\omega}\right) = \sin(\omega x + 2\pi) = \sin\omega x = f(x)$$

所以函數$f(x) = \sin\omega x$是以$\dfrac{2\pi}{\omega}$為週期的週期函數.

同理可得:

函數$f(x) = \cos\omega x$是以$\dfrac{2\pi}{\omega}$為週期的週期函數.

函數 $f(x) = \tan\omega x$ 是以 $\dfrac{\pi}{\omega}$ 為週期的週期函數.

函數 $f(x) = \cot\omega x$ 是以 $\dfrac{\pi}{\omega}$ 為週期的週期函數.

例 1.11　求下列函數的週期：

(1) $f(x) = \sin 2x + \tan\dfrac{x}{2}$；　　　(2) $f(x) = 3 + \sin\dfrac{x}{2}$.

解　(1) 因為函數 $\sin 2x$ 的週期 $T_1 = \dfrac{2\pi}{2} = \pi$, $\tan\dfrac{x}{2}$ 的週期 $T_2 = \dfrac{\pi}{\frac{1}{2}} = 2\pi$,

而函數 $f(x)$ 是 $\sin 2x$ 與 $\tan\dfrac{x}{2}$ 的和函數,

所以 $f(x)$ 的週期應為 T_1 和 T_2 的最小公倍數,

故所求函數 $f(x) = \sin 2x + \tan\dfrac{x}{2}$ 的週期 $T = 2\pi$.

(2) 因為常數 3 的週期可為任意實數, $\sin\dfrac{x}{2}$ 的週期 $T = 4\pi$,

所以函數 $f(x) = 3 + \sin\dfrac{x}{2}$ 的週期仍為 $T = 4\pi$.

1.1.3　初等函數

1.1.3.1　反函數

在函數 $y = f(x)$ 中, x 是自變量, y 是因變量, 然而在同一過程中存在著函數關係的兩個變量哪個是自變量, 哪個又是因變量往往需要根據具體問題的實際情況來確定. 例如, 在甲商品銷售中, 已知甲商品價格為 k, 如果根據甲商品銷售量 x 來確定甲商品銷售總收入 y, 那麼 x 是自變量, y 是因變量, 函數關係為 $y = kx$. 相反, 如果想根據甲商品銷售總收入確定其銷售量, 就應該把 y 作為自變量, x 作為因變量, 即 $x = \dfrac{y}{k}$.

定義 1.6　設函數 $y = f(x)$, 其定義域為 D, 值域為 R_f. 其對任意 $y \in R_f$, 根據對應法則 f, 存在唯一的 $x \in D$, 使 $f(x) = y$, 那麼變量 x 是變量 y 的函數, 記為 $x = f^{-1}(y)$, 稱其為函數 $y = f(x)$ 的反函數.

習慣上我們總是以 x 作為自變量的記號, y 作為因變量的記號, 故通常用 $y = f^{-1}(x)$ 來表示 $y = f(x)$ 的反函數.

例如, 函數 $y = x^3, x \in (-\infty, +\infty)$ 的定義域與值域是一一對應的, 故函數 $y = x^3$ 有反函數 $y = \sqrt[3]{x}$；而函數 $y = x^2, x \in (-\infty, +\infty)$, 其值域為 $[0, +\infty)$, 對任意的 $y \in [0, +\infty)$, 反解 $x = \pm\sqrt{y}$, 使函數 $y = x^2$ 在區間 $(-\infty, +\infty)$ 內不存在單值反函數. 這裡要說明一點, 在本教材中, 我們只討論單值函數 (即 1 - 1 對應的函數).

定理 1.1　設函數 $y = f(x)$ 在其定義域 D 上嚴格單調增加 (或嚴格單調減少), 其值

域為 I,則必存在反函數 $y = f^{-1}(x)$, $x \in I$,且函數 $y = f^{-1}(x)$ 在 I 上也嚴格單調增加(或嚴格單調減少).

從定理 1.1 中我們可以看到,單調函數必有反函數,且單調性不變.反函數的求法一般分為兩步:第一步是求出反函數關係,即由直接函數 $y = f(x)$ 求出 $x = f^{-1}(y)$,這一步不難,大家都比較容易做到;而第二步則是把 $x = f^{-1}(y)$ 改寫成 $y = f^{-1}(x)$.對這一步很多初學者都不容易理解,要注意的是,這一步是求不出來的,而只能是改寫出來的,為什麼要這麼改寫,原因其實很簡單,那就是函數與變量的記號無關,而人們總是習慣以 x 作為自變量的記號,y 作為因變量的記號的緣故.

函數 $y = f(x)$ 與其反函數 $y = f^{-1}(x)$ 的圖形關於直線 $y = x$ 對稱(見圖 1 – 8).

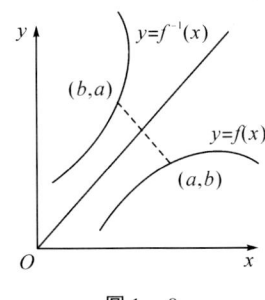

圖 1 – 8

例 1.12 求 $y = 3x + 1$ 的反函數.

解 由 $y = 3x + 1$ 可以求出反函數關係為:$x = \dfrac{y-1}{3}$,然後改寫即求出反函數為:

$$y = \frac{x-1}{3}, 其中 x \in R, y \in R.$$

1.1.3.2 基本初等函數

常函數(即由常數組成的函數)、冪函數、指數函數、對數函數、三角函數與反三角函數,這六種函數我們統稱為**基本初等函數**.這些函數的性質、圖形在中學我們都已學過,熟記這些函數的性質與圖形是非常重要的,在今後的學習中會經常用到.這裡我們列表簡要總結如表 1 – 2 所示.

表 1 – 2

函數	定義域與值域	圖像	性質
常函數 $y = C$ (C 為常數)	$x \in (-\infty, +\infty)$ $y = C$		偶函數、有界函數、週期函數

表1-2(續)

函數	定義域與值域	圖像	性質
冪函數 $y = x^\mu$	隨 μ 而不同		當 $\mu > 0$ 時,函數在第一象限單調遞增; 當 $\mu < 0$ 時,函數在第一象限單調遞減
指數函數 $y = a^x$ $(a > 0, a \neq 1)$	$x \in (-\infty, +\infty)$ $y \in (0, +\infty)$		過點 $(0,1)$; 當 $a > 1$ 時,單調遞增; 當 $0 < a < 1$ 時,單調遞減
對數函數 $y = \log_a x$ $(a > 0, a \neq 1)$	$x \in (0, +\infty)$ $y \in (-\infty, +\infty)$		過點 $(1,0)$; 當 $a > 1$ 時,單調遞增; 當 $0 < a < 1$ 時,單調遞減
三角函數 — 正弦函數 $y = \sin x$	$x \in (-\infty, +\infty)$ $y \in [-1, 1]$		奇函數,週期為 2π,有界; 在 $\left[2k\pi - \dfrac{\pi}{2}, 2k\pi + \dfrac{\pi}{2}\right]$ 上 $(k \in Z)$ 單調遞增; 在 $\left[2k\pi + \dfrac{\pi}{2}, 2k\pi + \dfrac{3\pi}{2}\right]$ 上 $(k \in Z)$ 單調遞減
三角函數 — 餘弦函數 $y = \cos x$	$x \in (-\infty, +\infty)$ $y \in [-1, 1]$		偶函數,週期為 2π,有界; 在 $[2k\pi, 2k\pi + \pi]$ 上 $(k \in Z)$ 單調遞減; 在 $[2k\pi - \pi, 2k\pi]$ 上 $(k \in Z)$ 單調遞增
三角函數 — 正切函數 $y = \tan x$	$x \neq k\pi + \dfrac{\pi}{2} (k \in Z)$ $y \in (-\infty, +\infty)$		奇函數,週期為 π; 在 $\left(k\pi - \dfrac{\pi}{2}, k\pi + \dfrac{\pi}{2}\right)$ $(k \in Z)$ 單調遞增

表1-2(續)

函數		定義域與值域	圖像	性質
三角函數	餘切函數 $y = \cot x$	$x \neq k\pi (k \in Z)$ $y \in (-\infty, +\infty)$		奇函數,週期為 π; 在 $(k\pi, k\pi+\pi)(k \in Z)$ 上單調遞減
反三角函數	反正弦函數 $y = \arcsin x$	$x \in [-1,1]$ $y \in \left[-\dfrac{\pi}{2}, \dfrac{\pi}{2}\right]$		有界,單調遞增,奇函數,非週期函數; $\arcsin(-x) = -\arcsin x$
	反餘弦函數 $y = \arccos x$	$x \in [-1,1]$ $y \in [0,\pi]$		有界,單調遞減,非奇非偶非週期函數; $\arccos(-x) = \pi - \arccos x$
	反正切函數 $y = \arctan x$	$x \in (-\infty, +\infty)$ $y \in \left(-\dfrac{\pi}{2}, \dfrac{\pi}{2}\right)$		有界,單調遞增,奇函數,非週期函數; $\arctan(-x) = -\arctan x$
	反餘切函數 $y = \text{arccot} x$	$x \in (-\infty, +\infty)$ $y \in (0,\pi)$		有界,單調遞減,非奇非偶非週期函數; $\text{arccot}(-x) = \pi - \text{arccot} x$

常見三角函數公式如下:

(1) $\sin(-x) = -\sin x$, $\cos(-x) = \cos x$,

$\tan(-x) = -\tan x$, $\cot(-x) = -\cot x$,

$\sec(-x) = \sec x$, $\csc(-x) = -\csc x$.

注意: $\sec x = \dfrac{1}{\cos x}$,稱為正割函數; $\csc x = \dfrac{1}{\sin x}$,稱為餘割函數.

(2) $\tan x = \dfrac{\sin x}{\cos x}$, $\quad \cot x = \dfrac{1}{\tan x} = \dfrac{\cos x}{\sin x}$,

$\sec x = \dfrac{1}{\cos x}$, $\quad \csc x = \dfrac{1}{\sin x}$,

$\sin^2 x + \cos^2 x = 1$, $\quad \sec^2 x = 1 + \tan^2 x$, $\quad \csc^2 x = 1 + \cot^2 x$.

(3) $\sin(x+y) = \sin x \cos y + \cos x \sin y$,

$x = y$ 時有 $\sin 2x = 2\sin x \cos x$；

$\cos(x+y) = \cos x \cos y - \sin x \sin y$,

$x = y$ 時有 $\cos 2x = \cos^2 x - \sin^2 x = 2\cos^2 x - 1 = 1 - 2\sin^2 x$；

$\sin^2 x = \dfrac{1 - \cos 2x}{2}, \cos^2 x = \dfrac{1 + \cos 2x}{2}$.

(4) $\sin x - \sin y = 2\sin\dfrac{x-y}{2}\cos\dfrac{x+y}{2}$,

$\sin x + \sin y = 2\sin\dfrac{x+y}{2}\cos\dfrac{x-y}{2}$,

$\cos x - \cos y = -2\sin\dfrac{x+y}{2}\sin\dfrac{x-y}{2}$,

$\cos x + \cos y = 2\cos\dfrac{x+y}{2}\cos\dfrac{x-y}{2}$.

1.1.3.3 複合函數

在實際問題中，常見的函數並非就是基本初等函數本身或者僅僅由它們通過簡單的四則運算得到，有時兩個變量的聯繫不是直接的，而是通過另一個變量間接聯繫起來的。

例如，某公司員工的收入 y 占公司利潤的若干比例，而公司的利潤 u 又取決於所銷售商品的數量 x，因此該員工的收入就由公司所銷售商品的數量來決定，這一變化過程中對應的三個變量構成的對應關係就形成了 y 是 x 的複合函數。

定義 1.7 設 y 是 u 的函數，即 $y = f(u)$，$u \in D_f$；u 是 x 的函數，$u = \varphi(x)$，$x \in D_\varphi$. 如果 $D_f \cap Z_\varphi \neq \emptyset$，則

$$y = f[\varphi(x)]$$

稱為由 $y = f(u)$ 和 $u = \varphi(x)$ 複合而成的複合函數。

其中 u 叫中間變量，D_f 是函數 $y = f(u)$ 的定義域，D_φ 是函數 $u = \varphi(x)$ 的定義域，Z_φ 是函數 $u = \varphi(x)$ 的值域，而 $y = f(u)$ 叫外層函數，$u = \varphi(x)$ 叫內層函數。

複合函數還可以由兩個以上的函數複合而成，如 $y = \sqrt{u}$，$u = \tan v$，$v = \dfrac{x}{2}$，則 $y = \sqrt{\tan\dfrac{x}{2}}$ 是經過兩次複合而成的複合函數。

例 1.13 試求函數 $y = \cos u$，$u = x^3$ 的複合函數。

解 將 $u = x^3$ 代入 $y = \cos u$ 得：

$$y = \cos x^3$$

例 1.14 試分析函數 $y = \ln\sin(3x^2 + 1)$ 是由哪些函數複合而成。

解 函数 $y = \ln\sin(3x^3 + 1)$ 是由 $y = \ln u, u = \sin v, v = 3x^2 + 1$ 複合而成的.

例 1.15 設函數 $f(x) = e^x, g(x) = \sin x$,求 $f[g(x)]$ 和 $g[f(x)]$.

解 $f[g(x)] = e^{g(x)} = e^{\sin x}$; $g[f(x)] = \sin f(x) = \sin e^x$.

1.1.3.4 初等函數

定義 1.8 由基本初等函數經過有限次四則運算和有限次複合運算構成,並且只可以用一個解析式表示的函數稱為初等函數.

例如:$y = 6x^3 + \sqrt{x-1}, y = \dfrac{x\sin 3x}{e^x - 1}$ 都是初等函數;而取整函數 $y = [x]$ 表示不超過 x 的最大整數,不是初等函數.

注意:一般情況下,分段函數基本上都已不是初等函數了,特殊情況除外.

例如:絕對值函數 $y = |x| = \begin{cases} x, & x > 0 \\ 0, & x = 0 \\ -x, & x < 0 \end{cases}$ 也可以用一個式子表示,即 $y = \sqrt{x^2} = |x|$,所以絕對值函數也是初等函數;而分段函數 $y = sgn(x) = \begin{cases} 1, & (x > 0) \\ 0, & (x = 0) \\ -1, & (x < 0) \end{cases}$ (此為符號函數) 就不是初等函數.

不是初等函數的函數統稱非初等函數.今後我們研究的函數,大部分是初等函數,而非初等函數我們只研究分段函數.

習題 1.1

1. 填空題.

(1) 設 $f(x) = 3x + 1$,則 $f[f(x) - 1] = $ _____.

(2) 把函數 $f(x) = 2 - |x + 1|$ 表示為分段函數時,$f(x) = $ _____.

(3) 函數 $y = e^x + 1$ 與 $y = \ln(x-1)$ 的圖形關於直線 _____ 對稱.

(4) 設 $f(u)$ 的定義域為 $0 < u \leq 1$,則函數 $f(e^x)$ 的定義域為 _____.

(5) 設函數 $f(x) = \begin{cases} \dfrac{2}{3} & |x| \leq 1 \\ 0 & |x| > 1 \end{cases}$,則函數 $f[f(x)] = $ _____.

2. 指出下列初等函數是由哪些基本初等函數複合而成:

(1) $y = \sqrt{2 - x^2}$; (2) $y = \cos\dfrac{3}{2}x$;

(3) $y = \ln(\ln(\ln x))$; (4) $y = e^{\arctan\frac{x}{2}}$;

(5) $y = \sin^3 5x$; (6) $y = \lg\left(\tan\dfrac{x}{5}\right)^2$.

3. 已知函數 $f(x) = \dfrac{1}{1-x} (x \neq 1)$,求 $f(x^2)$ 和 $f(f(x))$.

4. 判斷函數 $f(x) = \ln \dfrac{x + \sqrt{x^2 + a^2}}{a}$ $(a > 0, -\infty < x < +\infty)$ 的奇偶性.

5. 求下列函數的反函數：

(1) $y = 4x - 1$；　　　　　　　　(2) $y = \sqrt[3]{x + 1}$.

6. 設 $f(x) = 3x^2 + 4x, g(x) = \ln(1 + x)$，求 $f[g(x)], g[f(x)]$ 及其定義域.

參考答案

§1.2　常用經濟函數

在市場經濟中，我們會涉及許多經濟變量，找出這些經濟變量之間的函數關係，建立有關的經濟數學模型，就成了用數學方法解決經濟問題的關鍵，下面我們介紹一些常用的經濟函數.

1.2.1　需求函數與供給函數

1.2.1.1　需求函數

一種商品的市場需求量 Q 與該商品的價格 p 密切相關，通常情況下，降低商品價格會使需求量增加，而提高商品價格會使需求量減少. 如果不考慮其他因素的影響，需求量 Q 可以看成價格 p 的遞減函數，需求量 Q 與價格 p 構建的函數稱為**需求函數**，記作 $Q = Q(p)$.

根據市場統計資料，常見的需求函數有以下幾種類型：

(1) 線性需求函數：$Q = a - bp$　$(a > 0, b > 0)$；

(2) 二次需求函數：$Q = a - bp - cp^2$　$(a > 0, b > 0, c > 0)$；

(3) 指數需求函數：$Q = ae^{-bp}$　$(a > 0, b > 0)$.

需求函數 $Q = Q(p)$ 的反函數，就是價格函數，記作 $P = P(q)$，它反應了商品的價格與需求的對應關係.

1.2.1.2　供給函數

某商品的市場供給量 S 也受商品價格 p 的制約，價格上漲將刺激生產者向市場提供更多的商品，使供給量增加；反之，價格下跌將使供給量減少. 供給量 S 也可看成價格 p 的一元函數，稱為**供給函數**，記為 $S = S(p)$，供給函數為價格 p 的單調增加函數.

常見的供給函數有線性函數、二次函數、冪函數、指數函數等，其中，線性供給函數為

$S = -c + dp(c > 0, d > 0)$.

使某種商品的市場需求量與供給量相等的價格 p_0,稱為**均衡價格**.當市場價格 p 高於均衡價格 p_0 時,供給量將會增加,而需求量會相應地減少,這樣產生的「供大於求」的現象必然使價格 p 下降;當市場價格 p 低於均衡價格 p_0 時,供給量將減少而需求量增加,這時會產生「供不應求」現象,從而又使得價格 p 上升,市場對價格的調節作用就是這樣來實現的.

例 1.16 當雞蛋收購價為 4.5 元/千克時,某收購站每月能收購 5,000 千克,若收購價每千克提高 0.1 元,則收購量可增加 400 千克,求雞蛋的線性供給函數.

解 設雞蛋的線性供給函數為 $S = -c + dp$,由題意有:
$$\begin{cases} 5,000 = -c + 4.5d \\ 5,400 = -c + 4.6d \end{cases}$$
解得 $d = 4,000, c = 13,000$,所求供給函數為:
$$S = -13,000 + 4,000p$$

例 1.17 已知某商品的需求函數和供給函數分別為:$Q = 14.5 - 1.5p, S = -7.5 + 4p$,求該商品的均衡價格 p_0.

解 由供需均衡條件 $Q = S$,可得:
$$14.5 - 1.5p = -7.5 + 4p$$
因此,均衡價格 $p_0 = 4$.

1.2.2 成本函數、收益函數和利潤函數

在生產和產品的經營活動中,人們總希望盡可能降低成本,提高收入和利潤,而成本、收入和利潤這些經濟變量都與產品的產量或銷售量 q 密切相關,它們都可以看作 q 的函數,可分別稱為總成本函數,記為 $C(q)$;收益函數,記為 $R(q)$;利潤函數,記為 $L(q)$.

1.2.2.1 成本函數

總成本由固定成本 C_0 和可變成本 $C_1(q)$ 兩部分組成,固定成本與產量 q 無關,如租金、員工工資、設備維修費、企業管理費等;可變成本隨產量 q 的增加而增加,如原材料費、動力費等.即:
$$C(q) = C_0 + C_1(q)$$

總成本函數 $C(q)$ 是 q 的單調增加函數.最典型的成本函數是三次函數:
$$C = a_0 + a_1q - a_2q^2 + a_3q^3 \quad (a_i > 0, i = 0,1,2,3)$$
但有時為了使問題簡化,也常常採用線性成本函數 $C = a + bq(a > 0, b > 0)$ 及二次成本函數.

只給出總成本不能說明企業生產的好壞,為了評價企業的生產狀況,需要計算產品的平均成本,即生產 q 件產品時,單位產品成本平均值,記作 $\bar{C}$,則:
$$\bar{C} = \frac{C(q)}{q} = \frac{C_0}{q} + \frac{C_1(q)}{q}$$

其中,$\frac{C_1(q)}{q}$ 稱為平均可變成本.

例1.18 已知某產品的總成本函數為 $C = 2,000 + \dfrac{q^2}{8}$,求當生產200個該產品時的總成本和平均成本.

解 由題意,產量為200個時的總成本為:

$$C(200) = 2,000 + \dfrac{200^2}{8} = 7,000$$

產量為200個時的平均成本為:

$$\bar{C}(200) = \dfrac{7,000}{200} = 35$$

1.2.2.2 收益函數

收益是生產的商品售出的總收入 R,如果產品的單位售價為 p,銷售量為 q,則收益函數為:

$$R(q) = pq$$

例1.19 設某商品的價格 p(元/個)與銷售量 q(個)的關係為 $p = 10 - \dfrac{q}{5}$,求銷售量為30個時的總收益.

解 由於總收益

$$R(q) = q \cdot p(q) = 10q - \dfrac{q^2}{5}$$

所以

$$R(30) = 10 \times 30 - \dfrac{30^2}{5} = 120 \text{（元）}$$

1.2.2.3 利潤函數

利潤等於總收入扣除總成本,於是利潤函數為:

$$L(q) = R(q) - C(q)$$

其中,q 是產量(或銷量).

注意:

(1) 當 $L(q) = R(q) - C(q) > 0$ 時,企業盈利;

(2) 當 $L(q) = R(q) - C(q) < 0$ 時,企業虧損;

(3) 當 $L(q) = R(q) - C(q) = 0$ 時,企業盈虧平衡.在**利潤貢獻分析法**中稱滿足 $L(q) = 0$ 的點 q_0 為**盈虧平衡點**(就是我們俗稱的**保本點**).

例1.20 若某產品的成本函數為 $C(q) = 2q^2 - 4q + 81$,價格函數為 $p(q) = 32 - q$,求該產品的利潤函數,並說明該產品的盈虧情況.

解 據題意可得收益函數為:

$$R(q) = q \cdot p(q) = 32q - q^2$$

所以利潤函數為:

$$L(q) = R(q) - C(q) = -3q^2 + 36q - 81$$

由 $L(q) = 0$,可得盈虧平衡點 $q = 3$ 或 $q = 9$.顯然可知,當 $q < 3$ 或 $q > 9$ 時,$L(q)$

< 0,說明企業虧損;當 3 < q < 9 時,L(q) > 0,說明企業盈利.

*1.2.3　購房貸款中的分期付款計算模型

購買商品房已經成為中國老百姓生活中的一件頭等大事,我們每個人多多少少都會碰到,如果資金不夠,往往就會去銀行貸款,下面我們就來瞭解下買房貸款的那點事.

目前中國購房貸款的還款方式有兩種:一種是等額本息還款,即在還款期內,每月償還同等數額的貸款(包括本金和利息),這樣由於每月的還款額固定,可以有計劃地控制家庭收入的支出,也便於每個家庭根據自己的收入情況,確定還貸能力.另一種是等額本金還款,即將本金每月等額償還,然後根據剩餘本金計算利息,所以初期由於本金較多,從而使還款額在初期較多,而在隨後的時間每月遞減,這種方式的好處是,由於在初期償還較大款項而減少後期的利息支出,因而使得償還的總利息較少,也適應提前還貸,比較適合還款能力較強的家庭.

下面就來推導等額本息還款方式的月還款額的計算公式.

設 P 為貸款本金,r_0 為貸款月利率,x 為月還款額,n 表示貸款月數,S_n 表示第 n 個月後仍欠債主的金額,則:

$S_1 = P(1 + r_0) - x,$

$S_2 = S_1(1 + r_0) - x = P(1 + r_0)^2 - x[1 + (1 + r_0)],$

$S_3 = S_2(1 + r_0) - x = P(1 + r_0)^3 - x[1 + (1 + r_0) + (1 + r_0)^2],$

……

$S_n = P(1 + r_0)^n - x[1 + (1 + r_0) + (1 + r_0)^2 + \cdots + (1 + r_0)^{n-1}]$

$= P(1 + r_0)^n - \dfrac{x[(1 + r_0)^n - 1]}{r_0}.$

到第 n 個月,貸款還清 $S_n = 0$,可得月還款額為:

$$x = pr_0 \dfrac{(1 + r_0)^n}{(1 + r_0)^n - 1} \tag{1-1}$$

例 1.21　小張自籌資金 20 萬元,準備在某城市購置一套價值為 50 萬元的住房,需向某銀行貸款 30 萬元,準備 10 年還清全部貸款.若按 4.16% 的年利率計息,問小張應具有怎樣的能力才能貸款買房?且 10 年還給銀行的總利息又是多少?

解　因為貸款額 $P = 30$ 萬元,月利率 $r_0 = \dfrac{0.041\,6}{12} \approx 0.003\,467$,

貸款月數 $n = 12 \times 10 = 120$ 個月,則由式(1-1)得月還款額為:

$$x = \dfrac{300\,000 \times 0.003\,467(1 + 0.003\,467)^{120}}{(1 + 0.003\,467)^{120} - 1} \approx 3\,060.28(元)$$

也就是說,小張若具備每月還貸 3 060.28 元的能力,就可以貸款買房了.

小張 10 年還給銀行的總利息為:

$$3\,060.28 \times 120 - 300\,000 = 67\,233.6(元)$$

習題 1.2

1. 已知某商品的供給函數為 $Q = \dfrac{1}{3}p - 2$，需求函數為 $Q = 40 - \dfrac{2}{3}p$，試求該商品處於市場均衡狀態下的均衡價格和均衡數量.

2. 生產某種商品的總成本(單位:元)是 $C(q) = 1,500 + 3q$，求生產 200 件這種商品的總成本和平均成本.

3. 設某商品的價格函數為 $P = 80 - \dfrac{1}{3}q$，試求該商品的收入函數，並求出銷量為 30 件商品時的總收入和平均收入.

4. 已知生產某種商品 q 件時的總成本(單位:萬元)為 $C(q) = 20 + 6q + 0.1q^2$，如果該商品的銷售單價為 10 萬元，試求：
   (1) 該商品的利潤函數；
   (2) 生產 10 件該商品時的總利潤和平均利潤；
   (3) 生產 5 件該商品時的總利潤.

5. 生產某種產品的固定成本為 1.2 萬元，每生產一個該產品所需費用為 30 元，若該產品出售的單價為 40 元，試求：
   (1) 生產 100 件該種產品的總成本和平均成本；
   (2) 售出 200 件該種產品的總收入；
   (3) 若生產的產品都能夠售出，則生產 1,000 件該種產品的利潤是多少？

參考答案

§1.3 極限及相關概念

函數概念刻畫了變量之間的依存關係，而極限概念則進一步刻畫了在自變量的某種變化過程中，因變量隨之發生的變化趨勢. 後面的學習會讓我們感受到，在微積分中幾乎所有的概念都離不開極限這個工具，在微積分的發展初期，由於極限理論的不完善，使得牛頓和萊布尼茨兩個人都說不清它的基本原理，因此，極限是微積分的基礎，也有人稱它是微積分的靈魂.

1.3.1 數列的極限

數列極限的概念是為了求某些實際問題的精確解答而產生的. 早期的人們就是利用

數列的極限推出了圓的面積公式,所以我們要講極限還必須從數列的極限談起.

大家都知道正多邊形的面積等於周長與邊心距的乘積的一半,由於當圓內接正多邊形的邊數無限增加時,多邊形的面積和圓的面積越來越接近,於是人們在圓內先做一個圓內接正六邊形,記其面積為 A_1,然後在這個基礎上再做一個圓內接正十二邊形,記其面積為 A_2(見圖 1-9),如此循此下去,每次邊數都會成倍增加,這樣就得到一系列圓內接正多邊形的面積,即 $A_1, A_2, A_3, \cdots, A_n, \cdots$

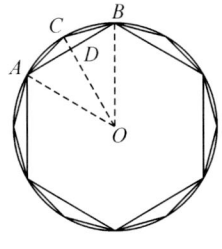

圖 1-9

這些面積構成一列有次序的數,這就是數列,其中內接正 $6 \times 2^{n-1}$ 邊形的面積記為 $A_n (n \in Z^+)$.

從圖 1-9 我們可以很直觀地感受到,當圓內接正多邊形的邊數 $n \to \infty$(讀作 n 趨近於無窮大)時,圓內接正 $6 \times 2^{n-1}$ 邊形的面積 A_n 將無限趨近於圓的面積 A,記為:

$$A = \lim_{n \to \infty} A_n \quad (其中 \lim 是「limit」的縮寫,表示極限的符號)$$

同樣很明顯的是,當 $n \to \infty$ 時,圓內接正 $6 \times 2^{n-1}$ 邊形的周長 L_n 無限趨近於圓的周長 $L = 2\pi R$,而邊心距 R_n 則無限趨近於圓的半徑 R,這樣得:

$$A = \lim_{n \to \infty} A_n = \lim_{n \to \infty} \frac{1}{2} L_n R_n = \frac{1}{2} \times 2\pi R \times R = \pi R^2$$

這就導出了現在大家都很熟悉的圓的面積公式.而這個確定的數值在數學上被我們稱為數列 $\{A_n\}: A_1, A_2, A_3, \cdots, A_n, \cdots$,當 $n \to \infty$ 時的極限.正是這個數列的極限才精確地表達出圓的面積.

早在三國時期,中國古代著名的數學家劉徽(公元 225—295 年,魏國人)創立的割圓術,用的就是上述通過圓內接正多邊形的面積來推算圓面積的方法.雖然當時並沒有引入極限的概念,但劉徽在割圓術中提出的「割之彌細,所失彌少,割之又割以至於不可割,則與圓合體而無所失矣」,可視為中國古代極限觀念的佳作.

人們在解決許多實際問題時逐漸形成的這種極限方法,已經成為微積分學中的一種基本方法,因此有必要做進一步的闡述.

1.3.1.1　數列的概念

定義 1.8　一個定義在自然數集 N 上的函數 $x_n = f(n)(n = 1, 2, \cdots$ 或 $n \in N^+)$(也稱整標函數),其函數值為依次排列起來的一列數:

$$x_1, x_2, x_3, \cdots, x_n, \cdots$$

稱其為無窮數列,簡稱為**數列**.數列中的每一個數叫作該數列的項.x_n 叫作數列 $\{x_n\}$ 的通項或一般項.例如:

(1) $\{x_n = \dfrac{1}{n}\}: 1, \dfrac{1}{2}, \dfrac{1}{3}, \cdots, \dfrac{1}{n}, \cdots$

(2) $\{x_n = (-1)^{n-1}\}: 1, -1, 1, -1, \cdots$

(3) $\{x_n = 2n\}: 2, 4, 6, 8, \cdots$

(4) $\{x_n = c\}: c, c, c, \cdots$

我們通過觀察以上數列不難發現,當 n 無限增大時,數列(1)的各項呈現出確定的變化趨勢,即一般項無限趨近於常數零;數列(2)的各項在 -1 和 1 之間變動,一般項趨近的目標不一致,不會趨近於一個確定的常數;數列(3)中隨著項數 n 的無限增大,一般項也變得越來越大,不趨近於任何確定的常數;數列(4)中每一項均為常數 c(這種數列又稱常數列),即一般項始終為 c。由以上四例不難看出,數列 $\{x_n\}$ 的一般項 x_n 的變化趨勢有兩種情形:一類是無限接近於某個確定的常數(如數列(1)、(4));另一類是不接近於任何確定的常數(如數列(2)、(3))。

1.3.1.2 數列極限的概念

定義1.9 對於數列 $\{x_n\}$,如果 n 無限增大時,一般項 x_n 無限接近於某個確定的常數 A,則稱該數列以 A 為極限,或稱數列 $\{x_n\}$ 收斂於 A,數列 $\{x_n\}$ 也稱為收斂數列,記作:

$$\lim_{n \to \infty} x_n = A \text{ 或 } x_n \to A (n \to \infty)$$

若數列 $\{x_n\}$ 沒有極限,則稱該數列發散。

例如,上面數列(1)具有極限,可以記為 $\lim\limits_{n \to \infty} \dfrac{1}{n} = 0$;數列(4)具有極限,可以記為 $\lim\limits_{n \to \infty} c = c$,另外通過數列(4)的極限我們還可以得出這樣一個結論:常數的極限就是常數本身。而數列(2)、(3)是發散數列。

從定義1.9中我們不難體會到,所謂數列的極限,就是討論在項數無限增大的情況下,數列一般項的變化趨勢,也就是說,我們並不關心數列的前有限項如何取值,而只關注一般項 x_n 在項數 $n \to \infty$ 的情況下的最終走勢。另外要說明的是,在數列極限的計算中,我們常會用到一種技巧,就是當 $n \to \infty$ 時,$\dfrac{1}{n} \to 0$。

例1.22 求下列數列的極限:

(1) $\lim\limits_{n \to \infty} \dfrac{n}{2n+1}$;

(2) $\lim\limits_{n \to \infty} \dfrac{\sqrt{3n^2-1}}{n}$。

解 (1) $\lim\limits_{n \to \infty} \dfrac{n}{2n+1} = \lim\limits_{n \to \infty} \dfrac{1}{2+\dfrac{1}{n}} = \dfrac{1}{2}$;

(2) $\lim\limits_{n \to \infty} \dfrac{\sqrt{3n^2-1}}{n} = \lim\limits_{n \to \infty} \sqrt{\dfrac{3n^2-1}{n^2}} = \lim\limits_{n \to \infty} \sqrt{3-\dfrac{1}{n^2}} = \sqrt{3}$。

1.3.2 函數的極限

因為數列可以看作自變量取正整數 n 的函數 $x_n = f(n)$(即整標函數),所以數列也是

一種特殊的函數.下面我們將這種特殊函數極限的概念推廣到一般函數極限的概念.

就一般函數而言,自變量 x 的變化情況要比數列 $x_n = f(n)$ 的自變量 n 的變化豐富得多,後者的 n 只是單純取非零自然數且無限增大,但一般函數就不同了,它的自變量 x 可以有無數種變化形式,對這無數種變化形式我們可以把它歸納成兩種變化過程：

(1) 自變量 x 的絕對值無限增大,即 x 趨近於無窮大,記為 $x \to \infty$；

(2) 自變量 x 無限接近某個有限值 x_0,記為 $x \to x_0$.

下面我們就來討論在 x 的這兩種不同的變化過程中,函數 $f(x)$ 的變化趨勢.

1.3.2.1　當 $x \to \infty$ 時,函數 $f(x)$ 的極限

當 $x \to \infty$ 時,表示自變量 x 的絕對值無限增大,也就是說 x 可以向數軸的兩邊無限變化,這裡就包括 $x \to +\infty$ 和 $x \to -\infty$ 兩種情況,其中 $x \to +\infty$ 表示 $x > 0$ 且無限增大,$x \to -\infty$ 表示 $x < 0$ 且其絕對值無限增大(也就是向數軸的左邊無限變化).

例 1.23　考察當 $x \to \infty$ 時,函數 $y = \dfrac{1}{x}$ 的變化趨勢.

解　如圖 1-10 所示,當 $x \to \infty$（包括 $x \to +\infty$,$x \to -\infty$）時,我們注意到函數值趨向確定的常數 0.

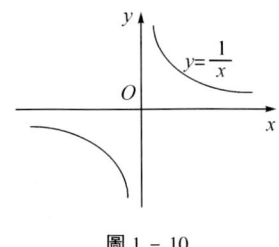

圖 1 - 10

定義 1.10　當 $x \to \infty$ 時,若函數 $f(x)$ 無限趨於常數 A,則稱 A 是函數 $f(x)$ 當 $x \to \infty$ 時的極限,記為：
$$\lim_{x \to \infty} f(x) = A \text{ 或 } f(x) \to A \quad (x \to \infty)$$

定義 1.11　當 $x \to +\infty$ 時,若函數 $f(x)$ 無限趨於常數 A,則稱 A 是函數 $f(x)$ 當 $x \to +\infty$ 時的極限,記為：
$$\lim_{x \to +\infty} f(x) = A \text{ 或 } f(x) \to A \quad (x \to +\infty)$$

定義 1.12　當 $x \to -\infty$ 時,若函數 $f(x)$ 無限趨於常數 A,則稱 A 是函數 $f(x)$ 當 $x \to -\infty$ 時的極限,記為：
$$\lim_{x \to -\infty} f(x) = A \text{ 或 } f(x) \to A \quad (x \to -\infty)$$

通過以上三個定義,我們不難發現當 $x \to \infty$ 時,函數 $f(x)$ 無限趨於常數 A 的充分必要條件就是,當 $x \to +\infty$ 和 $x \to -\infty$ 時,函數 $f(x)$ 都無限趨於常數 A.

定理 1.2　極限 $\lim\limits_{x \to \infty} f(x) = A$ 的充要條件是 $\lim\limits_{x \to +\infty} f(x) = \lim\limits_{x \to -\infty} f(x) = A$.

例 1.24　觀察下列函數的圖像(見圖 1-11、圖 1-12、圖 1-13)並填空：

(1) $\lim\limits_{x \to -\infty} e^x = $ _____；　　　　　　$\lim\limits_{x \to +\infty} e^x = $ _____.

(2) $\lim\limits_{x \to +\infty} e^{-x} = $ _____；　　　　　$\lim\limits_{x \to -\infty} e^{-x} = $ _____.

(3) $\lim\limits_{x \to +\infty} \arctan x = $ ＿＿＿＿； $\lim\limits_{x \to -\infty} \arctan x = $ ＿＿＿＿．

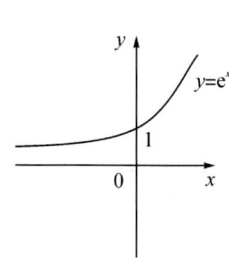

圖 1 - 11

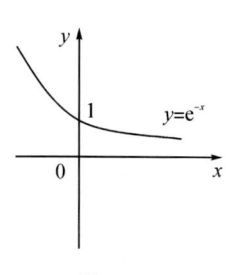

圖 1 - 12

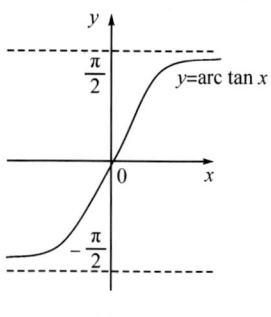

圖 1 - 13

解 從圖上容易看出：

(1) $\lim\limits_{x \to -\infty} e^x = 0$； $\lim\limits_{x \to +\infty} e^x = +\infty$．

(2) $\lim\limits_{x \to -\infty} e^{-x} = +\infty$； $\lim\limits_{x \to +\infty} e^{-x} = 0$．

(3) $\lim\limits_{x \to -\infty} \arctan x = -\dfrac{\pi}{2}$； $\lim\limits_{x \to +\infty} \arctan x = \dfrac{\pi}{2}$．

顯然，這裡的三個極限 $\lim\limits_{x \to \infty} e^x$、$\lim\limits_{x \to \infty} e^{-x}$、$\lim\limits_{x \to \infty} \arctan x$ 都不存在．它們都不滿足定理 1.2．

1.3.2.2 當 $x \to x_0$ 時，函數 $f(x)$ 的極限

我們先來看當 $x \to 1$ 時，函數 $f(x) = \dfrac{x^2 - 1}{x - 1}$ 的變化情況：

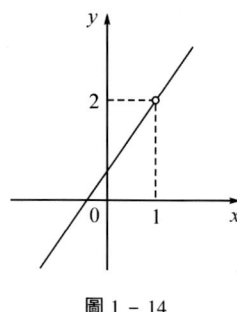

圖 1 - 14

從圖 1 - 14 中可以看出，雖然函數 $f(x) = \dfrac{x^2 - 1}{x - 1}$ 在 $x = 1$ 這點沒有定義，但是我們注意到，無論自變量 x 是從小於 1 的方向趨近於 1，還是從大於 1 的方向趨近於 1，函數 $f(x) = \dfrac{x^2 - 1}{x - 1}$ 的值都是無限趨近於常數 2 的．此時，我們稱當 x 趨近於 1 時，函數 $f(x)$ 的極限為 2．

定義1.13 設函數 $f(x)$ 在點 x_0 的左右近旁（點 x_0 可以除外）有定義．如果當自變量 x 無限趨近於 x_0（但始終不等於 x_0）時，函數 $f(x)$ 的函數值會無限趨近於某個確定的常數

A,則稱 A 為函數 $f(x)$ 當 $x \to x_0$ 時的極限,記為:
$$\lim_{x \to x_0} f(x) = A \quad 或 \quad f(x) \to A(x \to x_0)$$

注意:(1) $x \to x_0$ 與 $x = x_0$ 是兩個完全不同的概念,在 $x \to x_0$ 時,每個 x 都不等於 x_0; $x \to x_0$ 是一個變化的、運動的概念,而 $x = x_0$ 是一個靜止的概念.

(2) 我們討論的是函數 $f(x)$ 在 x_0 附近的變化趨勢,而不是 $f(x)$ 在點 x_0 處的情況,這就告訴我們 $f(x)$ 在 $x \to x_0$ 時的極限是否存在,與 $f(x)$ 在 x_0 處有無定義以及有定義時在點 x_0 處的函數值的大小無關.

(3) 定義中的 $x \to x_0$ 其實包括了兩種情形,一種是 x 從 x_0 的左邊(即小於 x_0 的方向)趨近於 x_0(記為 $x \to x_0^-$),另一種是 x 從 x_0 的右邊(即大於 x_0 的方向)趨近於 x_0(記為 $x \to x_0^+$),因此,就有了下面左、右極限的概念.

定義 1.14 設函數 $f(x)$ 在點 x_0 的左邊近旁(或右邊近旁) 有定義.如果當自變量 x 從 x_0 的左邊無限趨近於 x_0(或從 x_0 的右邊無限趨近於 x_0) 時,函數 $f(x)$ 的函數值會無限趨近於某個確定的常數 A,則稱 A 為函數 $f(x)$ 當 $x \to x_0$ 時的左極限(或右極限).

左極限記為:
$$f(x_0^-) = \lim_{x \to x_0^-} f(x) = A$$

右極限記為:
$$f(x_0^+) = \lim_{x \to x_0^+} f(x) = A$$

顯然,根據以上兩個定義,我們可以得到定理 1.3.

定理 1.3 極限 $\lim_{x \to x_0} f(x) = A$ 的充要條件是 $\lim_{x \to x_0^-} f(x) = \lim_{x \to x_0^+} f(x) = A.$

由於分段函數在分段點左右兩側的函數表達式往往不同,因此,我們在討論分段函數在分段點處的極限是否存在時,會用到此定理.

例 1.25 設函數 $f(x) = \begin{cases} 3x + 2, & x \leq 0 \\ x^2 - 2, & x > 0 \end{cases}$,證明當 $x \to 0$ 時,函數 $f(x)$ 的極限不存在.

證明 因為
$$f(0^-) = \lim_{x \to 0^-} f(x) = \lim_{x \to 0^-}(3x + 2) = 2$$
$$f(0^+) = \lim_{x \to 0^+} f(x) = \lim_{x \to 0^+}(x^2 - 2) = -2$$

所以
$$f(0^-) \neq f(0^+)$$

因此,根據定理 1.3 可知極限 $\lim_{x \to 0} f(x)$ 不存在(見圖 1 - 15).

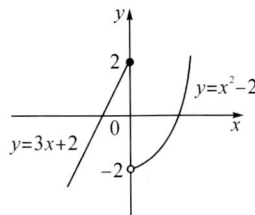

圖 1 - 15

例 1.26 設函數 $f(x) = \begin{cases} x^2 + 1, & x \leq 2 \\ 2x + 1, & x > 2 \end{cases}$,討論極限 $\lim\limits_{x \to 2} f(x)$ 是否存在.

解 因為
$$f(2^-) = \lim_{x \to 2^-} f(x) = \lim_{x \to 2^-} (x^2 + 1) = 5$$
$$f(2^+) = \lim_{x \to 2^+} f(x) = \lim_{x \to 2^+} (2x + 1) = 5$$

所以
$$f(2^-) = f(2^+) = 5$$

因此,根據定理 1.3 可知極限 $\lim\limits_{x \to 2} f(x) = 5$ 存在(見圖 1 - 16).

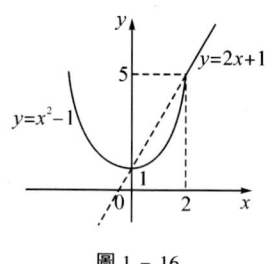

圖 1 - 16

例 1.27 討論函數極限 $\lim\limits_{x \to 0} \dfrac{|x|}{x}$ 是否存在.

分析:當 $x \to 0$ 時,x 並不等於零,且 x 可正可負,因此我們無法去掉分子的絕對值,這就是本題的難點.如果我們分左、右極限來討論的話,就能分清 x 的正負情況,這樣絕對值的問題也就好處理了.

解 因為
$$f(0^-) = \lim_{x \to 0^-} \frac{|x|}{x} = \lim_{x \to 0^-} \frac{-x}{x} = -1$$
$$f(0^+) = \lim_{x \to 0^+} \frac{|x|}{x} = \lim_{x \to 0^+} \frac{x}{x} = 1$$

所以
$$f(0^-) \neq f(0^+)$$

因此,根據定理 1.3 可知極限 $\lim\limits_{x \to 0} \dfrac{|x|}{x}$ 不存在.

無論數列或者函數,都是變量,而數列的極限和函數的極限,也都是變量的極限,它們所討論的內容都是在自變量的某種變化過程中,相應因變量取值的某種變化趨勢.因此,在這裡我們要告訴大家一個簡單的事實,那就是任何具有極限的變量,其極限值都是唯一確定的.

1.3.3 無窮大、無窮小及無窮小的比較

1.3.3.1 無窮大

在前面的學習中經常遇到無窮大這一概念,下面就給出無窮大的定義.

定義 1.15　如果 $x \to x_0$（或 $x \to \infty$）時，$|f(x)|$ 無限增大，則稱 $f(x)$ 為當 $x \to x_0$（或 $x \to \infty$）時的無窮大量，簡稱**無窮大**，記作 $\lim\limits_{x \to x_0} f(x) = \infty$（或 $\lim\limits_{x \to \infty} f(x) = \infty$）。

如果在無窮大的定義中，把 $|f(x)|$ 無限增大換成 $f(x)$（或 $-f(x)$）無限增大，就記作 $\lim\limits_{\substack{x \to x_0 \\ (x \to \infty)}} f(x) = +\infty$（或 $\lim\limits_{\substack{x \to x_0 \\ (x \to \infty)}} f(x) = -\infty$）。

關於無窮大的概念我們要注意以下三點：

(1) 無窮大不是一個很大的數，它是一個絕對值無限增大的變量；

(2) 按函數極限的定義，函數 $f(x)$ 趨向於無窮大時極限是不存在的，但為了討論問題方便，我們也說「函數的極限是無窮大」；

(3) 說一個函數為無窮大時，必須同時指出自變量的變化過程。例如，函數 $y = \tan x$ 是當 $x \to \dfrac{\pi}{2}$ 時的無窮大，$y = x^2 + 1$ 是當 $x \to \infty$ 時的無窮大。

1.3.3.2　無窮小

定義 1.16　如果 $x \to x_0$ 時（或 $x \to \infty$），函數 $f(x)$ 的極限為零，則稱 $f(x)$ 為當 $x \to x_0$（或 $x \to \infty$）時的無窮小量，簡稱**無窮小**，記作 $\lim\limits_{x \to x_0} f(x) = 0$（或 $\lim\limits_{x \to \infty} f(x) = 0$）。

例如：函數 $y = 3x - 6$ 是 $x \to 2$ 時的無窮小，而函數 $y = \dfrac{1}{2x^2}$ 是 $x \to \infty$ 時的無窮小。關於無窮小的概念我們要注意以下兩點：

(1) 不要把無窮小與很小的數混為一談。一般來說，無窮小表達的是變量的變化狀態，而不是變量的大小，一個量不管多麼小，都不能是無窮小量。零是唯一可作為無窮小的常數，因此我們可以說「零是無窮小」，但不能說「無窮小是零」。

(2) 不能籠統地說某個函數變量是無窮小，必須指出自變量的變化過程。因為無窮小是用極限來定義的，一個函數在自變量的某個變化過程中為無窮小，而在自變量的其他變化過程中就不一定是無窮小了。

例如：因為 $\lim\limits_{x \to -1} \dfrac{x+1}{x} = 0$，所以 $f(x) = \dfrac{x+1}{x}$ 當 $x \to -1$ 時是一個無窮小量；

因為 $\lim\limits_{x \to 1} \dfrac{x+1}{x} = 2$，所以 $f(x) = \dfrac{x+1}{x}$ 當 $x \to 1$ 時不是一個無窮小量。

又如：因為 $\lim\limits_{x \to \infty} \dfrac{1}{2x-1} = 0$，所以當 $x \to \infty$ 時，$\dfrac{1}{2x-1}$ 為無窮小；

因為 $\lim\limits_{x \to 2}(x^2 - 4) = 0$，所以當 $x \to 2$ 時，$x^2 - 4$ 為無窮小。

定理 1.4（極限基本定理）　具有極限的函數等於它的極限與一個無窮小之和；反之，函數可以表示為常數與無窮小之和，那麼該常數就是這個函數的極限。

$$\lim\limits_{x \to x_0} f(x) = A \Leftrightarrow f(x) = A + \alpha \text{（其中 } \alpha \text{ 是當 } x \to x_0 \text{ 時的無窮小）}$$

1.3.3.3　無窮小的性質

下面我們來看無窮小的幾個代數性質。

定理 1.5　有限個無窮小的代數和、差、積仍是無窮小。

定理 1.6　有界函數與無窮小的乘積仍是無窮小.
推論　常數與無窮小的乘積仍是無窮小.
注意:定理 1.6 是我們今後求極限的一種常用手段,大家一定要熟記.

例 1.28　求極限 $\lim\limits_{x\to 0} x\sin\dfrac{1}{x}$.

解　因為 $\lim\limits_{x\to 0} = 0$,所以當 $x\to 0$ 時,x 是個無窮小量;

又因為 $|\sin\dfrac{1}{x}|\leq 1$,所以 $\sin\dfrac{1}{x}$ 是有界量,

故在 $x\to 0$ 時 $x\sin\dfrac{1}{x}$ 是無窮小量,由定理 1.6 可知:

$$\lim_{x\to 0} x\sin\dfrac{1}{x} = 0$$

無窮大與無窮小之間有一種特殊的關係,即在自變量的同一變化過程中,無窮大的倒數是無窮小,非 0 的無窮小的倒數是無窮大.

定理 1.7　在自變量的同一變化過程中,即 $x\to x_0$(或 $x\to\infty$),如果 $f(x)$ 為無窮大,則 $\dfrac{1}{f(x)}$ 為無窮小;反之,如果 $f(x)$ 為無窮小,且 $f(x)\neq 0$,則 $\dfrac{1}{f(x)}$ 為無窮大.

例 1.29　下列函數在什麼情況下為無窮小,在什麼情況下為無窮大.

(1) $f(x) = \dfrac{x+2}{x-1}$;　　(2) $f(x) = \ln x$;　　(3) $f(x) = \dfrac{x+1}{x^2}$.

解　(1) 因為 $\lim\limits_{x\to -2}\dfrac{x+2}{x-1} = 0$,故 $x\to -2$ 時 $\dfrac{x+2}{x-1}$ 為無窮小;

因為 $\lim\limits_{x\to 1}\dfrac{x-1}{x+2} = 0$,所以 $\lim\limits_{x\to 1}\dfrac{x+2}{x-1} = \infty$,故 $x\to 1$ 時,$\dfrac{x+2}{x-1}$ 為無窮大.

(2) 因為 $\lim\limits_{x\to 1}\ln x = 0$,故 $x\to 1$ 時 $\ln x$ 為無窮小;

因為 $\lim\limits_{x\to 0^+}\ln x = -\infty$,$\lim\limits_{x\to +\infty}\ln x = +\infty$,故 $x\to 0^+$ 和 $x\to +\infty$ 時,$\ln x$ 都為無窮大.

(3) 因為 $\lim\limits_{x\to -1}\dfrac{x+1}{x^2} = 0$,$\lim\limits_{x\to\infty}\dfrac{x+1}{x^2} = 0$,故 $x\to -1$ 和 $x\to\infty$ 時,$\dfrac{x+1}{x^2}$ 為無窮小;

因為 $\lim\limits_{x\to 0}\dfrac{x+1}{x^2} = \infty$,故 $x\to 0$ 時,$\dfrac{x+1}{x^2}$ 為無窮大.

例 1.30　求極限 $\lim\limits_{x\to 1}\dfrac{x^2-3}{x^2-5x+4}$.

解　因為 $\lim\limits_{x\to 1}\dfrac{x^2-5x+4}{x^2-3} = 0$,即當 $x\to 1$ 時,$\dfrac{x^2-5x+4}{x^2-3}$ 為無窮小,

所以根據無窮小與無窮大的關係可知:

$$\lim_{x\to 1}\dfrac{x^2-3}{x^2-5x+4} = \infty$$

1.3.3.4　無窮小的比較

通過前面的學習可以看到,兩個無窮小的和、差、積仍是無窮小.但是關於兩個無窮小

的商的極限卻會出現不同的結果.例如,當 $x \to 0$ 時,x、$2x$、x^2 都是無窮小,然而 $\lim\limits_{x \to 0} \dfrac{x}{2x} = \dfrac{1}{2}$,$\lim\limits_{x \to 0} \dfrac{x^2}{2x} = 0$,$\lim\limits_{x \to 0} \dfrac{2x}{x^2} = \infty$.因此,我們把這種無窮小與無窮小比值的極限稱為 $\dfrac{0}{0}$ 型不定式極限.為什麼會出現這種情況呢? 其實原因並不難找,雖然無窮小量都是趨近於零的變量,但是它們趨近於零的速度卻不一定相同,有時差別還很大,這一點我們可以通過表 1 - 3 感受到.

表 1 - 3

x	1	0.1	0.01	0.001	…	$x \to 0$
$2x$	2	0.2	0.02	0.002	…	$2x \to 0$
x^2	1	0.01	0.001	0.000,001	…	$x^2 \to 0$

很顯然,x^2 比 x 和 $2x$ 趨近於零的速度要快得多,而兩個無窮小比值的極限會出現不同的結果,正是反應了不同的無窮小量趨近於零的變化快慢程度.在數學上,為了刻畫無窮小量的這一特性,引入了無窮小量階的概念.

定義 1.17 設變量 α,β 是在自變量同一變化過程中的無窮小量,且兩個無窮小比值的極限存在或為無窮大.則有:

(1) 如果 $\lim \dfrac{\alpha}{\beta} = 0$,就說 α 是比 β 更高階的無窮小,記作 $\alpha = o(\beta)$;此時我們也說 β 是比 α 較低階的無窮小;

(2) 如果 $\lim \dfrac{\alpha}{\beta} = C(C \neq 0)$,就說 α 與 β 是同階的無窮小;

(3) 如果 $\lim \dfrac{\alpha}{\beta} = 1$,就說 α 與 β 是等價無窮小,記為 $\alpha \sim \beta$.

在定義 1.17 中,高階的無窮小趨近於零的速度更快,而同階的無窮小趨近於零的速度差不多,但等價無窮小則說明兩個無窮小在小到一定程度時,它們趨近於零的速度幾乎是一致的.

習題 1.3

1. 下列各函數中,x 在什麼趨向時為無窮小? 在什麼趨向時為無窮大?

(1) $y = \dfrac{x^2 - 1}{x + 1}$;

(2) $y = \dfrac{x^2 - 1}{x - 1}$;

(3) $y = \dfrac{x^2 - 4x + 3}{x + 1}$;

(4) $y = \dfrac{x^2 - 4x + 3}{x - 1}$.

2. 當 $x \to 0$ 時,$3x - x^2$ 與 $1,000x^3$ 相比,哪一個無窮小趨近於零的速度更快?

3. 根據無窮小的性質求下列極限.

(1) $\lim\limits_{x \to \infty} \dfrac{\sin x + 3}{x^2 + 1}$;

(2) $\lim\limits_{x \to \infty} \dfrac{x^2 + 1}{x^3 + x} \cos x$;

(3) $\lim\limits_{x \to 0} x^2 \cos\dfrac{1}{2x}$; (4) $\lim\limits_{x \to -\infty}\left(\dfrac{1}{x^2} + e^x\right)$;

4. $f(x) = \begin{cases} 1-x, & x \leqslant 1 \\ 1+x, & x > 1 \end{cases}$,求當 $x \to 1$ 時 $f(x)$ 的左、右極限,並說明在 $x \to 1$ 時 $f(x)$ 的極限是否存在.

5. 設 $f(x) = \begin{cases} 2 + \sin x, & x \leqslant 0 \\ x^2 + 1, & 0 < x \leqslant 1 \\ 2x, & x > 1 \end{cases}$,分別討論當 $x \to 0$ 和 $x \to 1$ 時 $f(x)$ 的極限是否存在.

6. 設 $f(x) = \begin{cases} \sin(x-1), & x \leqslant 1 \\ k^2 x - 2k, & x > 1 \end{cases}$,當 k 為何值時,函數 $f(x)$ 在 $x = 1$ 處有極限.

參考答案

§1.4　極限的運算

1.4.1　夾逼準則

下面我們來介紹極限運算中常用的一種方法:

定理1.8(夾極限定理)　在自變量的同一變化過程中,若函數 $g(x)$、$f(x)$ 與 $h(x)$ 滿足不等式
$$g(x) \leqslant f(x) \leqslant h(x)$$
且 $\lim g(x) = \lim h(x) = A$,則有 $\lim f(x) = A$.

夾極限定理又稱極限的夾逼準則,它在幾何上是非常直觀的,並且這個準則對數列的極限也適用.若有數列 $\{y_n\}$、$\{x_n\}$ 與 $\{z_n\}$,且 $y_n \leqslant x_n \leqslant z_n$,並有 $\lim\limits_{n \to \infty} y_n = \lim\limits_{n \to \infty} z_n = A$,則我們同樣可以得到 $\lim\limits_{n \to \infty} x_n = A$.

例1.31　利用極限的夾逼準則證明極限
$$\lim_{n \to \infty}\left(\dfrac{1}{\sqrt{n^2+1}} + \dfrac{1}{\sqrt{n^2+2}} + \cdots + \dfrac{1}{\sqrt{n^2+n}}\right) = 1.$$

證明　因為
$$\dfrac{n}{\sqrt{n^2+n}} \leqslant \left(\dfrac{1}{\sqrt{n^2+1}} + \dfrac{1}{\sqrt{n^2+2}} + \cdots + \dfrac{1}{\sqrt{n^2+n}}\right) \leqslant \dfrac{n}{\sqrt{n^2+1}}$$
而

$$\lim_{n\to\infty}\frac{n}{\sqrt{n^2+n}}=\lim_{n\to\infty}\frac{1}{\sqrt{1+\frac{1}{n}}}=1$$

$$\lim_{n\to\infty}\frac{n}{\sqrt{n^2+1}}=\lim_{n\to\infty}\frac{1}{\sqrt{1+\frac{1}{n^2}}}=1$$

所以由夾逼準則可得:

$$\lim_{n\to\infty}\left(\frac{1}{\sqrt{n^2+1}}+\frac{1}{\sqrt{n^2+2}}+\cdots+\frac{1}{\sqrt{n^2+n}}\right)=1$$

前面我們在定理 1.5 中提到過,有限個無窮小的和仍是無窮小.但從上面的例 1.31 中可以看到,無窮個無窮小的和就未必是無窮小了.

1.4.2 極限的運算法則

利用極限的定義只能求一些簡單的極限,而實際問題中的函數極限卻要複雜很多.極限的求法是本課程的基本運算之一,而極限的四則運算法則是求極限的最基本的方法.

在自變量的同一變化過程中,若$\lim f(x)=A, \lim g(x)=B$(這裡極限號 lim 下面未標明 x 的變化過程,表示對極限的任何一個變化過程都成立,下同),則有下列運算法則:

法則 1 $\lim[f(x)\pm g(x)]=\lim f(x)\pm \lim g(x)=A\pm B.$

這個法則可以推廣到有限個函數代數和的情形,如果這有限個函數的極限均單獨存在,則這有限個函數代數和的極限就等於它們極限的代數和.不過要注意的是只能推廣到有限個,不能是無窮個.比如,由例 1.31 可知:

$$\lim_{n\to\infty}\left(\frac{1}{\sqrt{n^2+1}}+\frac{1}{\sqrt{n^2+2}}+\cdots+\frac{1}{\sqrt{n^2+n}}\right)=1$$

但如果用法則 1 的推廣做,則變成:

$$\lim_{n\to\infty}\left(\frac{1}{\sqrt{n^2+1}}+\frac{1}{\sqrt{n^2+2}}+\cdots+\frac{1}{\sqrt{n^2+n}}\right)$$

$$=\lim_{n\to\infty}\frac{1}{\sqrt{n^2+1}}+\lim_{n\to\infty}\frac{1}{\sqrt{n^2+2}}+\cdots+\lim_{n\to\infty}\frac{1}{\sqrt{n^2+n}}$$

$$=0+0+\cdots+0=0$$

顯然這個結果是錯誤的,錯在哪呢?當 $n\to\infty$ 時,這個和式是無窮項相加,而不是有限項,故濫用了法則 1 的推廣.

法則 2 $\lim[f(x)\cdot g(x)]=\lim f(x)\cdot \lim g(x)=A\cdot B.$

這個法則也可以推廣到有限個函數相乘的情形.

推論 1 $\lim Cf(x)=C\cdot \lim f(x)=C\cdot A(C$ 為任意常數$).$

推論 2 $\lim[f(x)]^n=[\lim f(x)]^n=A^n.$

法則的運用是嚴謹的,稍不注意就很容易犯錯誤.例如,根據定理 1.6 可知,極限 $\lim\limits_{x\to 0}x\sin\frac{1}{x}=0$,但如果寫成

$$\lim_{x\to 0} x\sin\frac{1}{x} = \lim_{x\to 0} x \cdot \lim_{x\to 0}\sin\frac{1}{x} = 0 \cdot \lim_{x\to 0}\sin\frac{1}{x} = 0$$

就錯了,錯在濫用法則 2,因為極限 $\lim\limits_{x\to 0}\sin\dfrac{1}{x}$ 不存在,是不能用法則 2 來計算的。

法則 3 $\lim\dfrac{f(x)}{g(x)} = \dfrac{\lim f(x)}{\lim g(x)} = \dfrac{A}{B}$ $(B \neq 0)$.

例 1.32 求極限 $\lim\limits_{x\to 2}(x^2 - 4x + 5)$.

解
$$\begin{aligned}\lim_{x\to 2}(x^2 - 4x + 5) &= \lim_{x\to 2}x^2 - \lim_{x\to 2}4x + 5 \\ &= \lim_{x\to 2}x^2 - 4\lim_{x\to 2}x + 5 \\ &= 2^2 - 4\times 2 + 5 = 1\end{aligned}$$

例 1.33 求 $\lim\limits_{x\to 2}\dfrac{x^2 - 2}{3x^2 - 4x + 5}$.

解 因為
$$\lim_{x\to 2}(3x^2 - 4x + 5) = 9 \neq 0$$

所以
$$\lim_{x\to 2}\frac{x^2 - 2}{3x^2 - 4x + 5} = \frac{\lim\limits_{x\to 2}(x^2 - 2)}{\lim\limits_{x\to 2}(3x^2 - 4x + 5)} = \frac{2}{9}$$

在極限的計算中,我們經常會遇到 $\dfrac{0}{0}$ 型、$\dfrac{\infty}{\infty}$ 型、$\infty - \infty$ 型、$0 \cdot \infty$ 型、1^∞ 型等類型的極限. 這些類型的極限由於結果不確定,所以我們稱之為不定式極限. 可以說,極限的計算難點就是計算不定式極限,這類極限在計算中往往不能直接運用極限的四則運算法則,所以需要經過各種變換使之滿足四則運算法則的使用條件. 在後續的學習中,我們會逐步給出一些計算方法來幫助大家計算不定式極限. 下面的方法是初等變換法,這也是最基本的一種方法。

例 1.34 求 $\lim\limits_{x\to 2}\dfrac{x^2 - 3x + 2}{x^2 - x - 2}$. $\left(\dfrac{0}{0}\text{ 型}\right)$

解 當 $x = 2$ 時,分子、分母都為 0,故可約去公因式 $(x - 2)$.
$$\lim_{x\to 2}\frac{x^2 - 3x + 2}{x^2 - x - 2} = \lim_{x\to 2}\frac{(x-1)(x-2)}{(x+1)(x-2)} = \lim_{x\to 2}\frac{x-1}{x+1} = \frac{1}{3}$$

例 1.35 求下列極限 $\left(\dfrac{\infty}{\infty}\text{ 型}\right)$:

(1) $\lim\limits_{x\to\infty}\dfrac{2x^2 - 2x + 1}{x^2 + 6x + 5}$; (2) $\lim\limits_{x\to\infty}\dfrac{2x + 1}{x^2 + 6x + 5}$; (3) $\lim\limits_{x\to\infty}\dfrac{x^3 - 2x + 1}{x^2 + 6x + 5}$.

解 (1) $\lim\limits_{x\to\infty}\dfrac{2x^2 - 2x + 1}{x^2 + 6x + 5} = \lim\limits_{x\to\infty}\dfrac{2 - \dfrac{2}{x} + \dfrac{1}{x^2}}{1 + \dfrac{6}{x} + \dfrac{5}{x^2}} = 2$;

(2) $\lim\limits_{x\to\infty}\dfrac{2x+1}{x^2+6x+5}=\lim\limits_{x\to\infty}\dfrac{\dfrac{2}{x}+\dfrac{1}{x^2}}{1+\dfrac{6}{x}+\dfrac{5}{x^2}}=0$;

(3) 由於 $\lim\limits_{x\to\infty}\dfrac{x^2+6x+5}{x^3-2x+1}=\lim\limits_{x\to\infty}\dfrac{\dfrac{1}{x}+\dfrac{6}{x^2}+\dfrac{5}{x^3}}{1-\dfrac{2}{x^2}+\dfrac{1}{x^3}}=0$,

所以 $\lim\limits_{x\to\infty}\dfrac{x^3-2x+1}{x^2+6x+5}=\infty$.

一般情況：設 $a_0\neq 0, b_0\neq 0, n、m$ 為自然數,則有：

$$\lim_{x\to\infty}\frac{a_0x^n+a_1x^{n-1}+\cdots+a_n}{b_0x^m+b_1x^{m-1}+\cdots+b_m}=\begin{cases}\infty, & m<n\\ \dfrac{a_0}{b_0}, & m=n\\ 0, & m>n\end{cases}$$

例 1.36 求下列函數極限：

(1) $\lim\limits_{n\to\infty}\left(\dfrac{1}{n^2}+\dfrac{2}{n^2}+\cdots+\dfrac{n}{n^2}\right)$;

(2) $\lim\limits_{n\to\infty}\left(\dfrac{1}{1\times 2}+\dfrac{1}{2\times 3}+\cdots+\dfrac{1}{n\times(n+1)}\right)$.

解 (1) $\lim\limits_{n\to\infty}\left(\dfrac{1}{n^2}+\dfrac{2}{n^2}+\cdots+\dfrac{n}{n^2}\right)=\lim\limits_{n\to\infty}\dfrac{1+2+\cdots+n}{n^2}=\lim\limits_{n\to\infty}\dfrac{\dfrac{n}{2}(n+1)}{n^2}=\dfrac{1}{2}$;

(2) $\lim\limits_{n\to\infty}\left(\dfrac{1}{1\times 2}+\dfrac{1}{2\times 3}+\cdots+\dfrac{1}{n\times(n+1)}\right)$

$=\lim\limits_{n\to\infty}\left(1-\dfrac{1}{2}+\dfrac{1}{2}-\dfrac{1}{3}+\cdots+\dfrac{1}{n}-\dfrac{1}{n+1}\right)$

$=\lim\limits_{n\to\infty}\left(1-\dfrac{1}{n+1}\right)=1$.

例 1.37 求極限 $\lim\limits_{x\to+\infty}(\sqrt{x^2+x-2}-x)$. (「$\infty-\infty$」型)

解 $\lim\limits_{x\to+\infty}(\sqrt{x^2+x-2}-x)=\lim\limits_{x\to+\infty}\dfrac{x-2}{\sqrt{x^2+x-2}+x}=\dfrac{1}{2}$

例 1.38 求極限 $\lim\limits_{x\to 1}\left(\dfrac{1}{1-x}-\dfrac{3}{1-x^3}\right)$. (「$\infty-\infty$」型)

解 $\lim\limits_{x\to 1}\left(\dfrac{1}{1-x}-\dfrac{3}{1-x^3}\right)=\lim\limits_{x\to 1}\dfrac{1+x+x^2-3}{1-x^3}$

$=\lim\limits_{x\to 1}\dfrac{(x+2)(x-1)}{(1-x)(1+x+x^2)}$

$=-\lim\limits_{x\to 1}\dfrac{x+2}{1+x+x^2}=-1$

例 1.39 求極限 $\lim\limits_{x \to 0} \dfrac{x}{\sqrt{1+x}-1}$. ($\dfrac{0}{0}$ 型)

解 當 $x \to 0$ 時,由於分母極限為 0,不能直接用商的極限運算法則,這時,我們可先對分母有理化,再求極限.

$$\lim_{x \to 0} \dfrac{x}{\sqrt{1+x}-1} = \lim_{x \to 0} \dfrac{x(\sqrt{1+x}+1)}{(\sqrt{1+x}-1)(\sqrt{1+x}+1)}$$

$$= \lim_{x \to 0} \dfrac{x\sqrt{1+x}+1}{x}$$

$$= \lim_{x \to 0} (\sqrt{1+x}+1)$$

$$= 2$$

通過以上各例可以看出,在運用極限四則運算法則時,應注意如下兩點:

(1) 極限四則運算法則只有在各項極限均存在(除式還需要分母極限不為零)時才能使用;

(2) 若所求極限不能直接運用極限四則運算法則,可先對原式進行初等變換,如因式分解、通分、有理化等,然後再運用極限四則運算法則求極限.

1.4.3 兩個重要極限及其應用

求極限的難點就是計算不定式極限,除了利用初等變換的方法外,在這裡給大家介紹利用兩個重要極限來計算不定式極限.

在求解不定式極限中,我們常會用到兩個重要極限.在這裡不加證明,直接給出這兩個重要極限.

1.4.3.1 $\lim\limits_{x \to 0} \dfrac{\sin x}{x} = 1$ ($\dfrac{0}{0}$ 型)

大家可以看到,這個重要極限本身就是 $\dfrac{0}{0}$ 型不定式極限.我們通過列表觀察 $\dfrac{\sin x}{x}$ 的變化趨勢(見表 1-4).

表 1-4

x	± 0.5	± 0.1	± 0.01	$\pm 0.000,1$	$\cdots \to 0$
$\dfrac{\sin x}{x}$	0.958,9	0.998,3	0.999,98	0.999,999,998	$\cdots \to 1$

從表 1-4 可以看出,當 $|x|$ 無限接近於 0 時函數 $f(x) = \dfrac{\sin x}{x}$ 的變化趨勢,可以證明,當 $x \to 0$ 時,$f(x) = \dfrac{\sin x}{x}$ 無限接近於 1,即:

$$\lim_{x \to 0} \dfrac{\sin x}{x} = 1$$

我們把這個極限稱為**第 1 個重要極限**.為了更好地應用這個重要極限,我們給出如下

計算模型：
$$\lim_{\Delta \to 0} \frac{\sin\Delta}{\Delta} = 1 \text{ 或} \lim_{\Delta \to 0} \frac{\Delta}{\sin\Delta} = 1 \text{（}\Delta\text{ 代表同一變量或表達式）}$$

例 1.40 求極限 $\lim\limits_{x \to 0} \dfrac{\tan x}{x}$.

解 $\lim\limits_{x \to 0} \dfrac{\tan x}{x} = \lim\limits_{x \to 0} \dfrac{\sin x}{\cos x \cdot x} = \lim\limits_{x \to 0} \dfrac{\sin x}{x} \cdot \dfrac{1}{\cos x} = 1$

例 1.41 求極限 $\lim\limits_{x \to 0} \dfrac{\arcsin x}{x}$.

解 令 $\arcsin x = t$，則 $x = \sin t, x \to 0 \Leftrightarrow t \to 0$,
所以原式可化為：
$$\lim_{x \to 0} \frac{\arcsin x}{x} = \lim_{t \to 0} \frac{t}{\sin t} = \lim_{t \to 0} \frac{1}{\frac{\sin t}{t}} = \frac{\lim\limits_{t \to 0} 1}{\lim\limits_{t \to 0} \frac{\sin t}{t}} = 1$$

舉一反三，我們可以通過例 1.40、例 1.41 得到第 1 個重要極限的 2 個推廣計算模型，即：
$$\lim_{\Delta \to 0} \frac{\tan\Delta}{\Delta} = 1, \quad \lim_{\Delta \to 0} \frac{\arcsin\Delta}{\Delta} = 1 \quad \text{（}\Delta\text{ 代表同一變量或表達式）}$$

例 1.42 求下列函數的極限：

(1) $\lim\limits_{x \to 0} \dfrac{\sin 3x}{2x}$; (2) $\lim\limits_{x \to 0} \dfrac{\tan 5x}{x}$; (3) $\lim\limits_{x \to 0} \dfrac{\arcsin 2x}{\tan 3x}$.

解 (1) $\lim\limits_{x \to 0} \dfrac{\sin 3x}{2x} = \dfrac{3}{2} \lim\limits_{x \to 0} \dfrac{\sin 3x}{3x} = \dfrac{3}{2}$;

(2) $\lim\limits_{x \to 0} \dfrac{\tan 5x}{x} = 5 \lim\limits_{x \to 0} \dfrac{\tan 5x}{5x} = 5$;

(3) $\lim\limits_{x \to 0} \dfrac{\arcsin 2x}{\tan 3x} = \lim\limits_{x \to 0} \dfrac{2x \cdot \arcsin 2x}{2x} \cdot \dfrac{3x}{3x \cdot \tan 3x}$

$= \dfrac{2}{3} \lim\limits_{x \to 0} \dfrac{\arcsin 2x}{2x} \cdot \lim\limits_{x \to 0} \dfrac{1}{\frac{\tan 3x}{3x}} = \dfrac{2}{3}$.

例 1.43 分析下列極限分別用的是什麼方法：

(1) $\lim\limits_{x \to 0} \dfrac{\sin x}{x}$; (2) $\lim\limits_{x \to \infty} \dfrac{\sin x}{x}$; (3) $\lim\limits_{x \to \infty} x \sin \dfrac{1}{x}$; (4) $\lim\limits_{x \to 0} x \sin \dfrac{1}{x}$.

解 (1) 和 (3) 用第 1 個重要極限，極限值為 1;

(2) 和 (4) 用定理 1.6 有界量與無窮小相乘仍為無窮小，極限值為 0.

例 1.44 求極限 $\lim\limits_{x \to 0} \dfrac{1 - \cos x}{x^2}$.

解 $\lim\limits_{x \to 0} \dfrac{1 - \cos x}{x} = \lim\limits_{x \to 0} \dfrac{2 \sin^2 \dfrac{x}{2}}{x^2} = \dfrac{1}{2} \lim\limits_{x \to 0} \left(\dfrac{\sin \dfrac{x}{2}}{\dfrac{x}{2}} \right)^2 = \dfrac{1}{2}$

通過以上例子我們看到,當 $\Delta \to 0$ 時,有以下等價無窮小的關係:

$$\sin\Delta \sim \Delta; \quad \tan\Delta \sim \Delta; \quad \arcsin\Delta \sim \Delta$$

$$1 - \cos\Delta \sim \frac{1}{2}\Delta^2 \quad \arctan\Delta \sim \Delta (\Delta 代表同一變量或表達式)$$

1.4.3.2 $\lim\limits_{n \to \infty}\left(1 + \dfrac{1}{n}\right)^n = e (1^\infty 型)$

這是一個數列的極限,其本身也是「1^∞」型不定式極限.同樣,我們可以列表來觀察數列 $\left\{\left(1 + \dfrac{1}{n}\right)^n\right\}$ 的變化趨勢(見表 1 − 5).

表 1 − 5

n	1	2	3	4	5	10	100	1,000	10,000
$\left(1 + \dfrac{1}{n}\right)^n$	2	2.250	2.370	2.441	2.488	2.594	2.705	2.717	2.718

從表 1 − 5 可看出當 n 無限增大時,數列一般項 $\left(1 + \dfrac{1}{n}\right)^n$ 變化的大致趨勢.可以證明,當 $n \to \infty$ 時,數列 $\left\{\left(1 + \dfrac{1}{n}\right)^n\right\}$ 的極限確實存在,並且是一個無理數,在數學上,我們把這個無理數記為 e,其值為:

$$e \approx 2.718,281,828,459,045\cdots$$

即:

$$\lim_{n \to \infty}\left(1 + \frac{1}{n}\right)^n = e$$

我們把這個極限稱為**第 2 個重要極限**.由於數列也是一種特殊的函數,為此我們可以把上面的數列極限推廣成下面的函數極限形式,即:

$$\lim_{x \to \infty}\left(1 + \frac{1}{x}\right)^x = e \quad 或 \quad \lim_{x \to 0}(1 + x)^{\frac{1}{x}} = e$$

對於這個重要極限 $\lim\limits_{x \to \infty}\left(1 + \dfrac{1}{x}\right)^x = e$,許多初學者往往理解不了,他們總是不知不覺地把這個極限同中學老師說過的「1 的任何次方都等於 1」相混淆,從而得出錯誤的結論 $\lim\limits_{x \to \infty}\left(1 + \dfrac{1}{x}\right)^x = 1$.那麼問題出在哪呢?到底是誰錯了?學習中許多初學者都存在這種困惑.其實問題的焦點就在於當 $x \to \infty$ 時,這個函數的底數 $\left(1 + \dfrac{1}{x}\right)$ 是不是 1,也就是無窮小 $\dfrac{1}{x}$ 是不是零的問題.前面學習無窮小的概念時,我們曾經說過零是無窮小,但不能說無窮小是零,也就是說當 $x \to \infty$ 時,$\dfrac{1}{x}$ 只是無限接近於零,但並不等於零,因此整個底數

$\left(1 + \dfrac{1}{x}\right)$ 並不等於 1, 只是無限趨近於 1. 所以這裡根本不是什麼 1 的任何次方問題, 也就不能同中學老師說過的話相比較. 希望大家在學習這個重要極限時必須理解這一點.

為了更好地運用第 2 個重要極限, 我們給出如下計算模型:

$$\lim_{\Delta \to \infty}\left(1 + \dfrac{1}{\Delta}\right)^{\Delta} = e \quad \text{或} \quad \lim_{\Delta \to 0}(1 + \Delta)^{\frac{1}{\Delta}} = e \quad (\Delta \text{ 代表同一變量或表達式})$$

例 1.45　求極限 $\lim\limits_{x \to \infty}\left(1 + \dfrac{a}{x}\right)^{x}$.

解　$\lim\limits_{x \to \infty}\left(1 + \dfrac{a}{x}\right)^{x} = \lim\limits_{x \to \infty}\left(1 + \dfrac{1}{\frac{x}{a}}\right)^{\frac{x}{a} \cdot a} = e^{a}$

例 1.46　求極限 $\lim\limits_{x \to \infty}\left(1 - \dfrac{1}{x}\right)^{x}$.

解　$\lim\limits_{x \to \infty}\left(1 - \dfrac{1}{x}\right)^{x} = \lim\limits_{x \to \infty}\left(1 + \dfrac{1}{-x}\right)^{(-x) \cdot (-1)} = e^{-1}$

通過例 1.45、例 1.46 我們可以得到第 2 個重要極限的兩個推廣計算模型, 即:

$$\lim_{\Delta \to \infty}\left(1 \pm \dfrac{a}{\Delta}\right)^{\Delta} = e^{\pm a} \quad \text{或} \quad \lim_{\Delta \to 0}(1 \pm a\Delta)^{\frac{1}{\Delta}} = e^{\pm a} \quad (\Delta \text{ 代表同一變量或表達式})$$

例 1.47　求極限 $\lim\limits_{x \to \infty}\left(\dfrac{x+2}{x-1}\right)^{x}$.

解　$\lim\limits_{x \to \infty}\left(\dfrac{x+2}{x-1}\right)^{x} = \lim\limits_{x \to \infty}\left(1 + \dfrac{3}{x-1}\right)^{(x-1)\frac{x}{x-1}}$

$= \lim\limits_{x \to \infty}\left[\left(1 + \dfrac{3}{x-1}\right)^{(x-1)}\right]^{\frac{1}{1-\frac{1}{x}}} = e^{3}$

1.4.4　複利與貼現

作為上面第 2 個重要極限的應用, 我們在這裡介紹複利與貼現.

1.4.4.1　複利

所謂複利計息, 指的是將每期利息於每期之末加入本金, 並以此作為後一期的新本金再計算利息. 通俗地說, 就是利滾利.

（1）按離散情況計算利息的複利計算公式.

提出問題: 現有本金為 P, 以年利率 r 貸出, 若以複利計息, 試求第 n 年年末的本利和 S_n.

若以一年為 1 期計算利息, 則第 1 年的年年末本利和為:
$$S_1 = p + pr = p(1 + r)$$

到第 2 年的年末本利和為:
$$S_2 = p(1 + r) + p(1 + r)r = p(1 + r)^{2}$$

以此類推, 第 n 年的年末本利和應為:

$$S_n = p(1+r)^n$$

如果一年分 m 次平均計息,且以 $\dfrac{r}{m}$ 為每期的利息來計算,那麼第 n 年年末的本利和為:

$$S_n = p\left(1 + \dfrac{r}{m}\right)^{mn}$$

(2) 以連續複利計算利息的複利計算公式.

現在令計息期數 m 無限增大($m \to \infty$),即計息週期無限縮短,則第 n 年年末的本利和為:

$$S_n = \lim_{m \to \infty} p\left(1 + \dfrac{r}{m}\right)^{nm} = p\lim_{m \to \infty}\left[\left(1 + \dfrac{r}{m}\right)^{m}\right]^{n} = p(\mathrm{e}^r)^n = p\mathrm{e}^{rn}$$

這就是連續複利計算公式.

$S_n = p\mathrm{e}^{rn}$ 這個公式反應了現實世界中一些事物生長或消失的數量規律,如馬爾薩斯人口模型、細胞的繁殖、樹木的生長、物體的冷卻、鐳的衰變等,都服從這個數學模型.

例 1.48 設本金 10 萬元,按 2008 年整存整取 5 年期以上年利率 3.60% 來計算,若分別以每年計息、每月計息和連續計息的方式計息(不扣利息稅),試求第 10 年年末的本利和分別為多少.

解 按年利率計算複利得:

$$S_{10} = 10^5(1 + 0.036)^{10} \approx 142,428.714(元)$$

按月利率計算複利得:

$$S_{10} = 10^5\left(1 + \dfrac{0.036}{12}\right)^{120} \approx 143,255.717(元)$$

由連續複利計算得:

$$S_{10} = 10^5 \mathrm{e}^{0.36} \approx 143,332.941(元)$$

顯然,後者本利和高於前兩者.

1.4.4.2 貼現

已知現在值 p,確定未來值 S_n,這是複利問題.與之相反的問題是已知未來值 S_n,去求現在值 p,這種情況就稱為**貼現問題**.這時的利率 r 稱為**貼現率**.顯然,貼現公式能通過複利公式輕易推出.

若以一年為期貼現,則 n 年的貼現公式為:

$$p = S_n(1+r)^{-n}$$

若一年均分 m 期貼現,則 n 年的貼現公式為:

$$p = S_n\left(1 + \dfrac{r}{m}\right)^{-nm}$$

若連續貼現(即讓 $m \to \infty$ 取極限),則 n 年的連續貼現公式為:

$$p = S_n \lim_{m \to \infty}\left[\left(1 + \dfrac{r}{m}\right)^{m}\right]^{-n} = S_n \mathrm{e}^{-rn}$$

例 1.49 假設你打算在一家投資擔保公司投入一筆資金,你需要這筆投資 10 年後價值達到 12,000 元,如果公司以 9% 的年複利利率付息,若年利率不變,付息方式為連續

複利,那你應該投資多少元?

解 因為付息方式為連續複利,10年後要達到12,000元的現值為:
$$p = S_n e^{-rn} = 12{,}000 e^{-0.09 \times 10} = 4{,}878.84 \text{ (元)}$$

即在連續複利付息方式下,你應該投資4,878.84元.

習題1.4

1. 已知 $\lim\limits_{n\to\infty} x_n = \dfrac{1}{2}$, $\lim\limits_{n\to\infty} y_n = -\dfrac{1}{2}$,求下列各極限:

(1) $\lim\limits_{n\to\infty}(2x_n + 3y_n)$;

(2) $\lim\limits_{n\to\infty} \dfrac{x_n - y_n}{x_n}$.

2. 求下列各極限:

(1) $\lim\limits_{x\to\sqrt{3}} \dfrac{7 + x^2}{x^2 - 2}$;

(2) $\lim\limits_{x\to 2} \dfrac{5 + x^2}{x - 2}$;

(3) $\lim\limits_{x\to 0} \dfrac{4x^3 - 2x^2 + x}{3x^2 + 2x}$;

(4) $\lim\limits_{h\to 0} \dfrac{(x+h)^2 - x^2}{h}$;

(5) $\lim\limits_{x\to 1} \dfrac{x^3 - 1}{x - 1}$;

(6) $\lim\limits_{x\to\infty} \left(2 - \dfrac{2}{x} + \dfrac{2}{x^3}\right)$;

(7) $\lim\limits_{x\to\infty} \dfrac{4x^2 - 2x + 1}{2x^2 + x}$;

(8) $\lim\limits_{x\to\infty} \dfrac{4x^3 + 2x^2 + 5}{3x^2 + 2x}$;

(9) $\lim\limits_{x\to 0} \dfrac{\sqrt{3+x} - \sqrt{3}}{x}$;

(10) $\lim\limits_{x\to 2} \dfrac{\sqrt{x-1} - 1}{2 - x}$;

(11) $\lim\limits_{n\to +\infty}\left(1 + \dfrac{1}{2} + \dfrac{1}{4} + \cdots + \dfrac{1}{2^n}\right)$;

(12) $\lim\limits_{x\to\infty}(\sqrt{x+1} - \sqrt{x})$.

3. 求下列各極限:

(1) $\lim\limits_{x\to 0} \dfrac{x - \sin 2x}{x + \tan 3x}$;

(2) $\lim\limits_{x\to 0} \dfrac{1 - \cos 2x}{x \sin x}$;

(3) $\lim\limits_{x\to a} \dfrac{\sin x - \sin a}{x - a}$;

(4) $\lim\limits_{n\to\infty} 3^n \sin \dfrac{x}{3^n}\ (x \ne 0)$;

(5) $\lim\limits_{x\to 0}(1 + 2x)^{\frac{3}{x}}$;

(6) $\lim\limits_{x\to\infty}\left(\dfrac{3x+2}{3x-1}\right)^{x+1}$.

4. 已知 $\lim\limits_{x\to 0} \dfrac{f(x)}{x} = 3$,求極限 $\lim\limits_{x\to 0} \dfrac{\sqrt{1 + f(x)} - 1}{x}$.

5. 計算極限 $\lim\limits_{n\to\infty}\left(\dfrac{1}{n^2 + 1} + \dfrac{2}{n^2 + 2} + \cdots + \dfrac{n}{n^2 + n}\right)$.

6. 設年利率為6%,若按連續複利計息,現投資多少元,才能使第10年年末得到120,000元?

參考答案

§1.5 函數的連續性

1.5.1 變量的增量概念

定義1.18 設變量 u 從它的一個初值 u_1 變到終值 u_2，終值與初值的差 $u_2 - u_1$ 稱為變量 u 的增量，記為 Δu，即 $\Delta u = u_2 - u_1$.

注意：增量 Δu 可正、可負，當 $\Delta u > 0$ 時，變量 u 從 u_1 變到 $u_2 = u_1 + \Delta u$ 時是增大的；當 $\Delta u < 0$ 時，變量 u 是減小的.

設函數 $y = f(x)$ 在已知點 $x = x_0$ 的左右近旁內有定義，當自變量 x 由 x_0 變到 $x_0 + \Delta x$ 時，函數 y 相應地由 $f(x_0)$ 變到 $f(x_0 + \Delta x)$，因此函數 y 的對應增量為：

$$\Delta y = f(x_0 + \Delta x) - f(x_0)$$

1.5.2 函數 $y = f(x)$ 在某一已知點 $x = x_0$ 的連續性

定義1.19 設函數 $y = f(x)$ 在已知點 $x = x_0$ 的左右近旁內有定義，如果自變量獲得的增量 $\Delta x = x - x_0$ 趨於零時，對應的函數增量 $\Delta y = f(x_0 + \Delta x) - f(x_0)$ 也趨於零，即：

$$\lim_{\Delta x \to 0} \Delta y = \lim_{\Delta x \to 0} [f(x_0 + \Delta x) - f(x_0)] = 0$$

則稱函數 $y = f(x)$ 在點 $x = x_0$ 處連續，或稱 $x = x_0$ 為函數 $y = f(x)$ 的連續點.

關於函數 $y = f(x)$ 在已知點 $x = x_0$ 處的連續性，我們可以通過圖1-17直觀去感受定義1.19. 顯然圖1-17(a) 直觀展示了函數 $y = f(x)$ 在點 $x = x_0$ 處是連續的，而圖1-17(b) 則告訴我們函數 $y = f(x)$ 在點 $x = x_0$ 處是斷開的，即是不連續.

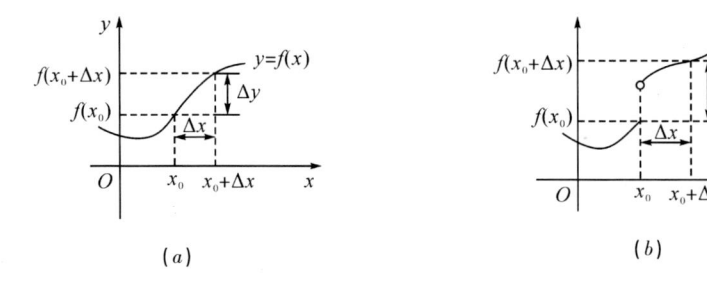

圖 1-17

若令 $x_0 + \Delta x = x$，則當 $\Delta x \to 0$ 時，定義1.19中的表達式可表示為：

$$\lim_{x \to x_0}[f(x_0 + \Delta x) - f(x_0)] = \lim_{x \to x_0}[f(x) - f(x_0)] = 0$$

即：
$$\lim_{x \to x_0} f(x) = f(x_0)$$

因此，函數 $y = f(x)$ 在已知點 $x = x_0$ 處連續的定義又可表述為：

定義 1.20 設函數 $y = f(x)$ 在已知點 $x = x_0$ 的左右近旁內有定義，且
$$\lim_{x \to x_0} f(x) = f(x_0)$$
則稱函數 $y = f(x)$ 在點 $x = x_0$ 處連續.

顯然定義 1.20 比定義 1.19 要實用得多，我們在判斷函數在某一已知點是否連續時，也總是用定義 1.20 來判斷. 也就是：

函數 $y = f(x)$ 在已知點 $x = x_0$ 處連續 $\Leftrightarrow \lim_{x \to x_0} f(x) = f(x_0)$

例 1.50 試證函數 $f(x) = \begin{cases} 3x + 1, & x \leq 0 \\ \cos x, & x > 0 \end{cases}$ 在 $x = 0$ 處連續.

證明 因為 $\lim_{x \to 0^+} f(x) = \lim_{x \to 0^+} \cos x = 1$, $\lim_{x \to 0^-} f(x) = \lim_{x \to 0^-}(3x + 1) = 1$ 且 $f(0) = 1$,

則 $\lim_{x \to 0} f(x)$ 存在且 $\lim_{x \to 0} f(x) = f(0) = 1$,

所以 $f(x)$ 在 $x = 0$ 處連續.

例 1.51 討論函數 $f(x) = \begin{cases} x \sin \dfrac{1}{2x}, & x \neq 0 \\ 0, & x = 0 \end{cases}$ 在 $x = 0$ 處的連續性.

解 因為
$$\lim_{x \to 0} f(x) = \lim_{x \to 0} x \sin \frac{1}{2x} = 0 = f(0)$$

所以 $f(x)$ 在 $x = 0$ 處連續.

下面介紹函數 $y = f(x)$ 在已知點 $x = x_0$ 處左連續與右連續的概念.

若函數 $y = f(x)$ 在已知點 $x = x_0$ 處有 $\lim_{x \to x_0^-} f(x)$（或 $\lim_{x \to x_0^+} f(x) = f(x_0)$），則分別稱函數 $y = f(x)$ 在點 $x = x_0$ 處是左連續（或右連續）. 由此可知，函數 $y = f(x)$ 在點 $x = x_0$ 處連續的充要條件是函數在 $x = x_0$ 處左、右都連續.

1.5.3 區間內連續函數的概念

若函數 $y = f(x)$ 在開區間 (a,b) 內各點均連續，則稱 $f(x)$ 在開區間 (a,b) 內連續. 若函數 $y = f(x)$ 在開區間 (a,b) 內連續，在 $x = a$ 處右連續，在 $x = b$ 處左連續，則稱 $f(x)$ 在閉區間 $[a,b]$ 上連續.

連續函數的定義表明，函數在點 $x = x_0$ 處連續要同時滿足以下三個條件：

(1) 函數 $f(x)$ 在點 $x = x_0$ 有定義，即函數值 $f(x_0)$ 存在；

(2) 函數 $f(x)$ 在該點的極限 $\lim_{x \to x_0} f(x)$ 存在；

(3) $\lim_{x \to x_0} f(x) = f(x_0)$.

顯然函數 $y = f(x)$ 在點 $x = x_0$ 處連續的幾何意義就是函數 $y = f(x)$ 的圖形在點 $(x_0, f(x_0))$ 處不斷開；而函數 $y = f(x)$ 在區間 (a,b) 內連續的幾何意義是函數 $y = f(x)$ 的

圖形在(a,b)內是一條連續不間斷的曲線.

1.5.4 初等函數的連續性

我們先來討論基本初等函數的連續性.

通過前面的學習,我們可以看到:基本初等函數的圖形在其定義區間內都是一條連續不間斷的曲線,因此根據函數$y=f(x)$在區間內連續的幾何意義可知,所有基本初等函數在其定義區間內都是連續的.

由於初等函數都是由基本初等函數經過有限次的四則運算和有限次的複合運算構成的,並且只可用一個算術表達式來表示,所以根據基本初等函數連續性的特點以及連續函數的性質可以推出如下結論:

定理 1.9 一切初等函數在其定義區間內都是連續的.

這個定理很重要,它告訴我們:初等函數的連續區間其實就是它的自然定義域.這為我們求解初等函數的連續區間找到了一種非常簡便的方法.

例如,函數$y=f(x)=\dfrac{\sqrt{x+1}}{x(x-5)}$的連續區間就是它的自然定義域,即:

$$[-1,0) \cup (0,5) \cup (5,+\infty)$$

今後我們可以利用這一結論來求初等函數在有定義的點(即連續點)的極限,也就是說:如果函數$y=f(x)$是初等函數,且點$x_0 \in D_f$(自然定義域),則有:

$$\lim_{x \to x_0} f(x) = f(x_0)$$

比如:

$$\lim_{x \to 2} \frac{\sqrt{x+1}}{x(x-5)} = f(2) = \frac{\sqrt{2+1}}{2 \times (-3)} = -\frac{\sqrt{3}}{6}$$

1.5.5 分段函數的連續性

在經濟活動中,我們經常會碰到分段函數.由於分段函數一般都不再是初等函數了,所以定理1.9對分段函數不成立.但是分段函數往往除分段點外,在每個部分區間內都是用初等函數的形式給出的,故一般的分段函數除去分段點外在其有定義的部分區間內都是連續的,而有定義的分段點的連續性則必須通過定義1.20來討論.

例 1.52 討論分段函數$f(x) = \begin{cases} \sin x, & x < 0 \\ x, & 0 \leq x \leq 1 \\ x^2+1, & x > 1 \end{cases}$的連續性,並寫出函數的連續區間.

解 根據題意:

當$-\infty < x < 0$時,$f(x) = \sin x$是初等函數,所以$f(x)$連續.

當$0 < x < 1$時,$f(x) = x$也是初等函數,所以$f(x)$也連續.

當$1 < x < +\infty$時,$f(x) = x^2+1$還是初等函數,所以$f(x)$還是連續的.

當$x = 0$時,$f(0) = 0$,且

$$f(0^-) = \lim_{x\to 0^-} f(x) = \lim_{x\to 0^-} \sin x = 0$$

$$f(0^+) = \lim_{x\to 0^+} f(x) = \lim_{x\to 0^+} x = 0$$

所以 $\lim_{x\to 0} f(x) = 0 = f(0)$，因此函數 $f(x)$ 在點 $x = 0$ 處連續．

當 $x = 1$ 時，$f(1) = 1$，且

$$f(1^-) = \lim_{x\to 1^-} f(x) = \lim_{x\to 1^-} x = 1$$

$$f(1^+) = \lim_{x\to 1^+} f(x) = \lim_{x\to 1^+} (x^2 + 1) = 2$$

所以 $f(1^-) \neq f(1^+)$，因此函數 $f(x)$ 在點 $x = 1$ 處不連續．

綜上可知，函數 $f(x)$ 的連續區間為：$(-\infty, 1) \cup (1, +\infty)$．

習題 1.5

1. 求下列極限：

(1) $\lim\limits_{x\to 2} \dfrac{e^2 + 1}{2x}$； (2) $\lim\limits_{x\to 1} \sqrt{x^2 - 2x + 5}$．

2. 求函數 $y = \dfrac{\ln x}{x^2 - 1} + \sqrt{16 - x^2}$ 的連續區間．

3. 設函數 $y = \begin{cases} x, & x \leq 1 \\ 6x - 5, & x > 1 \end{cases}$，試討論 $f(x)$ 在 $x = 1$ 處的連續性，並寫出 $f(x)$ 的連續區間．

4. 設函數 $f(x) = \begin{cases} 1 + e^x, & x \leq 0 \\ x + 2a, & x > 0 \end{cases}$，問常數 a 為何值時，函數 $f(x)$ 在 $(-\infty, +\infty)$ 內連續．

5. 求函數 $f(x) = \dfrac{x^2 + 1}{x^2 - 3x + 2}$ 的連續區間，並求出極限 $\lim\limits_{x\to 0} f(x)$、$\lim\limits_{x\to -2} f(x)$ 及 $\lim\limits_{x\to 3} f(x)$．

參考答案

復習題一

一、單選題

1. 下列各對函數中(　　) 是同一個函數.

   A. $y = \dfrac{x^2 - 1}{x - 1}$ 與 $y = x + 1$ B. $y = \sin^2 x + \cos^2 x$ 與 $y = 1$

   C. $y = \lg x^2$ 與 $y = 2\lg x$ D. $y = \sqrt{x^2}$ 與 $y = x$

2. 函數 $f(x) = \dfrac{\ln x}{x - 1} + \sqrt{9 - x^2}$ 的定義域是(　　).

   A. $(0, 3)$ B. $(0, 3]$

   C. $(0, 1) \cup (1, 3)$ D. $(0, 1) \cup (1, 3]$

3. 已知函數 $f(x)$ 的定義域為 $[0, 1]$，則複合函數 $f(3x - 1)$ 的定義域是(　　).

   A. $[0, 1]$ B. $[-\dfrac{1}{3}, \dfrac{2}{3}]$

   C. $[\dfrac{1}{3}, \dfrac{2}{3}]$ D. $[-\dfrac{1}{3}, \dfrac{1}{3}]$

4. 已知函數 $f(x) = \log_3 x, \varphi(x) = x^2$，則複合函數 $f[\varphi(x)] = ($　　$)$.

   A. $2\log_3 x$ B. $\log_3 x^2$

   C. $(\log_3 x)^2$ D. $x^2 \log_3 x$

5. 若 $f(x - 2) = x(x + 1)$，則 $f(x) = ($　　$)$.

   A. $(x + 3)(x + 2)$ B. $x(x - 1)$

   C. $(x + 2)(x - 1)$ D. $(x - 2)(x + 1)$

6. 週期函數 $y = \sin\dfrac{2}{3}x$ 的週期是(　　).

   A. 4π B. 3π

   C. 2π D. π

7. 當 $x \to 0$，無窮小量 $x^2 + x$ 與 x 比較是(　　) 無窮小量.

   A. 較高階   B. 較低階

   C. 同階但非等價   D. 等價

8. 極限 $\lim\limits_{x \to x_0^-} f(x)$ 與 $\lim\limits_{x \to x_0^+} f(x)$ 都存在是 $\lim\limits_{x \to x_0} f(x)$ 存在的(　　).

   A. 充分但非必要條件   B. 充要條件

   C. 必要但非充分條件   D. 無關條件

9. 已知函數 $f(x) = \begin{cases} e^{\frac{1}{x}}, & x < 0 \\ \dfrac{1}{x}\ln(1 + x), & x > 0 \end{cases}$，則下列結論中(　　) 正確.

A. $\lim\limits_{x\to 0^-}f(x)=0$ 且 $\lim\limits_{x\to 0^+}f(x)=0$ B. $\lim\limits_{x\to 0^-}f(x)=0$ 且 $\lim\limits_{x\to 0^+}f(x)=1$
C. $\lim\limits_{x\to 0^-}f(x)$ 不存在且 $\lim\limits_{x\to 0^+}f(x)=0$ D. $\lim\limits_{x\to 0^-}f(x)$ 不存在且 $\lim\limits_{x\to 0^+}f(x)=1$

10. 若 $\lim\limits_{x\to 1}\dfrac{ax^2+x-3}{x-1}=b$,則常數 a、b 的值為(　　).

A. $a=2, b=5$ B. $a=2, b=-5$
C. $a=-2, b=5$ D. $a=-2, b=-5$

二、填空題

1. 設函數 $f(x)=\begin{cases}x^2-1, & x<0\\ 1-3x, & x\geq 0\end{cases}$,則函數值 $f[f(-3)]=$ ＿＿＿＿.

2. 已知函數 $f(x)$ 的定義域為 $[0,4]$,則複合函數 $f(x^2)$ 的定義域 $D=$ ＿＿＿＿.

3. 複合函數 $y=e^{\sqrt{2x+1}}$ 是由函數＿＿＿＿複合成的.

4. 極限 $\lim\limits_{n\to\infty}2^n\sin\dfrac{\pi}{2^n}=$ ＿＿＿＿.

5. $\lim\limits_{x\to 1}\left(\dfrac{1}{x-1}-\dfrac{2}{x^2-1}\right)=$ ＿＿＿＿.

6. 極限 $\lim\limits_{x\to 1}\dfrac{\sin(x-1)}{x^2-1}=$ ＿＿＿＿.

7. 設 $f(x)=\begin{cases}2\cos x, & x<0\\ x^2+m, & x\geq 0\end{cases}$,若 $\lim\limits_{x\to 0}f(x)$ 存在,則 $m=$ ＿＿＿＿.

8. 若 $x\to\infty$ 時,$f(x)$ 與 $\dfrac{1}{x}$ 是等價無窮小量,則 $\lim\limits_{x\to\infty}3xf(x)=$ ＿＿＿＿.

9. 設函數 $f(x)=\begin{cases}\dfrac{\ln(1-2x)}{x}, & x\neq 0\\ a, & x=0\end{cases}$,若 $f(x)$ 在點 $x=0$ 處連續,則 $a=$ ＿＿＿＿.

10. 設函數 $f(x)$ 在點 $x=3$ 處連續,且 $f(3)=-5$,則 $\lim\limits_{x\to 3}f(x)=$ ＿＿＿＿.

三、計算題

1. 求下列極限:

(1) $\lim\limits_{x\to 1}\dfrac{x^4-1}{x^3-1}$;

(2) $\lim\limits_{x\to 5}\dfrac{x^2-7x+10}{x^2-25}$;

(3) $\lim\limits_{x\to\infty}\dfrac{(2x^3-1)(3x+2)}{(3x^2+1)^2}$;

(4) $\lim\limits_{x\to 0}\dfrac{\sqrt{1+x}-\sqrt{1-x}}{x}$;

(5) $\lim\limits_{x\to 4}\dfrac{\sqrt{2x+1}-3}{\sqrt{x-2}-\sqrt{2}}$;

(6) $\lim\limits_{x\to 1}\dfrac{\sin(x^2-1)}{x-1}$;

(7) $\lim\limits_{x\to\infty}\left(\dfrac{x+1}{x+2}\right)^{3x}$;

(8) $\lim\limits_{x\to\infty}\left(\dfrac{2x-1}{2x+1}\right)^x$.

2. 討論函數 $f(x) = \begin{cases} x, & 0 \le x < 1 \\ -x^2 + 4x - 2, & 1 \le x < 3 \\ 2 - x, & x \ge 3 \end{cases}$ 在分段點 $x = 1$ 及 $x = 3$ 處的連續性,並寫出 $f(x)$ 的連續區間.

3. k 為何值時,函數 $f(x) = \begin{cases} ke^{2x}, & x < 0 \\ 1 - 3k\cos x, & x \ge 0 \end{cases}$ 在 $x = 0$ 處連續.

四、應用題

1. 市場調查顯示,某品牌服裝售價為每件 280 元時,市場需求量為 600 件,若每件降價 80 元,需求量將增加 400 件,試求該商品的線性需求函數.

2. 某產品的成本函數為 $C(q) = 2q^2 - 2q + 8$(q 為產量),需求函數為 $q = -4 + p$(p 為價格),求該產品的總利潤函數,並找出該產品的盈虧平衡點,說明該產品的盈虧情況.

3. 某航空公司調查發現,有一種往返機票,其需求函數為線性函數.當票價為 1,200 元時,有 50 人買票;當票價為 1,500 元時,只能賣出 20 張票.試求出該種往返機票的需求函數,並確定總收益 R 與票數 Q 的函數關係.

4. 小王瞭解到,某商場對某品牌電視機進行分期付款銷售,每臺售價為 4,000 元的電視,如果分 36 個月付款,每月只需付 150 元.銀行的貸款信息為:5,000 元以下的貸款,在 3 年內還清,年利率為 15%.那麼,他應該向銀行貸款,還是分期付款來購買該品牌電視機?

參考答案

【人文數學】

中國古代數學家劉徽簡介

劉徽,三國時期魏國人,是中國古代傑出的數學家,也是中國古典數學理論的奠基者之一.其生卒年月、生平事跡,史書上很少記載.據有限史料推測,他是魏晉時期山東鄒平人,終生未做官.他在世界數學史上,也佔有重要的地位.他的杰作《九章算術註》和《海島算經》,是中國最寶貴的數學遺產之一.

《九章算術》約成書於東漢之初,共有 246 個問題的解法,在許多方面,如解聯立方程、分數四則運算、正負數運算、幾何圖形的體積面積計算等,都屬於世界先進之列,但解法比較原始,缺乏必要的證明,而劉徽則對此做了補充證明.據《隋書·律歷志》記載:魏陳留王景元四年(公元 263 年)劉徽註《九章》.他在長期精心研究《九章算術》的基礎上,潛心為《九章算

術》撰寫註解文字.他的註解內容詳細、豐富,並糾正了原書流傳下來的一些錯誤,更有大量新穎的見解,創造了許多數學原理並嚴加證明,然後應用於各種算法之中.劉徽是中國傳統數學理論體系的奠基者之一.如他說:「徽幼習《九章》,長再詳覽.觀陰陽之割裂,總算術之根源,探賾之暇,遂悟其意.是以敢竭頑魯,採其所見,為之作註.」又說:「析理以辭,解體用圖.庶亦約而能周,通而不黷,覽之者思過半矣.」在這些註解中,顯示了他在多方面的創造性的貢獻.劉徽的《九章算術註》,主要是對《九章算術》的術文進行解釋和邏輯證明,更正其中的個別錯誤公式,使後人在知其然的同時又知所以然.有了劉徽的註釋,《九章算術》才得以成為一部完美的古代數學教科書.

在《九章算術註》中,劉徽發展了中國古代「率」的思想和「出入相補」原理.用「率」統一證明《九章算術》的大部分算法和大多數題目,用「出入相補」原理證明了勾股定理以及一些求面積和求體積公式.為了證明圓面積公式和計算圓周率,劉徽創立了割圓術.在劉徽之前人們曾試圖證明它,但均不嚴謹.劉徽提出了基於極限思想的割圓術,嚴謹地證明了圓面積公式.他還用無窮小分割的思想證明了一些錐體體積公式.在計算圓周率時,劉徽應用割圓術,從圓內接正六邊形出發,依次計算出圓內接正十二邊形、正二十四邊形、正四十八邊形,直到圓內接正一百九十二邊形的面積,然後使用現在所說的「外推法」,得到了圓周率的近似值3.14,糾正了前人「周三徑一」的說法.「外推法」是現代近似計算技術的一個重要方法,而劉徽遙遙領先於西方發現了「外推法」.劉徽的割圓術是求圓周率的正確方法,它奠定了中國圓周率計算長期在世界上領先的基礎.據說,祖衝之就是用劉徽的方法將圓周率的有效數字精確到7位的.在割圓過程中,要反覆用到勾股定理和開平方.為了開平方,劉徽提出了求「微數」的思想,這與現今無理根的十進小數近似值完全相同.求微數保證了圓周率計算的精確性.同時,劉徽提出微數思想也開創了十進小數的先河.他成為世界上最早提出十進小數概念的人,並用十進小數來表示無理數的立方根.在代數方面,他正確地提出了正、負數的概念及其加減運算的法則,改進了線性方程組的解法.

劉徽在割圓術中提出的「割之彌細,所失彌少,割之又割以至於不可割,則與圓合體而無所失矣」,可視為中國古代極限觀念的佳作.

他除為《九章算術》作註外,還撰寫過《重差》一卷,唐代改稱為《海島算經》.在《海島算經》一書中,劉徽精心選編了9個測量問題,這些題目的創造性、複雜性和代表性,都在當時為西方所矚目.劉徽思維敏捷,方法靈活,既提倡推理又主張直觀.他是中國最早明確主張用邏輯推理的方式來論證數學命題的人.

劉徽治學態度嚴謹,為後世樹立了楷模.在求圓面積公式時,由於當時計算工具很簡陋,他開方即達12位有效數字.他在註釋「方程」章節18題時,共用1,500餘字,反覆消元運算達124次,無一差錯,答案正確無誤,即使作為今天大學代數課答卷亦不遜色.劉徽註《九章算術》時年僅30歲左右.北宋大觀三年(公元1109年)劉徽被封為淄鄉男.劉徽的一生是為數學刻苦探求的一生.他不是沽名釣譽的庸人,而是學而不厭的偉人,他給我們中華民族留下了寶貴的財富.

第二章
微分學及其應用

微分學是微積分的重要組成部分,它的基本概念是導數與微分.其中導數反應的是函數相對於自變量變化的快慢程度,即函數的變化率問題,這類問題反應在經濟學中就是所謂的邊際問題.而微分則是指明當自變量有微小變化時,函數值微小變化的有效近似值.

微分學是從數量關係上描述物質運動的數學工具.正如恩格斯所說:「只有微分學才能使自然科學有可能用數學來不僅僅表明狀態,並且也表明過程:運動.」

在本章中,我們主要討論一元函數的導數和微分的基本概念、計算方法以及在極限計算、幾何形態、經濟分析等方面的應用.

§2.1 導數的概念

在許多實際問題中,我們不僅要研究函數變量之間的絕對變化關係,有時還需要研究函數變量之間的相對變化關係,即變化率問題,如物體運動的速度、城市人口的增長速度、國民經濟發展的速度等.而導數的概念就是從這類問題中抽象出來的.為此我們先來看兩個引例.

2.1.1 導數概念的兩個引例

下面我們先來討論兩個問題:① 變速直線運動的瞬時速度;② 曲線切線的斜率.這兩個問題在歷史上都曾經與導數概念的形成有著十分緊密的關係.

引例 1　變速直線運動的瞬時速度.

設某物體做直線運動,經過時間 t 後物體的位移為 s,因此對應於每一個時間 t 都有一個確定位移 s 值與之對應,顯然位移 s 是時間 t 的函數,即 $s = s(t)$.設當時間由 t 變化到 $t + \Delta t$ 時,對應物體位移由 $s(t)$ 變化到 $s(t + \Delta t)$,顯然物體在 $(t, t + \Delta t)$ 這段時間內的平均速度為:

$$\bar{v} = \frac{\Delta s}{\Delta t} = \frac{s(t + \Delta t) - s(t)}{\Delta t}$$

如果物體的運動是勻速運動,則物體在這段時間內的任一時刻的瞬時速度均為 $\bar{v} =$

$\frac{\Delta s}{\Delta t}$.在 t 這一時刻的瞬時速度當然也是 $\frac{\Delta s}{\Delta t}$.若物體所做的是變速直線運動,則 $\bar{v} = \frac{\Delta s}{\Delta t}$ 就不能表示物體在 $(t, t + \Delta t)$ 內任一時刻的瞬時速度.如何求出物體在 t 時刻的瞬時速度呢?

我們知道,物體雖然在做變速運動,但速度的變化是連續的,可以想像,物體在極小的時間段內,速度的變化並不大.所以我們取 $\Delta t \to 0$,於是平均速度 $\bar{v} = \frac{\Delta s}{\Delta t}$ 當 $\Delta t \to 0$ 時的極限就表示了物體在 t 時刻的瞬時速度,用 v 表示,即有:

$$v = \lim_{\Delta t \to 0} \bar{v} = \lim_{\Delta t \to 0} \frac{\Delta s}{\Delta t} = \lim_{\Delta t \to 0} \frac{s(t + \Delta t) - s(t)}{\Delta t}$$

引例2 曲線切線的斜率.

在中學教學中圓的切線可以定義為「與圓只有一個交點」.但是,對於一般的曲線此定義就不合適了.例如,拋物線 $y = x^2$ 與 x 軸、y 軸都只有一個交點,顯然 x 軸是它的切線,但 y 軸卻不是它的切線.

下面,我們將用極限的思想來討論曲線的切線.

如圖 2-1 所示,設 $M(x_0, f(x_0))$ 為曲線 $y = f(x)$ 上的一點,當自變量 x 在 x_0 處取得增量 Δx 時,則在曲線 $y = f(x)$ 上得到另一點 $N(x_0 + \Delta x, f(x_0 + \Delta x))$,聯結兩點得 $y = f(x)$ 的割線 MN,設其傾角為 φ,顯然有 $\tan\varphi = \frac{\Delta y}{\Delta x}$ 表示該割線的斜率.當 $\Delta t \to 0$ 時,就相當於點 N 沿曲線 $f(x)$ 向點 M 滑動,亦相當於割線 MN 以 M 點為固定點做順時針方向的轉動,其極限位置就是直線 MT,而直線 MT 就是曲線 $f(x)$ 上過點 M 的切線.

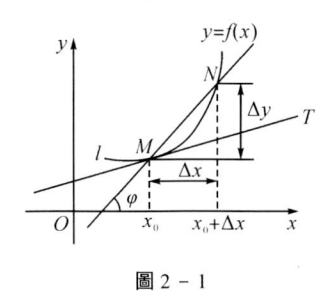

圖 2-1

以上變化過程可用極限表示,即:

$$k_{切} = \lim_{p \to M} k_{割} = \lim_{\Delta x \to 0} \frac{\Delta y}{\Delta x} = \lim_{\Delta x \to 0} \frac{f(x_0 + \Delta x) - f(x_0)}{\Delta x}$$

2.1.2 導數的定義與幾何意義

2.1.2.1 導數的定義

上面我們所討論的兩個引例儘管各自的具體意義不同,但它們在計算時最終都歸結為如下同一形式的極限:

$$\lim_{\Delta x \to 0} \frac{f(x_0 + \Delta x) - f(x_0)}{\Delta x}$$

而這種形式的極限會經常在許多問題的討論中經常出現,可以說具有廣泛的代表性,其中

$$\frac{\Delta y}{\Delta x} = \frac{f(x_0 + \Delta x) - f(x_0)}{\Delta x}$$

是函數增量與自變量增量的比值,表示函數的平均變化率.如果要求其瞬間的變化率,那就必須計算形如上式的極限.

通過以上兩個引例的討論可以看出,我們所面臨的問題都是均勻變化與非均勻變化的矛盾.在均勻變化的情形下,問題很簡單,往往用初等數學的方法就可以解決問題.但是,對於非均勻變化,情況就大不一樣了,這時僅僅用初等數學的方法就不夠了,導數這個重要概念正是為適應這類需要而引進的.下面我們就來看導數的定義.

定義 2.1 設函數 $y = f(x)$ 在區間 (a,b) 上有定義,$x_0 \in (a,b)$,當自變量在點 x_0 處獲得一個增量 $\Delta x(x_0 + \Delta x \in (a,b))$ 時,則相應函數 y 也產生一個增量:

$$\Delta y = f(x_0 + \Delta x) - f(x_0)$$

若當 $\Delta x \to 0$ 時的極限

$$\lim_{\Delta x \to 0} \frac{\Delta y}{\Delta x} = \lim_{\Delta x \to 0} \frac{f(x_0 + \Delta x) - f(x_0)}{\Delta x}$$

存在,則稱此極限值為函數 $y = f(x)$ 在點 x_0 處的導數,記為:

$$y' \Big|_{x=x_0} \quad \text{或} \quad f'(x_0) \quad \text{或} \quad \frac{\mathrm{d}y}{\mathrm{d}x}\Big|_{x=x_0}$$

即有:

$$f'(x_0) = \lim_{\Delta x \to 0} \frac{\Delta y}{\Delta x} = \lim_{\Delta x \to 0} \frac{f(x_0 + \Delta x) - f(x_0)}{\Delta x} \tag{2.1}$$

如果函數 $f(x)$ 在點 x_0 處存在導數,則稱函數 $f(x)$ 在點 x_0 處可導,否則稱函數 $f(x)$ 在點 x_0 處不可導.

如果函數 $f(x)$ 在區間 (a,b) 內的任一點 x 處都可導,則稱 $f(x)$ 在區間 (a,b) 內可導.顯然,一般 $f(x)$ 也是一個 x 的函數,我們稱這個函數為 $f(x)$ 的導函數,簡稱為導數,記為:

$$f'(x) \quad \text{或} \quad y' \quad \text{或} \quad \frac{\mathrm{d}y}{\mathrm{d}x} \quad \text{或} \quad \frac{\mathrm{d}}{\mathrm{d}x}f(x)$$

即:

$$f'(x) = \lim_{\Delta x \to 0} \frac{\Delta y}{\Delta x} = \lim_{\Delta x \to 0} \frac{f(x + \Delta x) - f(x)}{\Delta x} \tag{2.2}$$

事實上函數在某一點的導數就是導函數在該點的函數值.即:

$$f'(x_0) = f'(x)\Big|_{x=x_0}$$

由導數定義可知,求函數 $f(x)$ 的導函數 $f'(x)$,可按如下步驟進行:

第一步:求增量 $\Delta y = f(x + \Delta x) - f(x)$;

第二步:算比值 $\dfrac{\Delta y}{\Delta x} = \dfrac{f(x + \Delta x) - f(x)}{\Delta x}$;

第三步:取極限 $\lim\limits_{\Delta x \to 0} \dfrac{\Delta y}{\Delta x} = \lim\limits_{\Delta x \to 0} \dfrac{f(x + \Delta x) - f(x)}{\Delta x}$.

例 2.1 求常函數 $y = f(x) = C$ 的導數.

解 因為 $f(x) = C$ 的圖形是一條與 x 軸平行的直線,

因此不論取定義域內哪一點, $f(x)$ 的取值總為 C, 所以有:

$$\Delta y = f(x + \Delta x) - f(x) = 0, \qquad \dfrac{\Delta y}{\Delta x} = \dfrac{0}{\Delta x} = 0$$

故 $\lim\limits_{\Delta x \to 0} \dfrac{\Delta y}{\Delta x} = \lim\limits_{\Delta x \to 0} 0 = 0$, 即有 $C' = 0$.

這表明, **常數的導數等於零**.

例 2.2 求幂函數 $y = x^n$(n 為正整數)的導數.

解 先給 x 一個增量 Δx, 則相應函數增量為:

$$\Delta y = f(x + \Delta x) - f(x) = (x + \Delta x)^n - x^n$$
$$= x^n + nx^{n-1}\Delta x + \dfrac{n(n-1)}{2!}x^{n-2}(\Delta x)^2 + \cdots + (\Delta x)^n - x^n$$
$$= nx^{n-1}\Delta x + \dfrac{n(n-1)}{2!}x^{n-2}(\Delta x)^2 + \cdots + (\Delta x)^n$$

所以增量的比值為:

$$\dfrac{\Delta y}{\Delta x} = nx^{n-1} + \dfrac{n(n-1)}{2!}x^{n-2}\Delta x + \cdots + (\Delta x)^{n-1}$$

最後取極限

$$\lim\limits_{\Delta x \to 0} \dfrac{\Delta y}{\Delta x} = \lim\limits_{\Delta x \to 0}\left(nx^{n-1} + \dfrac{n(n-1)}{2!}x^{n-2}\Delta x + \cdots + (\Delta x)^{n-1}\right) = nx^{n-1}$$

即有:

$$(x^n)' = nx^{n-1} \; (特別地 (x)' = 1)$$

這個公式進一步還可以推廣為:

$$(x^\mu)' = \mu x^{\mu-1} \; (其中 \mu 為任意實數)$$

這就是幂函數的導數公式.

例 2.3 求正弦函數和餘弦函數的導數.

解 不妨以正弦函數為例, 設 $f(x) = \sin x$.

先給 x 一個增量 Δx, 則相應的函數增量為:

$$\Delta y = f(x + \Delta x) - f(x) = \sin(x + \Delta x) - \sin x$$
$$= 2\cos\dfrac{(x + \Delta x) + x}{2}\sin\dfrac{(x + \Delta x) - x}{2} \quad (用和差化積公式得到)$$
$$= 2\cos\left(x + \dfrac{\Delta x}{2}\right)\sin\dfrac{\Delta x}{2}$$

算比值得:

$$\dfrac{\Delta y}{\Delta x} = \dfrac{2\cos\left(x + \dfrac{\Delta x}{2}\right)\sin\dfrac{\Delta x}{2}}{\Delta x} = \cos\left(x + \dfrac{\Delta x}{2}\right)\dfrac{\sin\dfrac{\Delta x}{2}}{\dfrac{\Delta x}{2}}$$

最後取極限有：

$$y' = \lim_{\Delta x \to 0} \frac{\Delta y}{\Delta x} = \lim_{\Delta x \to 0} \cos\left(x + \frac{\Delta x}{2}\right) \cdot \frac{\sin \frac{\Delta x}{2}}{\frac{\Delta x}{2}}$$

$$= \lim_{\Delta x \to 0} \cos\left(x + \frac{\Delta x}{2}\right) \lim_{\frac{\Delta x}{2} \to 0} \frac{\sin \frac{\Delta x}{2}}{\frac{\Delta x}{2}} \left(這是因為 \lim_{\frac{\Delta x}{2} \to 0} \frac{\sin \frac{\Delta x}{2}}{\frac{\Delta x}{2}} = 1\right)$$

所以就得到正弦函數的導數公式：

$$(\sin x)' = \cos x$$

同理可得到餘弦函數的導數公式：

$$(\cos x)' = -\sin x$$

例 2.4 求對數函數 $y = \log_a x (a > 0 \text{ 且 } a \neq 1, x > 0)$ 的導數.

解 先給 x 一個增量 Δx，則相應函數增量為：

$$\Delta y = \log_a(x + \Delta x) - \log_a x = \log_a \frac{x + \Delta x}{x} = \log_a\left(1 + \frac{\Delta x}{x}\right)$$

然後求比值得：

$$\frac{\Delta y}{\Delta x} = \frac{\log_a\left(1 + \frac{\Delta x}{x}\right)}{\Delta x} = \frac{1}{\Delta x} \log_a\left(1 + \frac{\Delta x}{x}\right)$$

$$= \frac{1}{x} \frac{x}{\Delta x} \log_a\left(1 + \frac{\Delta x}{x}\right) = \frac{1}{x} \log_a\left(1 + \frac{\Delta x}{x}\right)^{\frac{x}{\Delta x}}$$

最後取極限得：

$$\lim_{\Delta x \to 0} \frac{\Delta y}{\Delta x} = \lim_{\Delta x \to 0} \frac{1}{x} \log_a\left(1 + \frac{\Delta x}{x}\right)^{\frac{x}{\Delta x}} = \frac{1}{x} \log_a\left[\lim_{\Delta x \to 0}\left(1 + \frac{\Delta x}{x}\right)^{\frac{x}{\Delta x}}\right]$$

$$= \frac{1}{x} \log_a e = \frac{1}{x \ln a} (用對數換底公式得到)$$

這樣就得到對數函數的導數公式：

$$(\log_a x)' = \frac{1}{x \ln a}$$

特別地當 $a = e$ 時，有：

$$(\log_a x)' = (\ln x)' = \frac{1}{x}$$

這種用定義求導數的方法如果熟練的話可以直接用定義來做題.

例 2.5 求指數函數 $y = a^x (a > 0, a \neq 1)$ 的導數.

解 $y' = \lim_{\Delta x \to 0} \frac{\Delta y}{\Delta x} = \lim_{\Delta x \to 0} \frac{a^{x + \Delta x} - a^x}{\Delta x}$

$= a^x \lim_{\Delta x \to 0} \frac{a^{\Delta x} - 1}{\Delta x} = a^x \lim_{\Delta x \to 0} \frac{e^{\Delta x \ln a} - 1}{\Delta x}$

$$= a^x \lim_{\Delta x \to 0} \frac{\Delta x \ln a}{\Delta x} = a^x \ln a$$

這樣就得到指數函數的導數公式:
$$(a^x)' = a^x \ln a$$

特別地當 $a = e$ 時,有:
$$(e^x)' = e^x$$

函數 $y = f(x)$ 在點 x_0 處的導數定義表達式(2.1),經過簡單變換($x = x_0 + \Delta x$)後便可得到如下表達形式:

$$f'(x_0) = \lim_{x \to x_0} \frac{f(x) - f(x_0)}{x - x_0} \qquad (2.3)$$

函數 $y = f(x)$ 在點 x_0 處的導數定義的極限表達式(2.3)比式(2.1)更實用,尤其是在討論分段函數在分段點的導數時,用式(2.3)討論比較方便.另外我們還可以用式(2.3)的左、右極限來定義函數 $y = f(x)$ 在點 x_0 處的左導數和右導數,即:

左導數為:$f'_-(x_0) = \lim_{x \to x_0^-} \frac{f(x) - f(x_0)}{x - x_0}$

右導數為:$f'_+(x_0) = \lim_{x \to x_0^+} \frac{f(x) - f(x_0)}{x - x_0}$

根據極限的概念可知:函數 $y = f(x)$ 在點 x_0 處可導的充分必要條件是左、右導數都存在且相等,即:

$$f'(x_0) \text{ 存在} \Leftrightarrow f'_-(x_0) = f'_+(x_0)$$

例 2.6 討論絕對值函數 $y = |x| = \begin{cases} x, & x \geq 0 \\ -x, & x < 0 \end{cases}$ 在點 $x = 0$ 處是否可導.

解 當 $x = 0$ 時,函數值 $f(0) = 0$,根據式(2.3)可得:

$$f'(0) = \lim_{x \to 0} \frac{f(x) - f(0)}{x - 0} = \lim_{x \to 0} \frac{|x| - 0}{x} = \lim_{x \to 0} \frac{|x|}{x}$$

因為左導數為:

$$f'_-(0) = \lim_{x \to 0^-} \frac{|x|}{x} = \lim_{x \to 0^-} \frac{-x}{x} = -1$$

右導數為:

$$f'_+(0) = \lim_{x \to 0^+} \frac{|x|}{x} = \lim_{x \to 0^+} \frac{x}{x} = 1$$

所以 $f'(0)$ 不存在,即函數在點 $x = 0$ 處不可導.

2.1.2.2 導數的幾何意義

由引例2的討論以及導數的極限定義可知,函數 $y = f(x)$ 在點 x_0 處的導數 $f'(x_0)$ 的幾何意義是:曲線 $y = f(x)$ 在點 $M(x_0, f(x_0))$ 處的切線的斜率,即:

$$k_{切} = \tan\alpha = f'(x_0)$$

其中 α 是切線的傾斜角.

如果函數 $y = f(x)$ 在點 x_0 處的導數為無窮大,則說明曲線 $y = f(x)$ 在點 $M(x_0, f(x_0))$ 處存在垂直切線 $x = x_0$.

根據導數的幾何意義可知：曲線 $y = f(x)$ 在點 $M(x_0, f(x_0))$ 處的切線方程為：

$$y - f(x_0) = f'(x_0)(x - x_0)$$

如果 $f'(x_0) \neq 0$，那麼曲線 $y = f(x)$ 在點 $M(x_0, f(x_0))$ 處的法線方程為：

$$y - f(x_0) = -\frac{1}{f'(x_0)}(x - x_0)$$

注意：過切點並與切線垂直的直線稱為法線.

例 2.7 求對數曲線 $y = \ln x$ 在點 $(1, 0)$ 處的切線方程與法線方程.

解 由例 2.4 推出的導數公式可知：

$$y' = (\ln x)' = \frac{1}{x}$$

因此所求切線方程與法線方程的斜率分別為：

$$k_{切} = f'(1) = 1 \quad k_{法} = -\frac{1}{k_{切}} = -1$$

所以切線方程為：

$$y = x - 1$$

法線方程為：

$$y = -x + 1$$

2.1.2.3 可導與連續的關係

可導性與連續性是函數的兩個重要性質，它們之間的關係如下：

定理 2.1 如果函數 $f(x)$ 在 x_0 處可導，那麼函數在點 x_0 處必連續.

注意：這個定理的逆命題不成立，即一個函數在某點連續，卻不一定在該點可導. 比如我們前面討論的例 2.6，絕對值函數 $y = |x|$ 在點 $x = 0$ 處是連續的，但在該點卻不可導.

例 2.8 討論函數 $f(x) = \sqrt[3]{x}$ 在 $(-\infty, +\infty)$ 上連續，但在點 $x = 0$ 處不可導.

解 因為初等函數 $f(x) = \sqrt[3]{x}$ 的自然定義域為 $(-\infty, +\infty)$，故函數在該區間內連續. 又因為 $f(x)$ 在點 $x = 0$ 處有：

$$\lim_{\Delta x \to 0} \frac{f(0 + \Delta x) - f(x)}{\Delta x} = \lim_{\Delta x \to 0} \frac{\sqrt[3]{\Delta x} - 0}{\Delta x} = \lim_{\Delta x \to 0} (\Delta x)^{-\frac{2}{3}} = +\infty$$

即導數為無窮大（導數不存在），所以函數在點 $x = 0$ 處不可導.

從圖 2-2 我們可以看到，函數 $f(x) = \sqrt[3]{x}$ 的圖像可以通過它的反函數 $f(x) = x^3$ 的圖像的對稱性畫出，且它的圖像在該點 $(x = 0)$ 處有垂直於 x 軸的切線 $x = 0$（即 y 軸），並且是連續的.

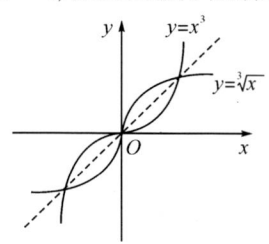

圖 2-2

綜上討論可知可導與連續的關係是：**可導一定連續,連續不一定可導,但不連續則一定不可導.**

習題 2.1

1. 討論函數 $f(x) = \begin{cases} x^2 + 1, & 0 \leq x < 1 \\ 3x - 1, & x \geq 1 \end{cases}$,在 $x = 1$ 處是否可導？

2. 利用公式求下列函數的導數：

(1) $y = \sqrt{x}$；

(2) $y = \dfrac{1}{\sqrt{x}}$；

(3) $y = 2^x$；

(4) $y = \log_5 x$.

3. 設函數 $f(x) = \sqrt{x\sqrt{x\sqrt{x}}}$,求 $f'(x), f'(1), [f(1)]'$.

4. 若曲線 $y = x^3$ 在點 (x_0, y_0) 處的切線斜率等於 3,求點 (x_0, y_0) 的坐標.

5. 問 a、b 取何值時,函數 $f(x) = \begin{cases} e^x, & x < 0 \\ a + bx, & x \geq 0 \end{cases}$ 在點 $x = 0$ 處可導？

參考答案

§2.2 導數的運算

通過上節的學習我們注意到,利用導數的極限定義可以求出一些比較簡單的基本初等函數的導數.但對於一般函數而言,用導數的極限定義求導數則比較麻煩,甚至非常困難.因此,必須尋找別的方法來求函數的導數.從本節開始,我們將給大家介紹利用公式法體系求函數導數,這也是我們今後常用的求導手段.

2.2.1 導數的四則運算法則

2.2.1.1 函數和、差的求導法則

定理 2.2 (導數的和、差運算法則) 設函數 $u(x)$、$v(x)$ 在點 x 處可導,則函數 $u(x) \pm v(x)$ 在點 x 處也可導,且

$$(u(x) \pm v(x))' = u'(x) \pm v'(u)$$

注意: 這個法則可以推廣到有限個可導函數代數和的情形,即有限個函數代數和的

導數等於它們導數的代數和.

例2.9 求函數 $y = x^2 + \sin x + 3$ 的導數.

解 $y' = (x^2 + \sin x + 3)'$
$= (x^2)' + (\sin x)' + (3)'$
$= 2x + \cos x + 0 = 2x + \cos x$

2.2.1.2 函數乘積的求導法則

定理2.3(導數的乘法運算法則) 設函數 $u(x)$、$v(x)$ 在點 x 處可導,則函數 $u(x)v(x)$ 在點 x 處也可導,且

$$(u(x)v(x))' = u'(x)v(x) + u(x)v'(x)$$

特別地,有:

推論 數乘函數的導數為 $(Cu(x))' = Cu'(x)$ (其中 C 為常數).

注意:導數的乘法運算法則也可以推廣到有限個可導函數乘積的情形.

$$(u \cdot v \cdot w)' = u'vw + uv'w + uvw'$$

例2.10 求函數 $y = \sin x \ln x$ 的導數.

解 $y' = (\sin x \ln x)' = (\sin x)' \ln x + \sin x (\ln x)' = \cos x \ln x + \dfrac{\sin x}{x}$

2.2.1.3 函數商的求導法則

定理2.4(導數商的運算法則) 設函數 $u(x)$、$v(x)$ 在點 x 處均可導,且 $v(x) \neq 0$,則函數 $\dfrac{u(x)}{v(x)}$ 在點 x 處也可導,且

$$\left(\dfrac{u(x)}{v(x)}\right)' = \dfrac{u'(x)v(x) - u(x)v'(x)}{v^2(x)}$$

特別地,當 $u(x) = 1$ 時,有:

$$\left(\dfrac{1}{v(x)}\right)' = -\dfrac{v'(x)}{v^2(x)}$$

例2.11 求函數 $y = \tan x$ 的導數.

解 $y' = (\tan x)' = \left(\dfrac{\sin x}{\cos x}\right)' = \dfrac{(\sin x)' \cos x - \sin x (\cos x)'}{\cos^2 x}$

$= \dfrac{\cos^2 x + \sin^2 x}{\cos^2 x} = \dfrac{1}{\cos^2 x} = \sec^2 x$

即:

$$(\tan x)' = \sec^2 x$$

同理可得:

$$(\cot x)' = -\csc^2 x$$

例2.12 求函數 $y = \sec x$ 的導數.

解 $y' = (\sec x)' = \left(\dfrac{1}{\cos x}\right)' = -\dfrac{(\cos x)'}{\cos^2 x} = \dfrac{\sin x}{\cos^2 x} = \sec x \tan x$

即:

$$(\sec x)' = \sec x \tan x$$

同理可得:

$$(\csc x)' = -\csc x \cot x$$

至此我們已介紹了函數的和、差、積、商的求導法則,在實際運用時可靈活結合使用.

例2.13 求函數 $y = 3x^5 + x\ln x + \dfrac{\sin x}{x}$ 的導數.

解
$$y' = (3x^5)' + (x\ln x)' + \left(\dfrac{\sin x}{x}\right)'$$
$$= 3(x^5)' + (x)'\ln x + x(\ln x)' + \dfrac{(\sin x)'x - \sin x(x)'}{x^2}$$
$$= 15x^4 + \ln x + x \cdot \dfrac{1}{x} + \dfrac{x\cos x - \sin x}{x^2}$$
$$= 15x^4 + \ln x + \dfrac{\cos x}{x} - \dfrac{\sin x}{x^2} + 1$$

例2.14 求函數 $y = x\ln x + \dfrac{1-x}{1+x}$ 的導數,並求 $y'(1)$.

解 因為

$$y' = (x\ln x)' + \dfrac{(1-x)'(1+x) - (1-x)(1+x)'}{(1+x)^2}$$
$$= x'\ln x + x(\ln x)' + \dfrac{-(1+x) - (1-x)}{(1+x)^2}$$
$$= 1 + \ln x - \dfrac{2}{(1+x)^2}$$

所以

$$y'(1) = \left[1 + \ln x - \dfrac{2}{(1+x)^2}\right]\Big|_{x=1} = \dfrac{1}{2}$$

2.2.2 反函數的求導法則

定理2.5(反函數求導法則) 若函數 $x = f(y)$ 在區間 I_y 內單調可導,且 $f'(y) \neq 0$,則它的反函數 $y = f^{-1}(x)$ 在區間 $I_x = \{x \mid x = f(y), y \in I_y\}$ 內也可導,並且有:

$$[f^{-1}(x)]' = \dfrac{1}{f'(y)} \quad 或 \quad \dfrac{dy}{dx} = \dfrac{1}{\dfrac{dx}{dy}}$$

例2.15 求證:$(\arcsin x)' = \dfrac{1}{\sqrt{1-x^2}}$,$|x| < 1$.

證明 設 $x = \sin y, y \in \left(-\dfrac{\pi}{2}, \dfrac{\pi}{2}\right)$,則 $y = \arcsin x, x \in (-1, 1)$ 是它的反函數.

顯然函數 $x = \sin y, y \in \left(-\dfrac{\pi}{2}, \dfrac{\pi}{2}\right)$ 單調可導,且

$$(\sin y)' = \cos y > 0$$

因此,由反函數的求導法則可知,在對應區間$(-1,1)$內有:

$$(\arcsin x)' = \frac{1}{(\sin y)'} = \frac{1}{\cos y}$$

由於$\cos y = \sqrt{1-\sin^2 y} = \sqrt{1-x^2}$,從而可得反正弦函數的導數公式:

$$(\arcsin x)' = \frac{1}{\sqrt{1-x^2}}$$

例2.16 求證:$(\arctan x)' = \dfrac{1}{1+x^2}$.

證明 設$x = \tan y, y \in (-\dfrac{\pi}{2}, \dfrac{\pi}{2})$,則$y = \arctan x, x \in (-\infty, +\infty)$是它的反函數.

因為函數$x = \tan y, y \in (-\dfrac{\pi}{2}, \dfrac{\pi}{2})$單調可導,且

$$(\tan y)' = \sec^2 y$$

所以由反函數求導公式,在對應區間$(-\infty, +\infty)$內有:

$$(\arctan x)' = \frac{1}{(\tan y)'} = \frac{1}{\sec^2 y}$$

又因為$\sec^2 y = 1 + \tan^2 y = 1 + x^2$,從而可得反正切函數的導數公式:

$$(\arctan x)' = \frac{1}{1+x^2}$$

同理可得:

$$(\arccos x)' = -\frac{1}{\sqrt{1-x^2}}$$

$$(\operatorname{arccot} x)' = -\frac{1}{1+x^2}$$

2.2.3 基本初等函數的求導公式

通過前面的討論,我們得到了基本初等函數的導數公式.這些公式不僅是後續求導數的基礎,同時也是求微分、湊微分和計算積分的基礎,可以說每一個基本初等函數的導數公式的後面,都會有一個相應的微分公式、湊微分公式和積分公式.因此,大家必須熟記這些公式,因為它們是我們學好微積分的基礎.下面我們把這些公式歸納在一起,以便大家記憶.

基本初等函數的導數公式有:

(1) $(C)' = 0$;   (2) $(x^\alpha)' = \alpha x^{\alpha-1}$;

(3) $(a^x)' = a^x \ln a$,特別地有:$(e^x)' = e^x$;

(4) $(\log_a x)' = \dfrac{1}{x \ln a}$,特別地有:$(\ln x)' = \dfrac{1}{x}$;

(5) $(\sin x)' = \cos x$;   (6) $(\cos x)' = -\sin x$;

(7) $(\tan x)' = \sec^2 x$;   (8) $(\cot x)' = -\csc^2 x$;

(9) $(\sec x)' = \sec x \tan x$;   (10) $(\csc x)' = -\csc x \cot x$;

(11) $(\arcsin x)' = \dfrac{1}{\sqrt{1-x^2}}$, $|x| < 1$;   (12) $(\arccos x)' = -\dfrac{1}{\sqrt{1-x^2}}$, $|x| < 1$;

(13) $(\arctan x)' = \dfrac{1}{1+x^2}$;   (14) $(\operatorname{arccot} x)' = -\dfrac{1}{1+x^2}$.

2.2.4 複合函數的求導法則

雖然我們已經有了14個基本初等函數的求導公式和導數的四則運算法則,但還是不能用公式法去求解所有初等函數的導數,在這裡存在一個複合函數的求導問題.下面我們就來學習複合函數的求導方法.

定理2.6(複合函數求導法則)　如果函數 $u = \varphi(x)$ 在點 x 處可導,而 $y = f(u)$ 在 $u = \varphi(x)$ 處可導,那麼複合函數 $y = f[\varphi(x)]$ 在點 x 處也可導,並且其導數為:

$$\frac{\mathrm{d}y}{\mathrm{d}x} = \frac{\mathrm{d}y}{\mathrm{d}u} \cdot \frac{\mathrm{d}u}{\mathrm{d}x} \quad \text{或} \quad y' = f'(u) \cdot u'$$

例如,複合函數 $y = \ln(1+x^2)$ 可以看成由 $y = \ln u$(外層函數), $u = 1+x^2$(內層函數)複合而成,其中 $f'(u) = \dfrac{\mathrm{d}y}{\mathrm{d}u} = \dfrac{1}{u} = \dfrac{1}{1+x^2}$,而 $u' = \dfrac{\mathrm{d}u}{\mathrm{d}x} = (1+x^2)' = 2x$,所以我們有:

$$y' = f'(u) \cdot u' = \frac{1}{1+x^2} \cdot 2x = \frac{2x}{1+x^2}$$

複合函數求導法則亦稱**鏈式法則**,這個法則可以推廣到有多個中間變量的函數的求導.當複合函數有多個中間變量時,只要反覆運用該法則就行了,不過要說明的是,我們在每次運用中所面對的中間變量 u 可能不同,但卻可以一直用到求出 x' 為止.

為了幫助大家熟練運用複合函數的求導法則,我們可以把法則 $y' = f'(u) \cdot u'$ 具體落實到複合函數的每一種複合形式中去,建立13個複合函數求導運算的計算模型.

設 $u = \varphi(x)$ 是 x 的可導函數,則有:

(1) $(u^a)' = au^{a-1} \cdot u'$($a$ 是實數),

我們常會用到的有:$(\sqrt{u})' = \dfrac{1}{2\sqrt{u}} \cdot u'$,　$\left(\dfrac{1}{u}\right)' = -\dfrac{1}{u^2} \cdot u'$;

(2) $(a^u)' = a^u \ln a \cdot u'$($a > 0, a \neq 1$),特別地有:$(e^u)' = e^u \cdot u'$;

(3) $(\log_a u)' = \dfrac{1}{u \ln a} \cdot u'$($a > 0, a \neq 1$),特別地有:$(\ln u)' = \dfrac{1}{u} \cdot u'$;

(4) $(\sin u)' = (\cos u) \cdot u'$;   (5) $(\cos u)' = (-\sin u) \cdot u'$;

(6) $(\tan u)' = (\sec^2 u) \cdot u'$;   (7) $(\cot u)' = (-\csc^2 u) \cdot u'$;

(8) $(\sec u)' = (\sec u \tan u) \cdot u'$;   (9) $(\csc u)' = (-\csc u \cot u) \cdot u'$;

(10) $(\arcsin u)' = \dfrac{1}{\sqrt{1-u^2}} \cdot u'$;   (11) $(\arccos u)' = -\dfrac{1}{\sqrt{1-u^2}} \cdot u'$;

(12) $(\arctan u)' = \dfrac{1}{1+u^2} \cdot u'$;   (13) $(\operatorname{arccot} u)' = -\dfrac{1}{1+u^2} \cdot u'$.

以上每一種計算模型都是集基本初等函數的求導公式(當 $u = x$ 時)與複合函數的求

導法則為一體的,只要大家熟記了這13種計算模型,並按照「**從外到內、逐層求導**」的原則進行求導運算,再加上前面學過的導數四則運算法則與反函數求導法則,就能運用公式法去求解所有初等函數的導數.這樣運用起來既方便又實用,也比較容易掌握.

在熟練掌握上述求導計算模型後,中間變量u在求導過程中可以不寫出來,而直接寫出中間變量的求導結果.關鍵是對中間變量求導的那一步必須要清楚,而且在求導過程中,中間變量u隨時在變化.

例2.17 求下列函數的導數:

(1) $y = e^{x^2}$; (2) $y = \sec^3 5x$;

(3) $y = \ln(3x^2 - x + 1)$; (4) $y = \sqrt{\dfrac{1}{\cos 3x}}$.

解 據題意有:

(1) $y' = (e^{x^2})' = e^{x^2} \cdot (x^2)'$ 用到模型$(e^u)' = e^u \cdot u'$
    $= 2x \cdot e^{x^2}$ 用到公式$(x^2)' = 2x$

(2) $y' = 3\sec^2 5x \cdot (\sec 5x)'$ 用到模型$(u^a)' = au^{a-1} \cdot u'$
    $= 3\sec^2 5x \cdot \sec 5x \tan 5x \cdot (5x)'$ 用到模型$(\sec u)' = (\sec u \tan u) \cdot u'$
    $= 15\sec^3 5x \cdot \tan 5x$ 用到公式$(5x)' = 5$

(3) $y' = \dfrac{1}{3x^2 - x + 1} \cdot (3x^2 - x + 1)'$ 用到模型$(\ln u)' = \dfrac{1}{u} \cdot u'$

$= \dfrac{1}{3x^2 - x + 1} \cdot (6x - 1) = \dfrac{6x - 1}{3x^2 - x + 1}$

(4) $y' = \dfrac{1}{2\sqrt{\dfrac{1}{\cos 3x}}} \cdot \left(\dfrac{1}{\cos 3x}\right)'$ 用到模型$(\sqrt{u})' = \dfrac{1}{2\sqrt{u}} \cdot u'$

$= \dfrac{\sqrt{\cos 3x}}{2} \cdot \left(-\dfrac{1}{\cos^2 3x}\right) \cdot (\cos 3x)'$ 用到模型$\left(\dfrac{1}{u}\right)' = -\dfrac{1}{u^2} \cdot u'$

$= \dfrac{\sqrt{\cos 3x}}{2} \cdot \left(-\dfrac{1}{\cos^2 3x}\right) \cdot (-\sin 3x) \cdot (3x)'$ 用到模型$(\cos u)' = (-\sin u) \cdot u'$

$= \dfrac{3\sin 3x \sqrt{\cos 3x}}{2\cos^2 3x} = \dfrac{3}{2}\tan 3x \cdot \sqrt{\sec 3x}$ 用到公式$(3x)' = 3$

或

$y' = \left(\sqrt{\dfrac{1}{\cos 3x}}\right)' = (\sqrt{\sec 3x})' = \dfrac{1}{2\sqrt{\sec 3x}} \cdot (\sec 3x)'$

$= \dfrac{1}{2\sqrt{\sec 3x}} \cdot (\sec 3x \tan 3x) \cdot 3 = \dfrac{3}{2}\tan 3x \cdot \sqrt{\sec 3x}$

(其中在這裡用到哪些知識點和計算模型與公式,大家可以自己去分析)

從本例的分析中大家可以看到,在對複合函數的每一步的求導過程中,中間變量u都不相同,而每一步所用到的計算模型也都是前面所給的13種計算模型中的一種,並且求導的順序也是按照「從外到內、逐層求導」的原則進行求導運算的.

例2.18 求下列函數的導數:

(1) $y = \log_5(1 + 3x - x^2)$; （2）$y = x\arcsin x + \sqrt{1-x^2}$.

解 據題意有：

(1) $y' = \dfrac{1}{(1 + 3x - x^2)\ln 5} \cdot (1 + 3x - x^2)' = \dfrac{1}{\ln 5} \cdot \dfrac{3 - 2x}{1 + 3x - x^2}$;

(2) $y' = (x\arcsin x)' + (\sqrt{1-x^2})' = \arcsin x + x \cdot \dfrac{1}{\sqrt{1-x^2}} + \dfrac{1}{2\sqrt{1-x^2}} \cdot (1-x^2)'$

$= \arcsin x + \dfrac{x}{\sqrt{1-x^2}} + \dfrac{1}{2\sqrt{1-x^2}} \cdot (-2x) = \arcsin x$.

思考一下,在例 2.18 中我們用到哪些有關求導的計算模型與公式法則?

2.2.5 高階導數

我們知道,函數 $y = f(x)$ 的導數 $y' = f'(x)$ 仍然是 x 的函數,如果能再次求導,那麼就產生了高階導數的概念了.比如變速直線運動的速度是位移函數 $s(t)$ 對時間 t 的導數,$v = \dfrac{ds}{dt}$,然而我們往往還需要去研究速度 $v(t)$ 對時間 t 的變化率,因而就產生了加速度概念.其實我們中學物理講的加速度 a 就是速度函數 $v(t)$ 相對時間 t 的變化快慢程度,即速度函數 $v(t)$ 對時間 t 的導數,亦即 $a = \dfrac{dv}{dt} = \dfrac{d}{dt}\left(\dfrac{ds}{dt}\right)$ 或 $a = [s'(t)]'$,這叫作 s 對 t 的二階導數,記為 $\dfrac{d^2 s}{dt^2}$ 或 $s''(t)$.一般地,我們有：

定義 2.2 若函數 $y = f(x)$ 的導函數 $f'(x)$ 在點 x 處可導,則稱 $f'(x)$ 在點 x 處的導函數為 $y = f(x)$ 在點 x 處的二階導數,記作：

$$y'' \quad \text{或} \quad f''(x) \quad \text{或} \quad \dfrac{d^2 y}{dx^2}$$

即：

$$f''(x) = \lim_{\Delta x \to 0} \dfrac{f'(x + \Delta x) - f'(x)}{\Delta x}$$

類似地,我們還可以定義二階導數的導數叫作三階導數,三階導數的導數叫作四階導數……依次類推,一般地,$y = f(x)$ 的 $n-1$ 階導數 $f^{n-1}(x)$ 的導函數稱為 $y = f(x)$ 的 n 階導數,並分別記為：

$$y'', y''', y^{(4)}, y^{(5)}, \cdots, y^{(n)} \quad \text{或} \quad \dfrac{d^2 y}{dx^2}, \dfrac{d^3 y}{dx^3}, \dfrac{d^4 y}{dx^4}, \cdots, \dfrac{d^n y}{dx^n}$$

或 $\quad f''(x), f'''(x), f^{(4)}(x), \cdots, f^{(n)}(x)$

函數的二階導數以及二階以上的導數,我們統稱為**高階導數**.

由定義不難看出,求函數高階導數的方法,就是把導函數看成一個新的函數連續求導而已,所用法則和公式仍是前面我們介紹過的那些,和一階導數的求解方法相同.

例 2.19 求函數 $y = e^{3x+2}$ 的二階導數.

解 $y' = 3e^{3x+2}, \quad y'' = 9e^{3x+2}$

例 2.20 求 n 次多項式函數 $y = a_0 x^n + a_1 x^{n-1} + \cdots + a_{n-1} x + a_n$ 的各階導數.

解 $y' = a_0 n x^{n-1} + a_1(n-1)x^{n-2} + \cdots + a_{n-1}$

$y'' = a_0 n(n-1)x^{n-2} + a_1(n-1)(n-2)x^{n-3} + \cdots + 2a_{n-2}$

$\cdots$

$y^{(n)} = a_0 n!$

$y^{(n+1)} = 0$

且當 $k \geq n+1$ 時都有 $y^{(k)} = 0$.

例 2.21 求函數 $y = e^x$ 的各階導數.

解 $y' = e^x, y'' = e^x, y''' = e^x, \cdots, y^{(n)} = e^x$,即 $y = e^x$ 的各階導均不變,均為它本身.

例 2.22 求函數 $y = \sin x$ 的 n 階導數.

解 $y' = \cos x = \sin(x + \dfrac{\pi}{2})$

$y'' = \cos(x + \dfrac{\pi}{2}) = \sin(x + \dfrac{2 \cdot \pi}{2})$

$y''' = \cos(x + \dfrac{2\pi}{2}) = \sin(x + \dfrac{3\pi}{2})$

以此類推可得:

$$(\sin x)^{(n)} = \sin(x + \dfrac{n\pi}{2})$$

同理可得:

$$(\cos x)^{(n)} = \cos(x + \dfrac{n\pi}{2})$$

注意:一般求 n 階導數都是通過歸納、總結得到的.

習題 2.2

1. 填空題.

(1) 設曲線 $y = \dfrac{1}{1-x^2}$ 在點 P 處的切線平行於 x 軸,則點 P 的坐標為_____.

(2) 設函數 $f(x) = \ln\cos x$,則 $f'(\pi) = $_____.

(3) 設函數 $f(x) = x(x+1)(x+2)\cdots(x+2,018)$,則 $f'(0) = $_____.

(4) 設函數 $f(x) = x^n + e^x$,則 $f^{(n)}(0) = $_____.

(5) 設分段函數 $f(x) = \begin{cases} x^2, & x \leq 1 \\ 2-x, & x > 1 \end{cases}$,則 $f'_-(1) = $_____,$f'_+(1) = $_____,所以 $f'(1)$_____.

2. 求下列函數的導數:

(1) $y = x^2 - \dfrac{1}{x} + 6x + 1$;

(2) $y = 2x^4 + 3\ln x - \cot 3$;

(3) $y = e^x \sin x$;

(4) $y = \dfrac{x}{2-x^2}$;

(5) $y = \ln x(\sin x - \cos x)$； (6) $y = \cot \dfrac{1}{x}$；

(7) $y = \arcsin(1 + 2x)$； (8) $y = \arctan(\ln x)$；

(9) $y = (x\sin^2 x)^2$； (10) $y = \ln(x + \sqrt{1 + x^2})$．

3. 求下列函數的二階導數：

(1) $y = \cos^2 x$； (2) $y = e^{1-2x}$．

參考答案

§2.3 函數的微分

在許多實際問題中，我們常需要求解函數的微增量問題，即在自變量有微小變化時，函數值的微小變化值(對於連續函數常出現這類問題).一般來說，計算函數 $y = f(x)$ 的增量 $\Delta y = f(x + \Delta x) - f(x)$ 的精確值並不是一件容易的事情，有時是比較繁瑣困難的，甚至是不太可能的.而在一些實際應用中，我們有時只需瞭解 Δy 的有效近似值就可以了.為此我們給大家引入微分的概念.

2.3.1 微分的概念

首先舉例如下，正方形的邊長由 x_0 變化到 $x_0 + \Delta x$，則其相應的面積由 x_0^2 變化到 $(x_0 + \Delta x)^2$，很顯然面積的改變量 $\Delta A = (x_0 + \Delta x)^2 - x_0^2 = 2x_0 \Delta x + (\Delta x)^2$，如圖 2－3 所示．

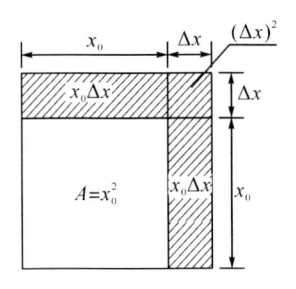

圖 2－3

不難看出 ΔA 由兩部分組成，即 $2x_0 \cdot \Delta x$ 與 $(\Delta x)^2$. 如圖 2－3 所示，$2x_0 \cdot \Delta x$ 是圖中兩個小長方形面積之和，是 Δx 的線性函數，而 $(\Delta x)^2$ 是圖中小正方形的面積，是 Δx 的高階無窮小(當 $\Delta x \to 0$ 時).因此，當 $|\Delta x|$ 很小時，可用 $2x_0 \cdot \Delta x$ 作為 ΔA 的近似值，即有 $\Delta A \approx 2x_0 \cdot \Delta x$. 對於一般的函數，有如下定義：

定義2.3　設函數 $y = f(x)$ 在某區間內有定義, x_0 及 $x_0 + \Delta x$ 在該區間內, 如果函數的增量為:

$$\Delta y = f(x_0 + \Delta x) - f(x_0)$$

可表示為:

$$\Delta y = A\Delta x + \alpha$$

其中 A 為一個與 Δx 無關的常數, 而 α 則是比 Δx 更高階的無窮小(當 $\Delta x \to 0$ 時), 則稱函數 $y = f(x)$ 在點 x_0 處可微, 且稱 $A\Delta x$ 為函數 $y = f(x)$ 在點 x_0 處的微分, 記為 $dy|_{x=x_0}$, 即 $dy|_{x=x_0} = A\Delta x$. 這時, 我們稱 A 為微分係數. 下面我們來求 A 值.

通過定義我們可以看到, 當 $\Delta x \to 0$ 時有:

$$A = \lim_{\Delta x \to 0} \frac{\Delta y - \alpha}{\Delta x} = \lim_{\Delta x \to 0} \frac{\Delta y}{\Delta x} - \lim_{\Delta x \to 0} \frac{\alpha}{\Delta x} = f'(x)$$

由於當 $y = x$ 時能很容易得到 $dy = dx = x'\Delta x = \Delta x$, 於是我們就得到了微分的一般表達式:

$$dy = f'(x)dx$$

從而有:

$$\frac{dy}{dx} = f'(x)$$

即函數的微分與自變量的微分之商就等於導數. 因此, 導數又稱**微商**.

因為自變量的微分就是自變量的增量(即 $dx = \Delta x$), 所以我們在求函數 $y = f(x)$ 在點 $x = x_0$ 處的微分時, 有兩種表現形式:

①$dy = f'(x_0)\Delta x$ (已知 Δx 的值);
②$dy = f'(x_0)dx$ (未知 Δx 的值).

例2.23　求函數 $y = 3x^2$ 當 $x_0 = 3, \Delta x = 0.01$ 時的微分.

解　$dy = f'(3)\Delta x = 6 \times 3 \times 0.01 = 0.18$

例2.24　求函數 $y = 2x^3 + e^x$ 在點 $x_0 = 2$ 處的微分.

解　$dy = f'(2)dx = (6x^2 + e^x)|_{x=2} \cdot dx = (24 + e^2)dx$

2.3.2　微分的計算

由函數微分的定義可以看出, 求函數的微分主要在於求 $dy = f'(x)dx$ 中的導數 $f'(x)$, 而求導方法我們已介紹給大家了. 因此, 我們下面將根據前面介紹過的求導基本公式及求導法則, 給出相應的微分基本公式與微分運算法則.

2.3.2.1　微分基本公式

(1) $dC = 0$ (C 為常數);　　(2) $dx^\alpha = \alpha x^{\alpha-1}dx$ (α 為常數);

(3) $d(\log_a x) = \frac{1}{x\ln a}dx$, 特別地有: $d(\ln x) = \frac{1}{x}dx$;

(4) $d(a^x) = a^x \ln a\, dx$, 特別地有: $d(e^x) = e^x dx$;

(5) $d(\sin x) = \cos x\, dx$;　　(6) $d(\cos x) = -\sin x\, dx$;

(7) $d(\tan x) = \sec^2 x\, dx$;　　(8) $d(\cot x) = -\csc^2 x\, dx$;

(9) $d(\sec x) = \sec x \tan x dx$; （10）$d(\csc x) = -\csc x \cot x dx$;

(11) $d(\arcsin x) = \dfrac{1}{\sqrt{1-x^2}}dx$; （12）$d(\arccos x) = -\dfrac{1}{\sqrt{1-x^2}}dx$;

(13) $d(\arctan x) = \dfrac{1}{1+x^2}dx$; （14）$d(\text{arccot} x) = -\dfrac{1}{1+x^2}dx$.

2.3.2.2 微分運算法則

定理 2.7(微分四則運算法則) 設函數 $u(x)$、$v(x)$ 在點 x 處均可微,則有如下微分運算法則:

(1) $d(u \pm v) = du \pm dv$;

(2) $d(uv) = vdu + udv$,特別地有:$d(cu) = cdu$ (c 是常數);

(3) $d\left(\dfrac{u}{v}\right) = \dfrac{vdu - udv}{v^2}$.

定理 2.8(複合函數微分法則) 如果函數 $u = \varphi(x)$ 在點 x 處可微,而 $y = f(u)$ 在 $u = \varphi(x)$ 處可微,那麼複合函數 $y = f[\varphi(x)]$ 在點 x 處也可微,並且其微分為:
$$dy = \{f[\varphi(x)]\}'dx = f'(u)\varphi'(x)dx \tag{2.4}$$

由於 $du = \varphi'(x)dx$,所以式(2.4)又可以寫成:
$$dy = f'(u)du$$

由於這個式子無論 u 是自變量還是中間變量都不會變,所以我們又稱這一性質為一**階微分形式不變性**.

例 2.25 設函數 $y = \ln(1+x^2)$,求 dy.

解 由微分形式不變性可得:
$$dy = d\ln(1+x^2) = \dfrac{1}{1+x^2}d(1+x^2) = \dfrac{2x}{1+x^2}dx$$

例 2.26 設函數 $y = e^{2x}\sin 3x$,求 dy.

解 根據微分的四則運算法則和微分形式不變性可得:
$$\begin{aligned}dy &= d(e^{2x}\sin 3x) = \sin 3x d(e^{2x}) + e^{2x}d(\sin 3x)\\ &= e^{2x}\sin 3x d(2x) + e^{2x}\cos 3x d(3x)\\ &= 2e^{2x}\sin 3x dx + 3e^{2x}\cos 3x dx\\ &= e^{2x}(2\sin 3x + 3\cos 3x)dx\end{aligned}$$

例 2.27 在下列等式右端的括號內填入適當的函數,使等式成立.

(1) $x^2 dx = d(\qquad)$; （2）$3\sec^2 x dx = d(\qquad)$;

(3) $\dfrac{1}{x}dx = d(\qquad)$; （4）$\dfrac{1}{1+x^2}dx = d(\qquad)$.

解 由於常數 C 的導數為零,所以有:

(1) $x^2 dx = d\left(\dfrac{1}{3}x^3 + C\right)$ （2）$3\sec^2 x dx = d(3\tan x + C)$

(3) $\dfrac{1}{x}dx = d(\ln x + C)$ （4）$\dfrac{1}{1+x^2}dx = d(\arctan x + C)$

本例中的填空在微積分的計算中被稱為**湊微分**.事實上每一個微分基本公式,反過來

看就是一個任意常數 $C = 0$ 的湊微分公式.而湊微分的技術則是後續學習積分計算中的一種基本手段,必須掌握.

2.3.3 微分在近似計算中的應用

我們先來看一道例題.

例 2.28 已知函數 $y = x^3 - 2x$,當 $x = 2$ 時,計算 Δx 分別等於 0.1、0.01 時的 Δy 和 dy.

解 據題意可知,當 $x = 2, \Delta x = 0.1$ 時:

$$\Delta y = [(2.1)^3 - 2 \times 2.1] - (2^3 - 2 \times 2)$$
$$= (9.261 - 4.2) - (8 - 4) = 5.061 - 4 = 1.061$$
$$dy = (x^3 - 2x)'\big|_{x=2} \cdot \Delta x = (3x^2 - 2)\big|_{x=2} \cdot \Delta x$$
$$= (3 \times 2^2 - 2) \times 0.1 = 1$$

當 $x = 2, \Delta x = 0.01$ 時:

$$\Delta y = [(2.01)^3 - 2 \times 2.01] - (2^3 - 2 \times 2)$$
$$= (8.120,601 - 4.02) - 4 = 4.100,601 - 4 = 0.100,601$$
$$dy = (x^3 - 2x)'\big|_{x=2} \cdot \Delta x = (3x^2 - 2)\big|_{x=2} \cdot \Delta x$$
$$= (3 \times 2^2 - 2) \times 0.01 = 0.1$$

從本例的計算中,大家可以體會到:dy 的計算遠比 Δy 的計算要容易得多,但在 $|\Delta x|$ 很小時兩者卻很接近,並且 $|\Delta x|$ 越小, Δy 的計算難度就越大,而用 dy 作為 Δy 的近似值的精確度反而越高.因此,我們在 $|\Delta x|$ 很小時,通常都是用微分 dy 來近似計算函數增量 Δy 的有效近似值,即:

$$\Delta y \approx dy$$

故有 $f(x_0 + \Delta x) - f(x_0) \approx f'(x_0)\Delta x$,從而得到近似計算等式:

$$f(x_0 + \Delta x) \approx f(x_0) + f'(x_0) \cdot \Delta x$$

特別地,如果取 $x_0 = 0, \Delta x = x$ 便可得到實踐中常會用到的近似計算公式:

$$f(x) \approx f(0) + f'(0)\Delta x$$

要說明的是,在這裡 $|x|$ 必須很小,越小越好.我們就是利用這個近似計算公式推出了以下人們常用的近似公式:

(1) $e^x \approx 1 + x$;   (2) $(1 + x)^a \approx 1 + ax, a \in R$;
(3) $\ln(1 + x) \approx x$;   (4) $\sin x \approx x$ (x 以弧度為單位).

注意:在這些公式裡的 $|x|$ 都很小,而且是越小越精確.

例 2.29 利用微分求 $\sqrt{0.97}$ 的近似值.

解 取 $x_0 = 1, \Delta x = -0.03, f(x) = \sqrt{x}$,則利用近似公式

$$(1 + x)^a \approx 1 + ax, a \in R$$

可得:

$$\sqrt{0.97} = (1 - 0.03)^{\frac{1}{2}} \approx 1 + \frac{1}{2} \times (-0.03) = 0.985$$

例 2.30 求 $e^{1.002}$ 的近似值.

解 取 $f(x) = e^x, x_0 = 1, \Delta x = 0.002$,由

$$f(x_0 + \Delta x) = f(x_0) + f'(x_0)\Delta x$$

可得：
$$f(1.002) = f(1) + f'(1)(0.002)$$

所以：
$$e^{1.002} = e^1 + e^1 \cdot 0.002 = e(1.002) \approx 2.723,72$$

習題2.3

1. 將適當的函數填入括號內，使等式成立.

(1) d(　　) = $4x\mathrm{d}x$；　　　　　(2) d(　　) = $\sin x\mathrm{d}x$；

(3) d(　　) = $\dfrac{1}{1+x^2}\mathrm{d}x$；　　(4) d(　　) = $\dfrac{1}{\sqrt{1-x^2}}\mathrm{d}x$；

(5) d(　　) = $\dfrac{1}{\sqrt{x}}\mathrm{d}x$；　　　(6) d(　　) = $-\dfrac{1}{x^2}\mathrm{d}x$；

(7) d(　　) = $e^{2x}\mathrm{d}x$；　　　　(8) d(　　) = $\dfrac{1}{x}\mathrm{d}x$.

2. 求下列函數的微分.

(1) $y = \dfrac{2}{x} + \sqrt{x}$；　　　　　(2) $y = x\cos 3x$；

(3) $y = \ln\sin 3x$；　　　　　(4) $y = x^2 e^x$.

3. 求下列各數的近似值.

(1) $\sqrt[4]{1.03}$；　　(2) $\ln 0.98$；　　(3) $\arctan 1.05$.

4. 水管壁的橫線截面是一個圓環，設它的內徑為 R_0，壁厚為 h，試用微分來計算這個圓環的面積的近似值.

參考答案

§2.4　洛必達法則

在求解 $\dfrac{0}{0}$ 型或 $\dfrac{\infty}{\infty}$ 型不定式極限時，我們在前面介紹了初等變換，兩個重要極限的應用. 本節再給大家介紹一種利用導數求解這類極限的一種非常有效的方法 —— **洛必達法則**.

2.4.1 洛必達法則及其應用

定理 2.9(洛必達法則) 設函數 $f(x), g(x)$ 滿足:

(1) 極限 $\lim\limits_{\substack{x \to x_0 \\ (\text{或} x \to \infty)}} \dfrac{f(x)}{g(x)}$ 是 $\dfrac{0}{0}$ 型或 $\dfrac{\infty}{\infty}$ 型不定式極限;

(2) 兩個函數的導數 $f'(x)$ 與 $g'(x)$ 都存在,且 $g'(x) \neq 0$;

(3) 極限 $\lim\limits_{\substack{x \to x_0 \\ (\text{或} x \to \infty)}} \dfrac{f'(x)}{g'(x)}$ 存在或為無窮大.

則有:
$$\lim_{\substack{x \to x_0 \\ (\text{或} x \to \infty)}} \frac{f(x)}{g(x)} = \lim_{\substack{x \to x_0 \\ (\text{或} x \to \infty)}} \frac{f'(x)}{g'(x)}$$

在用洛必達法則求極限時,一定要注意以下三點:

(1) 極限必須是 $\dfrac{0}{0}$ 型或 $\dfrac{\infty}{\infty}$ 型不定式,其他不定式不能直接使用;

(2) 極限 $\lim\limits_{\substack{x \to x_0 \\ (\text{或} x \to \infty)}} \dfrac{f'(x)}{g'(x)}$ 必須存在或為無窮大,否則洛必達法則失效;

(3) 在滿足條件的前提下,洛必達法則可以重複使用,直到求出結果為止.

例 2.31 求極限 $\lim\limits_{x \to 0} \dfrac{\sin\alpha x}{\sin\beta x}(\alpha, \beta \text{ 為常量}, \beta \neq 0)$.

解 這是 $\dfrac{0}{0}$ 型不定式,用洛必達法則,得:
$$\lim_{x \to 0} \frac{\sin\alpha x}{\sin\beta x} = \lim_{x \to 0} \frac{\alpha\cos\alpha x}{\beta\cos\beta x} = \frac{\alpha}{\beta}$$

例 2.32 求極限 $\lim\limits_{x \to 1} \dfrac{x^3 - 3x + 2}{x^3 - x^2 - x + 1}$.

解 這是 $\dfrac{0}{0}$ 型不定式,用洛必達法則,得:
$$\lim_{x \to 1} \frac{x^3 - 3x + 2}{x^3 - x^2 - x + 1} = \lim_{x \to 1} \frac{3x^2 - 3}{3x^2 - 2x - 1} = \lim_{x \to 1} \frac{6x}{6x - 2} = \frac{3}{2}$$

注意: 上式中的 $\lim\limits_{x \to 1} \dfrac{6x}{6x - 2}$ 已不是不定式,我們不能運用洛必達法則,否則會得到錯誤的結果.以後使用洛必達法則時應當經常注意這一點.連續使用洛必達法則時每一次都要進行檢查,如果不是不定式極限就不能應用洛必達法則.

例 2.33 求極限 $\lim\limits_{x \to 0} \dfrac{x - \sin x}{x^3}$.

解 這是 $\dfrac{0}{0}$ 型不定式,用洛必達法則,得:
$$\lim_{x \to 0} \frac{x - \sin x}{x^3} = \lim_{x \to 0} \frac{1 - \cos x}{3x^2} = \lim_{x \to 0} \frac{\sin x}{6x} = \frac{1}{6}$$

例 2.34 求極限 $\lim\limits_{x\to+\infty}\dfrac{\dfrac{\pi}{2}-\arctan x}{\dfrac{1}{x}}$.

解 這是當 $x\to+\infty$ 時的 $\dfrac{0}{0}$ 型不定式,用洛必達法則,得:

$$\lim_{x\to+\infty}\frac{\dfrac{\pi}{2}-\arctan x}{\dfrac{1}{x}}=\lim_{x\to+\infty}\frac{-\dfrac{1}{1+x^2}}{-\dfrac{1}{x^2}}=\lim_{x\to+\infty}\frac{x^2}{1+x^2}=1$$

例 2.35 求極限 $\lim\limits_{x\to+\infty}\dfrac{\ln x}{x^n}(n>0)$.

解 這是 $\dfrac{\infty}{\infty}$ 型不定式,應用洛必達法則,得:

$$\lim_{x\to+\infty}\frac{\ln x}{x^n}=\lim_{x\to+\infty}\frac{\dfrac{1}{x}}{nx^{n-1}}=\lim_{x\to+\infty}\frac{1}{nx^n}=0$$

2.4.2 其他類型的不定式

對於 $0\cdot\infty$, $\infty-\infty$, 0^0, 1^∞, ∞^0 等類型的不定式,通常是要將其轉化成 $\dfrac{0}{0}$ 或 $\dfrac{\infty}{\infty}$ 型不定式後,再用洛必達法則來計算,下面舉例說明.

例 2.36 求極限 $\lim\limits_{x\to 0}\left(\dfrac{1}{\sin x}-\dfrac{1}{x}\right)$.

解 這是「$\infty-\infty$」型不定式,經過通分轉化原極限:

$$\lim_{x\to 0}\left(\frac{1}{\sin x}-\frac{1}{x}\right)=\lim_{x\to 0}\frac{x-\sin x}{x\sin x}$$

等式右端為 $\dfrac{0}{0}$ 型不定式,應用洛必達法則,得:

$$\lim_{x\to 0}\frac{x-\sin x}{x\sin x}=\lim_{x\to 0}\frac{1-\cos x}{\sin x+x\cos x}=\lim_{x\to 0}\frac{\sin x}{2\cos x-x\sin x}=0$$

所以

$$\lim_{x\to 0}\left(\frac{1}{\sin x}-\frac{1}{x}\right)=0$$

例 2.37 求極限 $\lim\limits_{x\to 0^+}x^n\ln x(n>0)$.

解 這是「$0\cdot\infty$」型不定式,轉化原式:

$$\lim_{x\to 0^+}x^n\ln x=\lim_{x\to 0^+}\frac{\ln x}{\dfrac{1}{x^n}}(\dfrac{\infty}{\infty}\text{型不定式})$$

然後用洛必達法則,得:

$$\lim_{x\to 0^+} x^n \ln x = \lim_{x\to 0^+} \frac{\ln x}{x^{-n}} = \lim_{x\to 0^+} \frac{\frac{1}{x}}{-nx^{-n-1}} = \lim_{x\to 0^+} \frac{-x^n}{n} = 0$$

注意：必須將不定式化為 $\frac{0}{0}$ 或 $\frac{\infty}{\infty}$ 型不定式，才能用洛必達法則．另外還要注意極限 $\lim\limits_{\substack{x\to x_0 \\ (\text{或}x\to\infty)}} \frac{f'(x)}{g'(x)}$ 必須存在或為無窮大，否則洛必達法則失效．

例2.38 求極限 $\lim\limits_{x\to 0} \dfrac{x^2 \sin\frac{1}{x}}{\sin x}$．

解 當 $x\to 0$ 時，$x^2 \to 0$，$\sin\frac{1}{x}$ 為有界函數，所以 $\lim\limits_{x\to 0} x^2 \sin\frac{1}{x} = 0$，

故所求極限是 $\dfrac{0}{0}$ 型不定式，若用洛必達法則，便有：

$$\lim_{x\to 0} \frac{x^2 \sin\frac{1}{x}}{\sin x} = \lim_{x\to 0} \frac{2x\sin\frac{1}{x} - \cos\frac{1}{x}}{\cos x}$$

因為 $\lim\limits_{x\to 0} \cos\frac{1}{x}$ 不存在，所以等式右端的極限不存在也不是無窮大，因此在這裡應用洛必達法則失效．

事實上，本題可以應用第一個重要極限和無窮小性質來解答，即：

$$\lim_{x\to 0} \frac{x^2 \sin\frac{1}{x}}{\sin x} = \lim_{x\to 0} \frac{x}{\sin x} \cdot x\sin\frac{1}{x}$$

因為

$$\lim_{x\to 0} \frac{x}{\sin x} = 1, \lim_{x\to 0} x\sin\frac{1}{x} = 0$$

所以

$$\lim_{x\to 0} \frac{x^2 \sin\frac{1}{x}}{\sin x} = \lim_{x\to 0} \frac{x}{\sin x} \cdot x\sin\frac{1}{x} = \lim_{x\to 0} \frac{x}{\sin x} \cdot \lim_{x\to 0} x\sin\frac{1}{x} = 0$$

故所求極限是存在的．

在應用洛必達法則求解極限問題時，還需注意洛必達法則只是極限存在的充分條件，而非必要條件．當 $\lim\limits_{\substack{x\to x_0 \\ (\text{或}x\to\infty)}} \dfrac{f'(x)}{g'(x)}$ 不存在時，也不能得出 $\lim\limits_{\substack{x\to x_0 \\ (\text{或}x\to\infty)}} \dfrac{f(x)}{g(x)}$ 不存在的結論．洛必達法則雖好，但也不是萬能的，有的極限問題，雖屬不定式極限，但用洛必達法則也可能無法解出，這時就要選擇其他方法來求解．

例2.39 求極限 $\lim\limits_{x\to\infty} \dfrac{x - \sin x}{x + \sin x}$．

解 這是 $\dfrac{\infty}{\infty}$ 型不定式，由洛必達法則，得：

$$\lim_{x\to\infty}\frac{x-\sin x}{x+\sin x}=\lim_{x\to\infty}\frac{1-\cos x}{1+\cos x},$$

此極限不存在,但事實上:

$$\lim_{x\to\infty}\frac{x-\sin x}{x+\sin x}=\lim_{x\to\infty}\frac{1-\dfrac{\sin x}{x}}{1+\dfrac{\sin x}{x}}=1$$

例 2.40 求極限 $\lim\limits_{x\to+\infty}\dfrac{\sqrt{1+x^2}}{x}$.

解 這是 $\dfrac{\infty}{\infty}$ 型不定式,若用洛必達法則可得:

$$\lim_{x\to+\infty}\frac{\sqrt{1+x^2}}{x}=\lim_{x\to+\infty}\frac{\dfrac{x}{\sqrt{1+x^2}}}{1}=\lim_{x\to+\infty}\frac{x}{\sqrt{1+x^2}}$$

$$=\lim_{x\to+\infty}\frac{1}{\dfrac{x}{\sqrt{1+x^2}}}=\lim_{x\to+\infty}\frac{\sqrt{1+x^2}}{x}=\cdots$$

這麼繼續做下去,勢必陷入無限的循環.這是一個滿足洛必達法則的三個條件,但卻無法直接利用洛必達法則計算的例子.其實這個極限可求解如下:

$$\lim_{x\to+\infty}\frac{\sqrt{1+x^2}}{x}=\lim_{x\to+\infty}\sqrt{\frac{1}{x^2}+1}=1$$

習題 2.4

1. 計算下列極限:

(1) $\lim\limits_{x\to+\infty}\dfrac{x^3}{e^x}$;

(2) $\lim\limits_{x\to\frac{\pi}{4}}\dfrac{\tan x-1}{\sin 4x}$;

(3) $\lim\limits_{x\to 0}\dfrac{e^x+e^{-x}-2}{1-\cos x}$;

(4) $\lim\limits_{x\to e}\dfrac{\ln x-1}{x-e}$;

(5) $\lim\limits_{x\to 3}\dfrac{\sqrt{x+1}-2}{x-3}$;

(6) $\lim\limits_{x\to 0}(\dfrac{1}{x}-\dfrac{1}{e^x-1})$.

2. 判斷能否用洛必達法則計算極限 $\lim\limits_{x\to\infty}\dfrac{x}{x+\sin x}$,為什麼? 若不能,請用其他方法計算此極限.

參考答案

§2.5　導數在研究函數幾何特性中的應用

2.5.1　函數的單調性

前面我們學習了函數在區間上的單調性概念,下面我們將利用導數來對函數的單調性進行研究.

若函數 $f(x)$ 在區間 $[a,b]$ 上單調增加,則曲線 $y=f(x)$ 是一條沿 x 軸正向上升的曲線,曲線上各點處的切線斜率都是非負的,即 $y'=f'(x)\geq 0$;若函數 $f(x)$ 在區間 $[a,b]$ 上單調減少,則曲線 $y=f(x)$ 是一條沿 x 軸正向下降的曲線,曲線上各點處的切線斜率都是非正的,即 $y'=f'(x)\leq 0$(見圖 2-4).

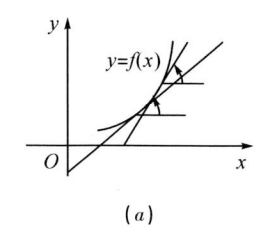

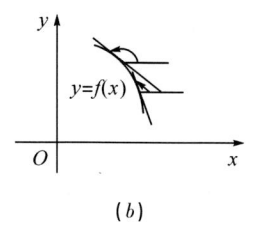

圖 2-4

由此可見,函數的單調性與導數的符號有著密切的聯繫.因此,可以用函數導數的符號來判別函數的單調性.下面不加證明,直接給出定理 2.10.

定理 2.10(函數單調性的判別法)　設函數 $y=f(x)$ 在 $[a,b]$ 上連續,在 (a,b) 內可導,則:

(1) 如果在 (a,b) 內 $f'(x)>0$,那麼函數 $y=f(x)$ 在 $[a,b]$ 上單調增加;

(2) 如果在 (a,b) 內 $f'(x)<0$,那麼函數 $y=f(x)$ 在 $[a,b]$ 上單調減少.

注意:將定理 2.10 中的閉區間換成開區間或半開區間或無窮區間,定理的結論也成立.

例 2.41　求函數 $f(x)=2x^3+9x^2+12x-3$ 的單調區間.

解　函數的定義域為 $(-\infty,+\infty)$,該函數的導數為:
$$f'(x)=6x^2+18x+12=6(x^2+3x+2)=6(x+1)(x+2)$$

解方程 $f'(x)=0$,即解 $6(x+1)(x+2)=0$,

得出它在函數定義域 $(-\infty,+\infty)$ 內的兩個根 $x_1=-1, x_2=-2$.

這兩個根把$(-\infty, +\infty)$分成三個區間：
$$(-\infty, -2], [-2, -1], [-1, +\infty)$$
$f(x)$的增減區間如表2-1所示.

表2-1

x	$(-\infty, -2)$	-2	$(-2, -1)$	-1	$(-1, +\infty)$
$f'(x)$	+	0	−	0	+
$f(x)$	↗		↘		↗

因此函數$f(x)$的單調增加區間為$(-\infty, -2]$和$[-1, +\infty)$；單調減少區間為$[-2, -1]$.使導數等於零的點恰為單調增加區間與單調減少區間的分界點.

例2.42 討論函數$f(x) = x^{\frac{2}{3}}$的增減性.

解 函數$f(x)$的定義域為$(-\infty, +\infty)$,則：
$$f'(x) = \frac{2}{3\sqrt[3]{x}}$$

沒有使得導數等於零的點,在$x = 0$處導數不存在的點$x = 0$將定義域$(-\infty, +\infty)$分成兩個區間$(-\infty, 0]$及$[0, +\infty)$,如圖2-5所示.

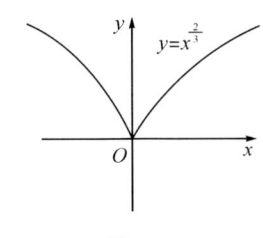

圖2-5

$f(x)$的增減區間如表2-2所示.

表2-2

x	$(-\infty, 0)$	0	$(0, +\infty)$
$f'(x)$	−	不存在	+
$f(x)$	↘	0	↗

因此,函數$f(x)$的單調增加區間為$[0, +\infty)$,單調減少區間為$(-\infty, 0]$.

由以上例題可以看出,在求連續函數的單調區間時,可以利用導數等於零的點以及一階導數不存在的連續點,把函數的定義域劃分為若干子區間,然後在每個子區間上根據導數的正負來確定函數的單調性.

小結：討論函數$f(x)$的單調區間的一般步驟是：

(1) 確定函數$f(x)$的定義域；

(2) 求出函數$f(x)$導數等於零的x值(零點)和使導數$f'(x)$不存在的連續點,並用這些點將定義域區間分成若干子區間；

(3) 列表討論此函數在每個子區間內的符號,從而判斷函數的單調性(習慣上我們

用「↘」「↗」分別表示曲線是單調減少的、單調增加的).

2.5.2 函數的極值

在利用導數的符號判別函數的單調性時可以看到,導數等於零的點和一階導數不存在的連續點都可以作為單調區間的分界點.函數在這樣的點處往往會出現局部的最大值(或最小值),這就是我們所要討論的函數的極值點.

定義2.4 設函數$f(x)$在點x_0的某個鄰域內有定義,如果對該鄰域內任何點$x(x \neq x_0)$,恒有$f(x) < f(x_0)$(或$f(x) > f(x_0)$),則稱點$x = x_0$為函數$f(x)$的**極大值點**(**極小值點**),而函數值$f(x_0)$為函數$f(x)$的**極大值**(**極小值**).

注意:所謂點x_0的某個鄰域,指的就是以點x_0為中心,某個正數$\delta(\delta > 0)$為半徑的開區間:

$$(x_0 - \delta, x_0 + \delta)$$

由於正數$\delta(\delta > 0)$的不確定,所以這樣的開區間可以有無數個,也就是說在函數概念中對每一個點x_0都存在無數個鄰域.

函數的極大值與極小值統稱為函數的**極值**,而使函數取得極值的點稱為函數的**極值點**(見圖2-6).

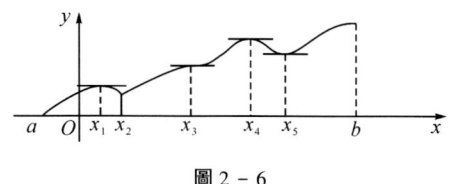

圖2-6

從圖2-6中可以看到,$f(x_1), f(x_4)$是函數的極大值,點$x = x_1, x = x_4$是函數$f(x)$相應的極大值點;而$f(x_2), f(x_5)$是函數的極小值,點$x = x_2, x = x_5$是函數$f(x)$相應的極小值點.

由極值的定義可以看出,函數的極值概念是局部性的概念,$f(x_0)$是$f(x)$的極值是僅就x_0的鄰域而言的,因此函數$f(x)$的極大(小)值就整個定義域來講未必是最大(小)值,極大值不一定比極小值大,極小值也不一定比極大值小.

由圖2-6還可以看到,在函數$f(x)$取得極值點處,曲線$y = f(x)$的切線是水準的,切線的斜率為零,即極值點的導數等於零.雖然點x_3處曲線的切線也是水準的,並且$f'(x_3) = 0$,但點x_3卻不是極值點.使導數$f'(x)$等於零的點我們稱之為函數$f(x)$的**駐點**.駐點不一定是極值點.下面我們給出函數取得極值的必要條件和充分條件.

定理2.11(極值存在的必要條件) 若函數$f(x)$在點x_0處取得極值,則$f(x)$在x_0處或者$f'(x_0) = 0$,或者不可導.

定理2.12(極值存在的第一充分條件) 設函數$f(x)$在點x_0處連續,且在x_0的某去心鄰域內可導:

(1)若在x_0的鄰域內,當$x < x_0$時$f'(x) > 0$;當$x > x_0$時$f'(x) < 0$,則函數$f(x)$在x_0處取得極大值$f(x_0)$;

(2)若在x_0的鄰域內,當$x < x_0$時$f'(x) < 0$;當$x > x_0$時$f'(x) > 0$,則函數$f(x)$在

x_0 處取得極小值 $f(x_0)$；

(3) 若在 x_0 的鄰域內,除點 x_0 外 $f'(x)$ 恒為正或恒為負,即 $f'(x)$ 不變號,則 $f(x_0)$ 不是函數 $f(x)$ 的極值.

根據以上定理,求函數 $f(x)$ 的極值點和極值的一般步驟如下：

(1) 確定函數 $f(x)$ 的定義域；

(2) 求出函數導數 $f'(x)$,在定義域內確定 $f(x)$ 的全部駐點與不可導點；

(3) 觀察 $f'(x)$ 的符號在每個駐點或不可導點的左、右鄰近的情形,以確定該點是否為極值點,如果是極值點,進一步確定是極大值點還是極小值點；

(4) 求出各極值點的函數值,即得函數的全部極值.

例 2.43 求函數 $f(x) = x - 3x^{\frac{2}{3}}$ 極值點和極值.

解 函數 $f(x)$ 的定義域為 $(-\infty, +\infty)$,則：

$$f'(x) = 1 - 2x^{-\frac{1}{3}} = \frac{\sqrt[3]{x} - 2}{\sqrt[3]{x}}$$

令 $f'(x) = 0$,解得駐點 $x = 8$,又當 $x = 0$ 時,
$f'(x)$ 不存在.$f(x)$ 的極值點和極值情況如表 2-3 所示.

表 2-3

x	$(-\infty, 0)$	0	$(0, 8)$	8	$(8, +\infty)$
$f'(x)$	+	不存在	-	0	+
$f(x)$	↗	極大值 0	↘	極小值 -4	↗

定理 2.13（極值存在的第二充分條件） 設函數 $f(x)$ 在點 x_0 處具有二階導數且 $f'(x_0) = 0, f''(x_0) \neq 0$,則：

(1) 當 $f''(x_0) < 0$ 時,$f(x)$ 在點 x_0 處取得極大值；

(2) 當 $f''(x_0) > 0$ 時,$f(x)$ 在點 x_0 處取得極小值.

例 2.44 求函數 $f(x_0) = x^3 + 4x^2 - 3x$ 的極值.

解 $f'(x) = 3x^2 + 8x - 3 = (3x - 1)(x + 3), f''(x) = 6x + 8$,

駐點為 $x = \dfrac{1}{3}$ 及 $x = -3$,又 $f''(\dfrac{1}{3}) = 10 > 0, f''(-3) = -10 < 0$,

所以 $f(x)$ 在點 $x = \dfrac{1}{3}$ 處取得極小值,且極小值為 $f(\dfrac{1}{3}) = -\dfrac{14}{27}$；

$f(x)$ 在點 $x = -3$ 處取得極大值,且極大值為 $f(-3) = 18$.

例 2.45 求函數 $f(x) = 3x^4 - 8x^3 + 6x^2 + 1$ 的極值.

解 $f'(x) = 12x^3 - 24x^2 + 12x = 12x(x - 1)^2$,

$f''(x) = 12(3x^2 - 4x + 1) = 12(3x - 1)(x - 1)$,

令 $f'(x) = 0$,得駐點 $x = 0, x = 1$,且 $f''(0) = 12 > 0, f''(1) = 0$,

由第二充分條件知,$f(0)$ 是函數 $f(x)$ 的極小值.

因為 $f''(1) = 0$,需用第一充分條件判定駐點 $x = 1$ 的情形.

在 $x = 1$ 的兩側,由於當 $0 < x < 1$ 及 $x > 1$ 時皆有 $f'(x) > 0$,故 $x = 1$ 不是極值點.

2.5.3 曲線的凹凸與拐點

前面我們學習了函數的單調性和極值,對函數的變化情況有了初步的瞭解,但要較準確地描繪函數的幾何特性還是不夠的.如圖2-7所示,函數在區間內始終是上升的,但卻有不同的彎曲狀況.可以看出,從左端開始曲線先向下彎曲,通過點P後改變了彎曲方向變為向上彎曲,即AMP弧為凹的曲線弧,PNB弧為凸的曲線弧.因此在研究函數圖像時,觀察它的彎曲方向以及改變彎曲方向的點是非常有必要的.這就是我們下面要學習的函數的凹凸性與曲線的拐點.

2.5.3.1 函數的凹凸性

從圖2-7中還可看出,AMP弧上各點做切線,曲線總位於切線上方;在PNB弧上各點做切線,曲線總位於切線下方.因此,可用曲線與切線的相對位置反應曲線的凹凸性.

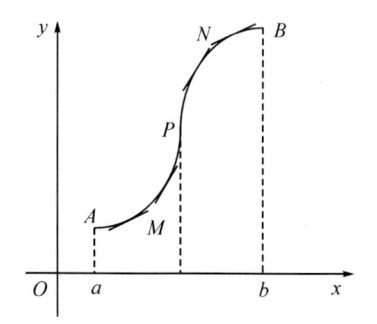

圖2-7

定義2.5 設曲線$y = f(x)$在區間(a,b)內各點都有切線,在切點附近如果曲線弧總位於切線的上方,則稱曲線$y = f(x)$在(a,b)上是凹的或稱為凹弧,也稱(a,b)為曲線$y = f(x)$的凹區間;如果曲線弧總位於切線的下方,則稱曲線$y = f(x)$在(a,b)上是凸的或稱為凸弧,也稱(a,b)為曲線$y = f(x)$的凸區間(見圖2-8).

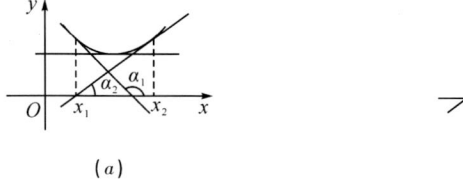

(a)   (b)

圖2-8

如圖2-8(a)所示,隨著坐標x的增加,凹弧上各點的切線斜率逐漸增大,即$f'(x)$是單調增加的,而凸弧上各點的切線斜率逐漸減少(見圖2-8(b)),即$f'(x)$是單調減少的.$f'(x)$的單調性則可由$f'(x)$的導數$f''(x)$來判定.由此可得出曲線凹凸性的判別法.

定理2.14 設函數$f(x)$在區間(a,b)上具有二階導數,則:

(1) 如果在(a,b)上$f''(x) > 0$,則曲線$y = f(x)$在(a,b)上為凹弧;

(2) 如果在 (a,b) 上 $f''(x) < 0$,則曲線 $y = f(x)$ 在 (a,b) 上為凸弧.

例 2.46 判斷曲線 $f(x) = 2x^4 + 3x^2$ 凹凸性.

解 因為
$$f'(x) = 8x^3 + 6x, f''(x) = 24x^2 + 6$$
顯然,函數在 $(-\infty, +\infty)$ 區間上恒有 $f''(x) > 0$,
故曲線 $f(x) = 2x^4 + 3x^2$ 在 $(-\infty, +\infty)$ 上是凹的.

例 2.47 判斷曲線 $y = \ln x$ 的凹凸性.

解 因為
$$y' = \frac{1}{x}, y'' = -\frac{1}{x^2}$$
所以在函數 $y = \ln x$ 的定義域 $(0, +\infty)$ 內,恒有 $y'' < 0$,
因此自然對數曲線 $y = \ln x$ 在 $(0, +\infty)$ 上為凸的.

例 2.48 判斷曲線 $f(x) = x^3$ 的凹凸性.

解 因為
$$f'(x) = 3x^2, f''(x) = 6x$$
當 $x < 0$ 時,$f''(x) < 0$,所以在 $(-\infty, 0)$ 上曲線 $f(x) = x^3$ 為凸的;
當 $x > 0$ 時,$f''(x) > 0$,所以在 $(0, +\infty)$ 上曲線 $f(x) = x^3$ 為凹的.

在本例中我們看到,點 $(0,0)$ 為曲線 $f(x) = x^3$ 由凸弧變為凹弧的分界點,這種點我們稱為曲線 $f(x) = x^3$ 的拐點(見圖 2-9).

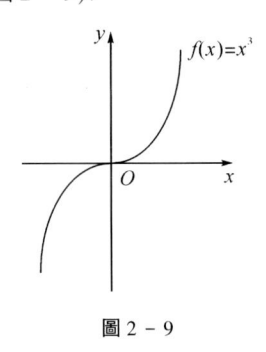

圖 2-9

2.5.3.2 曲線的拐點

定義 2.6 一般地,連續曲線 $y = f(x)$ 上凹弧與凸弧的分界點稱為曲線的**拐點**.

由以上的例子我們可以注意到,求曲線 $y = f(x)$ 的拐點,實際上就是找 $y'' = f''(x)$ 取正值與取負值的分界點.

由此可知,若在 x_0 處 $f''(x_0) = 0$,而在 x_0 的左右兩側 $f''(x)$ 異號,則點 $(x_0, f(x_0))$ 一定是曲線 $y = f(x)$ 的拐點. 另外 $f''(x)$ 不存在的點也可能成為拐點.

例 2.49 判斷曲線 $y = x^4 - 2x^3 + 1$ 的凹凸區間和拐點.

解 函數的定義域為 $(-\infty, +\infty)$,因為
$$y' = 4x^3 - 6x^2, y'' = 12x^2 - 12x = 12x(x-1)$$
令 $y'' = 0$,解得 $x_1 = 0, x_2 = 1$,$f(x)$ 的凹凸區間和拐點情況如表 2-4 所示.

表 2－4

x	$(-\infty,0)$	0	$(0,1)$	1	$(1,+\infty)$
y''	+	0	-	0	+
y	凹	拐點$(0,1)$	凸	拐點$(1,0)$	凹

由此可知,曲線 $y=x^4-2x^3+1$ 在 $(0,1)$ 內是凸的,在 $(-\infty,0)$ 和 $(1,+\infty)$ 內是凹的;曲線的拐點為 $(0,1)$ 和 $(1,0)$.

例 2.50 判斷曲線 $y=1+(x+1)^{\frac{1}{3}}$ 的凹凸性及拐點.

解 函數的定義域為 $(-\infty,+\infty)$,則:

$$y'=\frac{1}{3\sqrt[3]{(x+1)^2}}, y''=-\frac{2}{9}\frac{1}{\sqrt[3]{(x+1)^5}}$$

沒有使 $y''=0$ 的點,在點 $x=-1$ 處函數 $y=1+(x+1)^{\frac{1}{3}}$ 是連續的,但 y' 及 y'' 皆不存在.

$x=-1$ 將定義域 $(-\infty,+\infty)$ 分成兩部分:$(-\infty,-1)$ 和 $(-1,+\infty)$.

$f(x)$ 的凹凸區間及拐點情況如表 $2-5$ 所示.

表 2－5

x	$(-\infty,-1)$	-1	$(-1,+\infty)$
y''	+	不存在	-
y	凹	拐點$(-1,1)$	凸

由此可知,在二階導數 $f''(x)$ 不存在的點 $x=-1$ 處,曲線 $y=f(x)$ 仍有可能出現拐點 $(-1,1)$.

2.5.4 閉區間上的連續函數的最值求解

函數的最值與極值是兩個完全不同的概念.極值是局部概念,在一個閉區間上可能會有多個數值不同的極大值或極小值;而最值就不同了,最值是一個整體概念,是指在整個討論區間上所有函數值的最大值與最小值.可以說,在所討論的區間內,極大值與極小值可能不止一個,但最大值與最小值都只能有一個.

根據閉區間上連續函數的性質可知:在閉區間 $[a,b]$ 上連續的函數 $f(x)$ 在該區間內一定存在最大值與最小值.顯然,函數 $f(x)$ 在 $[a,b]$ 上的最值可能在 (a,b) 內取得,也可能在區間的端點處取得.如果最值點在 (a,b) 內,那麼該點必然是極值點,即最值點可能是駐點或一階導數不存在的連續點.因此,我們求閉區間 $[a,b]$ 上的連續函數的最值可採用以下步驟:

(1) 求出函數 $f(x)$ 在 (a,b) 內所有的駐點和一階導數不存在的連續點;

(2) 求出這些點以及區間端點處的函數值;

(3) 比較上述函數值的大小,從而求出函數的最大值與最小值.

例 2.51 求函數 $f(x)=2x^3+3x^2-12x+10$ 在 $[-3,4]$ 上的最值.

解 因為
$$f'(x) = 6x^2 + 6x - 12 = 6(x+2)(x-1)$$
令 $f'(x) = 0$ 得到兩個駐點：$x_1 = -2, x_2 = 1$. 函數沒有不可導的點. 由於
$$f(-3) = 19, f(-2) = 30, f(1) = 3, f(4) = 138$$
所以通過比較得知，函數在右端點 $x = 4$ 處有最大值 $f(4) = 138$，而在極值點 $x = 1$ 處有最小值 $f(1) = 3$.

習題 2.5

1. 確定下列函數的單調區間：
(1) $y = 2x^3 - 6x^2 - 18x - 7$;   (2) $y = 2x^2 - \ln x$.
2. 求下列函數的極值：
(1) $y = -x^4 + 2x^2$;   (2) $y = \dfrac{2x}{1+x^2}$;
(3) $y = x - \dfrac{3}{2}\sqrt[3]{x^2}$;   (4) $y = \sin x + \cos x, x \in (0, 2\pi)$.
3. 求下列函數在所列區間上的最值：
(1) $y = x^4 - 4x^2 + 6, [-3, 3]$;   (2) $y = \ln(x^2 + 2), [-1, e]$;
4. 確定曲線的凹向與拐點：
(1) $y = 3x^2 - 2x^3$;   (2) $y = \ln(x^2 + 1)$;
(3) $y = 1 + x^{\frac{1}{3}}$;   (4) $y = x^4 - 2x^3 - 3$.

參考答案

§2.6　導數在經濟分析中的應用

隨著經濟學的發展，經濟學的研究用到了越來越多的數學知識，許多經濟學的理論、概念都與數學密切相關. 導數在經濟學的研究中有著深遠而廣泛的影響，運用導數可以對經濟活動中的實際問題進行最優化討論以及邊際分析和彈性分析，從而為企業經營者做出科學決策提供量化依據.

2.6.1　經濟函數的最優化分析

每一個企業家都會考慮用最低的成本獲取最高的利潤. 在經濟活動中，我們常常會遇

到求「產量最大」「用料最省」「成本最低」「效率最高」等問題.這類問題在數學上就是求最大值和最小值問題,簡稱最優化問題.這類問題在市場經濟中是廣泛存在的,用數學解決這類問題是非常有實用價值的.

如果在我們建立的經濟函數中,只求得一個有效的駐點或一階導數不存在的連續點,而問題的經濟意義又告訴我們所求最值是客觀存在的,那麼我們所得到的點往往就是所求的最值點.

例2.52(用料最省問題) 如果我們把易拉罐視為圓柱體,在不考慮美觀、各種加工成本的情況下,對體積為定數 A 的易拉罐,應如何設計會使用料最省,即使圓柱體的表面積最小?

解 設圓柱的高為 h,底圓半徑為 r,表面積為 S 則有:

$$A = \pi r^2 h$$

於是

$$h = \frac{A}{\pi r^2}$$

其表面積為:

$$S = 2\pi r^2 + 2\pi rh = 2\pi r^2 + \frac{2A}{r}$$

求導數得:

$$S' = 4\pi r - \frac{2A}{r^2}$$

令 $S' = 0$ 得唯一駐點:

$$r = \left(\frac{A}{2\pi}\right)^{\frac{1}{3}}$$

由於表面積的最小值是客觀存在的,所以當 $r = \left(\frac{A}{2\pi}\right)^{\frac{1}{3}}$ 時,S 有最小值,並且此時我們還能算出 $h = \frac{A}{\pi r^2} = 2 \times \left(\frac{A}{2\pi}\right)^{\frac{1}{3}} = 2r$,所以易拉罐的高設計成與底圓直徑相等時,整個圓柱體的用料最省.

例2.53(房屋租賃問題) 某房屋租賃公司有100套房屋出租,若每套房屋租金定為500元時能夠全部租出去,但是每套房屋的租金若增加20元就會有一套租不出去,並且每租出去一套房屋,租賃公司就要增加40元的管理費.問租金定為多少才能使租賃公司獲取最大利潤?

解 設出租的房屋租金為每套 p 元,則 $p \geq 500$.

據題意,出租的成本 $C(p)$ 為租出的房屋套數乘以每套的管理費,即:

$$C(p) = \left(100 - \frac{p - 500}{20}\right) \times 40 = 5,000 - 2p$$

於是收益函數為:

$$R(p) = \left(100 - \frac{p - 500}{20}\right) \times p = 125p - \frac{p^2}{20}$$

故利潤函數為：

$$L(p) = R(p) - C(p) = 127p - \frac{p^2}{20} - 5,000$$

求導數得：

$$L'(p) = 127 - \frac{p}{10}$$

令 $L'(p) = 127 - \frac{p}{10} = 0$ 得唯一駐點 $p = 1,270(元)$.

由於該實際問題的最大值確實客觀存在，因此利潤函數在 $p = 1,270(元)$ 時有最大值.所以當每套房屋的租金定為 1,270 元時，租賃公司能獲取最大利潤.

例2.54(薄利多銷模型) 某品牌童裝，若定價為每件 120 元，一週可售出 1,000 件.市場調查顯示，每件售價每降低 5 元，一週的銷量會增加 100 件.問每件售價定為多少元時，能使商家的周銷售額最大，最大的銷售額是多少？

解 銷售額最大，就是收益最大，故我們要建立的是總收益函數.

設在每件 120 元的基礎上降價 x 元，則一週的銷售量 q 為：

$$q = 1,000 + \frac{x}{5} \times 100 = 1,000 + 20x \quad (0 < x < 120)$$

而價格函數為：

$$p = 120 - x$$

因此總收益函數 $R(x)$ 為：

$$R(x) = (120 - x)(1,000 + 20x) = 20(6,000 + 70x - x^2)$$

令 $R'(x) = 20(70 - 2x) = 0$，故得 $x = 35$.

總收益函數 $R(x)$ 只有唯一的駐點，而該實際問題的最大值的確存在，

因此 $x = 35$ 就是最大值點，所以當售價定為 $p = 120 - 35 = 85(元/件)$ 時，商家的周銷售額最大，最大銷售額為：

$$R(35) = (120 - 35)(1,000 + 20 \times 35) = 85 \times 1,700 = 144,500(元)$$

2.6.2 邊際分析

邊際是經濟學中的一個重要概念，它通常是指經濟函數的變化率.在經濟學中，我們把經濟函數的導函數稱為邊際函數.對某個經濟問題的邊際分析，是通過對該經濟問題邊際情況的認識和研究，科學地指導其經濟活動.在這裡，我們僅就成本、收入與利潤進行比較詳細的分析，其他經濟函數則不多做敘述，有興趣的同學可查閱相關資料.

2.6.2.1 邊際成本

在經濟學中，我們把總成本函數 $C(q) = C_0 + C_1(q)$ 的導數

$$C'(q) = C'_1(q)$$

稱為邊際成本，記為 $MC = C'(q)$.其經濟意義為：當產量為 q 時，再生產一單位產品所增加的總成本數.

從上面的計算可以看出，邊際成本只與可變成本有關，因此，它直接反應出在產量為

q 時,再生產一個產品所增加的可變成本的多少.一般來說,如果邊際成本小於平均成本,那麼擴大再生產所得到的利潤將增加.因而進行邊際成本分析,有利於生產者對生產規模做出決策.

例 2.55 設某企業生產的產品的產量為 q(單位:噸)時,其總成本函數(單位:元)為:
$$C(q) = 1,000 + 7q + 50\sqrt{q}$$
(1) 求產量為 100 噸時的總成本與平均成本;
(2) 當產量從 100 噸增加到 225 噸時,求總成本的平均變化率;
(3) 當產量為 100 噸時,求邊際成本,並說明其經濟意義,同時對該企業的生產規模做出決策.

解 (1) 當產量為 100 噸時總成本為:
$$C(100) = 1,000 + 7 \times 100 + 50\sqrt{100} = 2,200(元)$$
平均成本為:
$$\overline{C}(100) = \frac{C(100)}{100} = 22(元/噸)$$
(2) 當產量從 100 噸增加到 225 噸時,總成本的平均變化率為:
$$\frac{\Delta C}{\Delta q} = \frac{C(225) - C(100)}{225 - 100} = \frac{3,325 - 2,200}{125} = 9(元/噸)$$
(3) 當產量為 $100t$ 時,總成本的變化率,即邊際成本為:
$$C'(100) = (1,000 + 7q + 50\sqrt{q})' \big|_{q=100} = \left(7 + \frac{25}{\sqrt{q}}\right)\bigg|_{q=100} = 9.5(元)$$

其經濟意義是:當產量為 100 噸時,再多生產一噸所增加的成本為 9.5 元.由於此時的邊際成本小於平均成本,所以企業的規模可以再擴大,增加產量以獲得更多的利潤.

2.6.2.2 邊際收益

在經濟學中,我們把總收益函數 $R(q) = q \cdot P(q)$(其中 q 為銷量,$P(q)$ 為價格函數)的導數 $R'(q)$ 稱為邊際收益,記為 $MR = R'(q)$.其經濟意義為:在銷量為 q 時,再多銷售一單位產品所增加的總收入.

例 2.56 某企業對其生產的產品進行了大量的統計分析後,得出需求函數:
$$q = 100 - 5p$$
其中 p 為價格,q 為銷量.試求當銷量 q 分別為 20、50 和 70 單位時的邊際收益,並說明其經濟意義.

解 先由需求函數 $q = 100 - 5p$ 求出價格函數為:
$$p = \frac{1}{5}(100 - q)$$
於是收益函數為:
$$R(q) = \frac{1}{5}(100 - q)q$$
邊際收益函數為:

$$R'(q) = \frac{1}{5}(100 - 2q)$$

故
$$R'(20) = 12, R'(50) = 0, R'(70) = -8$$

其經濟意義是:當銷量為 20 單位時,再多銷售一單位產品,總收入約增加 12 單位;當銷量為 50 單位時,再增加銷售,總收入也不會再增加;當銷售量為 70 單位時,再多銷售一單位產品,反而會使總收入減少約 8 單位.

2.6.2.3 邊際利潤

在經濟學中,我們把總利潤函數 $L(q) = R(q) - C(q)$ 的導數,
$$L'(q) = R'(q) - C'(q)$$
稱為邊際利潤,記為 $ML = L'(q)$.其經濟意義為:在銷量(或產量)為 q 時,再多銷售(或生產)一單位產品所增加(或減少)的總利潤.

顯然,邊際利潤等於邊際收入減去邊際成本.

例 2.57 某工廠對其生產的某產品進行市場調查後,得需求函數為:
$$q = 200 - 2p$$
其中 p 為價格,q 為產量,而工廠生產該產品的總成本函數為 $C(q) = 500 + 20q$.試求該工廠的產量分別為 50、80、100 單位時的邊際利潤,並說明其經濟意義.

解 據題意可得總利潤函數為:
$$L(q) = R(q) - C(q) = q \cdot P(q) - C(q) = 80q - \frac{1}{2}q^2 - 500$$

因此邊際利潤為 $L'(q) = 80 - q$.於是:
$$L'(50) = 30, L'(80) = 0, L'(100) = -20$$

其經濟意義是:$L'(50) = 30$ 表示當產量已達到 50 單位時,再生產一單位產品,總利潤將增加 30 單位;$L'(80) = 0$ 表示當產量已達到 80 單位時,再生產一單位產品,總利潤將不再增加;$L'(100) = -20$ 表示當產量已達到 100 單位時,再生產一單位產品,總利潤將減少 20 單位.

2.6.3 彈性分析

彈性是經濟學中另一個重要的概念.彈性分析是經濟活動中常用的一種方法,是對價格的相對變化引起需求量相對變化的大小的分析,從而找到生產、供給、需求之間的關係,使生產者或行銷者獲得最佳效益.

函數 $f(x)$ 在點 x 處的彈性 $\frac{Ef}{Ex} = f'(x) \cdot \frac{x}{f(x)}$ 反應了隨著 x 的變化,$f(x)$ 變化幅度的大小,也就是 $f(x)$ 對 x 變化反應的靈敏度,即當 x 產生 1% 的改變時,$f(x)$ 近似地改變 $\frac{Ef}{Ex}$%.在應用問題中解釋彈性的經濟意義時,我們經常會略去「近似」二字.

2.6.3.1 需求彈性

在彈性分析中比較常見的就是**需求彈性**,為此我們將對需求彈性給出比較詳細的

分析.

設某商品的需求函數為 $Q = Q(p)$，則需求彈性為：
$$\eta_p = Q'(p) \cdot \frac{p}{Q(p)}$$

需求彈性 η_p 表示某種商品的需求量 Q 對價格 p 的變化的敏感程度.因為需求函數是一個遞減函數，所以需求彈性一般都為負值.其經濟意義為：當某種商品的價格下降(或上漲)1%，其市場需求量將增加(或減少) η_p%．

(1) 當 $|\eta_p| = 1$ 時，稱為單位彈性，即商品需求量的相對變化與價格的相對變化基本相等，此價格是最優價格．

(2) 當 $|\eta_p| > 1$ 時，稱為高彈性(也叫富有彈性).此時，商品需求量的相對變化大於價格的相對變化，價格的變動對需求量的影響較大.商家在這種時候，往往會適當降價使需求量有較大幅度的上升，從而增加收入．

(3) 當 $|\eta_p| < 1$ 時，稱為低彈性(也叫缺乏彈性)，即商品需求量的相對變化小於價格的相對變化.此時價格的變化對需求量的影響較小，適當的漲價，不會使需求量有太大的下降，收入也可增加.

需求彈性的大小反應了價格變化對市場需求量的影響程度.在市場經濟中，企業經營者關心的是商品漲價(或降價)對總收入的影響程度.因此，利用彈性分析瞭解市場變化，制定行之有效的行銷策略，是生產者與商家的必行之道．

例 2.58 設某商品的需求函數為 $Q = 75 - p^2$，求價格 $p = 3$ 和 $p = 6$ 時的需求彈性，並解釋其經濟意義．

解 需求彈性為：
$$\eta_p = p\frac{Q'(p)}{Q(p)} = \frac{-2p^2}{75 - p^2}$$

(1) 當 $p = 3$ 時，$\eta_{p=3} = \frac{-2 \times 3^2}{75 - 3^2} = \frac{-18}{66} \approx -0.27.$

其經濟意義為：該商品在價格為 3 的基礎上若漲價(或降價)1%，則需求量會在 66 的基礎上減少(或增加) 約 0.27%.此時為低彈性(即缺乏彈性)，商家可適當漲價以增加收益．

(2) 當 $p = 6$ 時，$\eta_{p=6} = \frac{-2 \times 6^2}{75 - 6^2} = \frac{-72}{39} \approx -1.85.$

其經濟意義為：該商品在價格為 6 的基礎上若漲價(或降價)1%，則需求量會在 39 的基礎上減少(或增加) 約 1.85%.此時為高彈性(即富有彈性)，商家可通過適當降價使需求量有較大幅度的上升，從而增加收益．

2.6.3.2 邊際收益、需求函數與需求彈性的關係

設某商品的需求函數為 $Q = Q(p)$，p 為商品的價格，則相對於價格的收益函數為：
$$R(p) = p \cdot Q(p)$$

則有：
$$R'(p) = Q(p) + p \cdot Q'(p) = Q(p)\left(1 + Q'(p)\frac{p}{Q(p)}\right)$$

即：
$$R'(p) = Q(p)(1 + \eta_p)$$

這就是邊際收益、需求函數與需求彈性的關係.我們通過這個關係式不難看出,當需求彈性 $\eta_p = -1$ 時(即 $|\eta_p| = 1$),商家能達到最大收益.

例 2.59 設某產品的需求函數為 $Q = Q(p)$,其對應價格 p(單位:元) 的彈性 $\eta_p = -0.3$,則當需求量為 10,000 件時,價格增加 1 元會使產品的收益增加多少元?

解 利用邊際收益、需求函數與需求彈性的關係式可得:
$$R'(p) = Q(p)(1 + \eta_p) = 10,000(1 - 0.3) = 7,000(元)$$

所以在價格為 p 元的基礎上,價格再增加 1 元會使產品的收益增加 7,000 元.

習題 2.6

1. 某設備公司有 50 套設備要出租,當租金定為每月每套 180 元時,設備可以全部租出去;當租金每月每套提高 10 元,租不出去的設備就會增加一套.若已租出的設備每月每套整修維護費為 20 元,問租金定價多少時,該設備公司可獲取最大月收入?

2. 某商家以每臺 350 元的價格每週可售出唱機 200 臺,市場調查指出,當價格每降低 10 元時,一週的銷售量可增加 20 臺,求出價格函數和收益函數.此外,商家若要達到最大收益,應把價格降低多少元?

3. 設某產品的產量為 Q 千克時的總成本為 $C(Q) = 200 + 2Q + 6\sqrt{Q}$(元),當產量為 100 千克時,求總成本、平均成本、邊際成本,並說明其經濟意義.

4. 某企業的成本函數和收益函數分別為:
$$C(Q) = 1,000 + 5Q + \frac{Q^2}{10}, R(Q) = 200Q + \frac{Q^2}{20}$$

求:

(1) 生產並銷售了 25 單位產品時的邊際利潤,並說明其經濟意義.

(2) 生產多少單位產品時,企業可獲得最大利潤?

5. 某廠生產某種商品,每天生產 Q 單位,可變成本為 $80Q + 0.4Q^2$ 元,若固定成本為每天 1,000 元,求:(1) 平均成本函數;(2) 邊際成本函數;(3) 每天生產該商品多少單位,可使平均成本最低?

6. 商場在對某商品的銷售市場進行統計分析後,得出其需求函數為 $Q(P) = 45 - P^2$,其中 P 為價格,Q 為銷量.

(1) 求當價格分別為 $P = 3$ 與 $P = 5$ 時的需求彈性,並說明其經濟意義.

(2) 當價格分別為 $P = 3$ 與 $P = 5$ 時,若價格上漲 1%,總收益將如何變化,變化率為多少?

(3) 當價格 P 為多少時,該商場的總收益最大?

參考答案

復習題二

一、單選題

1. 已知 $f'(3) = 2$，則 $\lim\limits_{x \to 3} \dfrac{f(x) - f(3)}{x - 3} = ($ $)$.

   A. 3   B. -3

   C. 2   D. -2

2. 下列函數中在 $x = 1$ 處連續但不可導的函數是(   ).

   A. $y = \dfrac{3}{x - 1}$ B. $y = |x - 1|$

   C. $y = \ln(x^2 - 1)$ D. $y = x^2 - 1$

3. 設 $y = \log_2 3x$，則 $\mathrm{d}y = ($ $)$.

   A. $\dfrac{1}{3x}\ln 2\,\mathrm{d}x$ B. $\dfrac{1}{x\ln 2}\mathrm{d}x$

   C. $\dfrac{1}{3x\ln 2}\mathrm{d}x$ D. $\dfrac{1}{x}\ln 2\,\mathrm{d}x$

4. 曲線 $y = \dfrac{3}{2}x^2 + 1$ 在點 M 處的切線平行於直線 $y = -3x + 1$，則點 M 的坐標是(   ).

   A. $\left(-1, \dfrac{5}{2}\right)$ B. $\left(1, \dfrac{5}{2}\right)$

   C. $(0, 1)$ D. $\left(-\dfrac{4}{3}, \dfrac{11}{3}\right)$

5. 下列結論正確的是(   ).

   A. 若 x_0 為 $f(x)$ 的極值點，且 $f'(x)$ 存在，則必有 $f'(x_0) = 0$

   B. 若 x_0 為 $f(x)$ 的極值點，則必有 $f'(x_0) = 0$

   C. 若 $f'(x_0) = 0$，則點 x_0 必是 $f(x)$ 的極值點

   D. 函數 $f(x)$ 在區間 (a, b) 內的極大值一定大於極小值

6. 設函數 $y = \dfrac{\ln x}{x}$，則下列結論正確的是(   ).

A. 在$(e,+\infty)$內單調增加 B. 在$(0,+\infty)$內單調減少
C. 在$(0,e)$內單調增加 D. 在$(0,e)$內單調減少

7. 若某函數$f(x)$的$f'(x)<0$,$f''(x)>0$,則該函數曲線( ).
A. 凹降 B. 凹增
C. 凸降 D. 凸增

8. 某商品的需求函數為$Q=80-3p$,當銷量為40單位時,再多銷售一單位商品,總收入約增加( )單位.
A. 0 B. 1
C. 10 D. 20

9. 已知需求函數為$Q=\dfrac{20}{3}-\dfrac{2}{3}P(P$為價格$)$,則邊際收益函數是( ).
A. $10+3Q$ B. $10-3Q$
C. $10+Q$ D. $10-Q$

10. 下列函數的彈性與x無關的是( ).
A. $y=\left(\dfrac{1}{2}\right)^x$ B. $y=\lg x$
C. $y=x^\alpha$ D. $3-2x$

二、填空題

1. 一物體的運動方程$s(t)=t^3+20t$,則該物體在時刻$t=2$的瞬時速度為_____.
2. $(x^3+\cos\dfrac{\pi}{4})'=$_____.
3. 如果$f(x)$在點x_0可導,則在該點處$\lim\limits_{\Delta x\to 0}\Delta y=$_____.
4. 當$x=2$時,函數$y=x^3+px+q$達到極小值,則$p=$_____.
5. 設函數$f(x)$的定義域為R且$f''(x)=2x-3$,則該函數曲線的凸區間是_____,凹區間是_____.
6. 設$f(x)=(e^x-1)(e^{2x}-2)(e^{3x}-3)\cdots(e^{2,018x}-2,018)$,則$f'(0)=$_____.
7. 用微分近似計算公式求得$e^{0.05}\approx$_____.
8. 函數$y=x+2\cos x$在區間$[0,\dfrac{\pi}{2}]$上的最大值為_____.
9. 若曲線$y=(\alpha x-b)^3(\alpha\neq 0)$在點$(1,(a-b)^3)$處有拐點,則$a$與$b$應滿足關係_____.
10. 設需求函數$Q=ae^{bp}(a,b$均為常數$)$,則需求彈性值$\eta_p=$_____.

三、計算題

1. 討論函數$f(x)\begin{cases}1, & x\leq 0 \\ 2x+1, & 0<x\leq 1 \\ x^2+2, & 1<x\leq 2 \\ x, & x>2\end{cases}$分別在分段點$x=0,x=1,x=2$處的連續性與

可導性.

2. 求下列函數的導數與微分：

(1) $y = (2x + 3)^4$, 求 y'；

(2) $y = \sqrt{x + \ln^2 x}$, 求 $y'(1)$；

(3) $y = xe^x$, 求 y'' 及 $y''(0)$；

(4) $y = e^{-2x}\tan x$, 求 dy.

3. 確定下列函數的單調區間：

(1) $y = \dfrac{2x}{1 + x^2}$；

(2) $y = e^x - x$.

4. 求下列函數的極值：

(1) $y = x^2 e^{-x}$；

(2) $y = 2 - (x + 1)^{\frac{2}{3}}$.

5. 確定下列曲線的凹向與拐點：

(1) $y = (x - 1)^{\frac{5}{3}}$；

(2) $y = xe^{-x}$.

四、應用題

1. 設某廠家打算生產一批產品投放市場,已知該商品的需求函數為 $P(Q) = 10e^{-\frac{Q}{2}}$, 且最大需求量為 6,其中 Q 表示需求量,P 表示價格.

(1) 求該商品的收益函數和邊際收益函數；

(2) 求使收益最大時的產量、最大收益及相應的價格.

2. 某市公共汽車公司舉辦市內觀光旅遊活動,每人一張票.若票價為 40 元,則一週遊客約為 1,000 人；若每張票降價 10 元,則一週遊客約增加 400 人,即遊客人數 x 與票價 p 呈線性關係.試求：

(1) 為了使得一週的收益最大,票價應該定為多少？

(2) 若舉辦此項觀光旅遊的一週成本(單位:元) 為 $C(x) = 20,000 + 10x$, 為了使一週的利潤最大,票價應該定為多少？

3. 某產品的平均成本 $\bar{C}(Q) = 2$, 價格函數為 $P(Q) = 20 - 4Q$, Q 為產品數量,國家向企業每件產品徵稅 t 元(但在企業投產初期,為鼓勵企業生產,國家往往會對企業免徵稅).試求：

(1) 企業未納稅時要生產多少產品,才會使利潤最大；

(2) 企業納稅後要生產多少產品,才會使利潤最大；

(3) 在企業獲得稅後最大利潤的情況下,t 為何值時才能使得總稅收最大.

參考答案

【人文數學】

數學家牛頓簡介

牛頓(Newton, 1642—1727), 17 世紀英國最偉大的科學家之一, 是近代科學的象徵. 牛頓在數學上的成果主要有以下四個方面: 發現二項式定理; 創建微積分; 引進極坐標, 發展三次曲線理論; 推進方程論, 開拓變分法.

牛頓於 1642 年的聖誕節出生於英格蘭林肯郡伍爾斯索普村. 父親在他出生前 3 個月就去世了, 母親改嫁後他只得由外祖母和舅舅撫養. 幼年的牛頓, 學習平平, 但卻非常喜歡手工製作. 同時他還在繪畫方面有著非凡的才華.

牛頓 12 歲開始上中學, 這時他的愛好由手工製作轉變為機械小製作. 他從小製作中體會到學好功課, 特別是學好數學, 對動手做好製作大有益處. 於是牛頓在學習中加倍努力, 進步很大.

牛頓 15 歲時, 由於家庭原因, 被迫輟學務農. 非常渴求知識的牛頓, 仍然抓緊一切時間學習. 牛頓這種勤奮好學的精神感動了他的舅舅, 最後在舅舅的資助下又回到學校復讀.

1661 年, 牛頓考入了著名的劍橋大學. 在學習期間, 牛頓的第一任教授伊薩克·巴魯獨具慧眼, 發現了牛頓具有很強的觀察力和理解力, 於是將自己掌握的數學知識傳授給了牛頓, 並把他引向近代自然科學的研究. 1664 年, 牛頓經考試被選為巴魯的助手. 1665 年, 牛頓大學畢業, 獲得學士學位. 在他正準備留校繼續深造的時候, 嚴重的鼠疫席捲英國, 劍橋大學被迫停學了. 牛頓兩次回到故鄉避災, 而這恰恰是牛頓一生中最重要的轉折點. 牛頓在家鄉安靜的環境裡, 專心致志地思考數學、物理學和天文學問題, 思想的火山終於爆發了. 短短 18 個月, 他就提出了流數術(微積分)、萬有引力定律和光學分析的基本思想. 牛頓於 1684 年通過計算徹底解決了 1666 年發現的萬有引力. 1687 年, 牛頓完成了人類科學史上少有的科學巨著《自然哲學的數學原理》, 用數學方法建立起完整的經典力學體系, 轟動了全世界.

牛頓的數學貢獻, 最突出的有三項, 即作為特殊形式的微積分的「流數術」、二項式定理及「廣義的算術」(代數學).

牛頓為了解決運動問題, 創立了一種和物理概念直接聯繫的數學理論, 即牛頓稱之為「流數術」的理論, 這實際上就是微積分理論. 牛頓在 1665 年 5 月 20 日的一份手稿中提到「流數術」, 因此牛頓始創微積分的時間比現代微積分的創始人德國數學家萊布尼茨大約早 10 年, 但從正式公開發表的時間上來說牛頓卻比萊布尼茨要晚. 事實上, 他們二人是各自獨立地建立了微積分, 只不過牛頓的「流數術」還存在著一些缺陷.

牛頓開始對二項式進行研究是在他從劍橋大學回故鄉避鼠疫的前夕. 他在前人瓦里士的基礎上進一步明確了負指數的含義. 牛頓研究得出的二項式級數展開式是研究級數論、函數論、數學分析、方程理論的有力工具. 《廣義算術》則總結了符號代數學的成果, 推動了初等數學的進一步發展. 這本書關於方程論也有些突出的見解, 其中比較著名的是「牛頓冪和公式」.

牛頓的數學貢獻還遠不止這些. 他在解析幾何中的成就也是令人矚目的. 他的「一般

曲線直徑」理論,引起瞭解析幾何界的廣泛重視.

　　牛頓在其他科學領域的研究,毫不遜色於他在數學上的貢獻.牛頓曾經說過:我不過就像是一個在海邊玩耍的小孩,會為不時發現的比尋常石頭更為光滑的一塊卵石或比尋常貝殼更為美麗的一個貝殼而沾沾自喜,而對於展現在我面前的浩瀚的真理海洋,卻全然沒有發現.我們從這裡可以看出一代偉人的謙虛美德.這些美德和他的成就,都值得後人去繼承,去學習.

第三章
積分學及其應用

前面我們學習了一元函數微分學及其應用,本章我們來學習微積分的另一個重要的組成部分積分學及其應用.在一元函數積分學中,有兩個基本概念,即不定積分與定積分.真正能在實踐中解決具體問題的是定積分,所以它在幾何、物理、經濟學等各學科中都有廣泛的應用.定積分和不定積分的概念從表面上看似乎並不相同,但它們之間卻有著密切的內在聯繫,並且定積分的計算主要是通過不定積分來完成的,這也正是牛頓、萊布尼茨的功勞.

在本章中,我們將主要學習不定積分的相關概念和計算,定積分的計算方法以及在幾何、經濟學中的各種應用.

§3.1 不定積分的概念及性質

3.1.1 不定積分的概念

3.1.1.1 原函數的概念

前面為了在物體運動方程 $s = s(t)$ 已知的情形下求得物體的運動速度,我們引入了導數這一概念.現在,若運動物體的速度 $v = v(t)$ 已知,即 $v = s'(t)$ 已知,要求得物體的運動方程 $s = s(t)$.這是與求導數相反的問題.類似地,若已知某產品的邊際成本 $MC = C'(q)$,要求得總成本函數 $C = C(q)$,這也是一個與求導數相反的問題.

一般地,已知某函數的導數 $F'(x) = f(x)$,要求函數 $F(x)$,這就是我們要學的原函數和不定積分問題,於是我們引入定義 3.1.

定義 3.1 設函數 $f(x)$ 是定義在某區間的已知函數,若存在一個函數 $F(x)$,使得對於該區間的任意點 x 都滿足

$$F'(x) = f(x) \quad \text{或} \quad \mathrm{d}F(x) = f(x)\mathrm{d}x$$

則稱 $F(x)$ 為 $f(x)$ 在該區間上的一個原函數.

從原函數的定義不難看出,若一個函數是另一個函數在某區間上的原函數,那它必須在此區間上可導.

例如,由 $(x^2)' = 2x$ 可知,x^2 是 $2x$ 的一個原函數;由 $(x^2 + 1)' = 2x$ 可知,$x^2 + 1$ 也是 $2x$

的一個原函數.

由此可見,一個函數 $f(x)$ 的原函數並不是唯一的.事實上,由於任意常數 C 的導數為零,因此,$x^2 + C$ 應該都是 $2x$ 的原函數.

一般地,若一個函數存在原函數,那麼,它的不同原函數之間有何關係呢?

定理3.1 若 $F(x)$、$G(x)$ 都是 $f(x)$ 的一個原函數,則 $F(x)$ 與 $G(x)$ 之間只相差一個常數,即:

$$G(x) = F(x) + C \,(C 為任意常數)$$

定理3.1 表明,若 $F(x)$ 是 $f(x)$ 的一個原函數,則函數 $f(x)$ 的全體原函數可以表示為:

$$F(x) + C \,(C 為任意常數)$$

顯然,$F(x) + C$ 是 $f(x)$ 的原函數的一般表達式.為方便地表示 $f(x)$ 的全體原函數,我們引入不定積分的概念.

3.1.1.2 不定積分的概念

定義3.2 設 $F(x)$ 是 $f(x)$ 的一個原函數,則 $f(x)$ 的**全體原函數** $F(x) + C$ 稱為 $f(x)$ 的**不定積分**,記作:

$$\int f(x)\,\mathrm{d}x = F(x) + C \,(其中\ F'(x) = f(x))$$

上式中的「$\int$」稱為積分號,x 稱為積分變量,$f(x)$ 稱為被積函數,$f(x)\mathrm{d}x$ 稱為被積表達式,C 稱為積分常數.

因此,求一個函數的不定積分,就歸結為求它的某一個原函數,再加上一個任意常數 C.切記要「$+ C$」,否則求出的只是 $f(x)$ 的一個原函數,而不是 $f(x)$ 的全體原函數(即不定積分).

通常我們把一個原函數 $F(x)$ 的圖像稱為 $f(x)$ 的一條積分曲線,其方程為 $y = F(x)$. 因此,不定積分 $\int f(x)\mathrm{d}x$ 在幾何上就表示全體積分曲線所組成的曲線族(見圖 3-1).它們的方程是 $y = F(x) + C$.

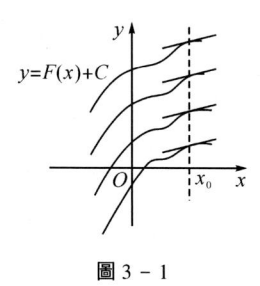

圖 3-1

例3.1 求下列不定積分:

(1) $\int \dfrac{1}{1 + x^2}\mathrm{d}x$; (2) $\int \cos x\,\mathrm{d}x$; (3) $\int \dfrac{1}{x}\mathrm{d}x$.

解 (1) 因為

$$(\arctan x)' = \frac{1}{1+x^2}$$

所以
$$\int \frac{1}{1+x^2} dx = \arctan x + C$$

(2) 因為
$$(\sin x)' = \cos x$$

所以
$$\int \cos x dx = \sin x + C$$

(3) 因為 $x > 0$ 時，$(\ln x)' = \frac{1}{x}$，$x < 0$ 時，$[\ln(-x)]' = \frac{-1}{-x} = \frac{1}{x}$，所以

$$\int \frac{1}{x} dx = \ln|x| + C$$

3.1.2 不定積分的性質

性質 3.1 (1) $\left[\int f(x) dx\right]' = f(x)$ 或 $d\int f(x) dx = f(x) dx$；

(2) $\int F'(x) dx = F(x) + C$ 或 $\int dF(x) = F(x) + C$.

性質 3.1 表明：不定積分的導數（或微分）等於被積函數（或被積表達式）．從這個性質中我們可以看到兩點：一是不定積分運算與求導數運算是互逆的；二是檢驗不定積分計算的結果是否正確，只需要對計算結果求導數，若導數結果可以還原成被積函數，則結果正確，否則結果就是錯誤的．

例 3.2 已知 x^2 是 $f(x)$ 的一個原函數，求函數 $f'(x)$．

解 依題意有：
$$\int f(x) dx = x^2 + C$$

所以
$$f(x) = (x^2 + C)' = 2x$$

故
$$f'(x) = 2$$

性質 3.2 $\int kf(x) dx = k\int f(x) dx (k$ 是常數且 $k \neq 0)$．

即：被積函數中不為零的常數因子可以提到積分號外面．

性質 3.3 $\int [f(x) \pm g(x)] dx = \int f(x) dx \pm \int g(x) dx$．

即：兩個函數和差的積分等於函數積分的和差．這個性質還可以推廣到任意有限多個函數代數和的情形．

性質 3.2 與性質 3.3 也可以稱為不定積分的運算性質．

3.1.3 不定積分的基本公式

因為求不定積分是求導數的逆運算，所以由基本初等函數的導數公式可以對應地得到不定積分的基本公式(見表 3 - 1).

表 3 - 1

基本初等函數導數公式	基本積分公式
(1) $(c)' = 0$	(1) $\int 0 dx = c$
(2) $(x^{\alpha+1})' = (\alpha+1)x^{\alpha}$	(2) $\int x^{\alpha} dx = \dfrac{1}{\alpha+1}x^{\alpha+1} + c \quad (\alpha \neq 1)$
(3) $(e^x)' = e^x$	(3) $\int e^x dx = e^x + c$
(4) $(a^x)' = a^x \ln a \quad (a > 0 且 a \neq 1)$	(4) $\int a^x dx = \dfrac{1}{\ln a} a^x + c \quad (a > 0 且 a \neq 1)$
(5) $(\ln|x|)' = \dfrac{1}{x} \quad (x \neq 0)$	(5) $\int \dfrac{1}{x} dx = \ln|x| + c \quad (x \neq 0)$
(6) $(\sin x)' = \cos x$	(6) $\int \cos x dx = \sin x + c$
(7) $(\cos x)' = -\sin x$	(7) $\int \sin x dx = -\cos x + c$
(8) $(\tan x)' = \sec^2 x$	(8) $\int \sec^2 x dx = \tan x + c$
(9) $(\cot x)' = -\csc^2 x$	(9) $\int \csc^2 x dx = -\cot x + c$
(10) $(\sec x)' = \sec x \tan x$	(10) $\int \sec x \tan x dx = \sec x + c$
(11) $(\csc x)' = -\csc x \cot x$	(11) $\int \csc x \cot x dx = -\csc x + c$
(12) $(\arcsin x)' = \dfrac{1}{\sqrt{1-x^2}}$	(12) $\int \dfrac{1}{\sqrt{1-x^2}} dx = \arcsin x + c$
(13) $(\arctan x)' = \dfrac{1}{1+x^2}$	(13) $\int \dfrac{1}{1+x^2} dx = \arctan x + c$

不定積分的基本公式還不止這些.下面我們將利用不定積分的性質和目前這些基本積分公式,來求一些簡單函數的不定積分.

例 3.3 求積分 $\int (e^x - 3\cos x) dx$.

解
$$\int (e^x - 3\cos x) dx = \int e^x dx - 3\int \cos x dx$$
$$= e^x + c_1 - 3\sin x + c_2$$
$$= e^x - 3\sin x + c \quad (其中 c = c_1 + c_2)$$

例 3.4 求積分 $\int \dfrac{1}{x^3\sqrt{x}}dx$.

解 把被積函數化為 x^μ 的形式,然後利用公式求解得:

$$\int \dfrac{1}{x^3\sqrt{x}}dx = \int x^{-3-\frac{1}{2}}dx$$

$$= \int x^{-\frac{7}{2}}dx$$

$$= \dfrac{1}{-\dfrac{7}{2}+1}x^{-\frac{7}{2}+1} + c$$

$$= -\dfrac{2}{5}x^{-\frac{5}{2}} + c$$

例 3.5 求積分 $\int \dfrac{x^4}{1+x^2}dx$.

解 $\int \dfrac{x^4}{1+x^2}dx = \int \dfrac{x^4-1+1}{1+x^2}dx = \int \dfrac{(x^2-1)(x^2+1)+1}{1+x^2}dx$

$$= \int (x^2-1+\dfrac{1}{1+x^2})dx = \int x^2 dx - \int dx + \int \dfrac{1}{1+x^2}dx$$

$$= \dfrac{1}{3}x^3 - x + \arctan x + c$$

例 3.6 求積分 $\int \cos^2\dfrac{x}{2}dx$.

解 $\int \cos^2\dfrac{x}{2}dx = \int \dfrac{1+\cos x}{2}dx$

$$= \dfrac{1}{2}\int dx + \dfrac{1}{2}\int \cos x dx$$

$$= \dfrac{1}{2}x + \dfrac{1}{2}\sin x + c$$

例 3.7 求積分 $\int 2^x e^x dx$.

解 $\int 2^x e^x dx = \int (2e)^x dx = \dfrac{1}{\ln 2e}(2e)^x + c$

$$= \dfrac{2^x e^x}{1+\ln 2} + c$$

注意:(1) 分項積分後,按理每個積分都有一個任意常數,但由於任意常數的和仍為任意常數,所以只要總的寫出一個任意常數即可.

(2) 要想檢驗結果是否正確,只要將結果求導,看它的導數是否等於被積函數即可.

習題 3.1

1. 填空題.

(1) $\int d(x^3 + 1) =$ ＿＿＿＿＿＿；

(2) $\int (\sqrt{x})' dx =$ ＿＿＿＿＿＿；

(3) 若 $\int f(x) dx = x^5 + \cos x + C$，則 $f(x) =$ ＿＿＿＿＿＿．

2. 求下列不定積分：

(1) $\int (2x + 3) dx$；

(2) $\int \sqrt{x}(x - 3) dx$；

(3) $\int \dfrac{x^2}{x^2 + 1} dx$；

(4) $\int \dfrac{1}{x^2(x^2 + 1)} dx$；

(5) $\int \dfrac{e^{2t} - 1}{e^t - 1} dt$；

(6) $\int \cot^2 x \, dx$；

(7) $\int \dfrac{\sin 2x}{\sin x} dx$；

(8) $\int \sec x (\sec x - \tan x) dx$．

3. 已知動點在時刻 t 的速度為 $v = 3t - 2$，且 $t = 0$ 時 $s = 5$，求此動點的運動方程.

4. 已知曲線 $y = f(x)$ 過原點，且在點 (x, y) 處的切線斜率為 $k = 4x + 1$，求該曲線方程.

參考答案

§3.2　不定積分的換元與分部積分法

利用不定積分的基本積分公式，只能求解一些簡單函數的積分. 我們注意到，由於積分運算缺少乘、除運算法則以及複合函數運算法則的支持，所以積分運算的難度要比求導運算難得多，即積分運算更強調公式與方法的運用. 下面我們就來介紹不定積分運算的兩種主要計算方法：換元積分法與分部積分法.

3.2.1　換元積分法

換元積分法的指導思想就是通過改變積分變量來研究不定積分的求法，在這裡我們要用到複合函數的求導法則和微分形式不變性，把複合函數的微分法反過來用於不定積

分的計算.換元積分法通常分為兩種形式,即第一類換元積分法和第二類換元積分法,然而不論是哪一類換元法,其根本都是變換積分變量.

3.2.1.1 第一類換元積分法(湊微分法)

首先,我們要認識到,對於每一個積分公式(或積分等式)

$$\int f(x)\mathrm{d}x = F(x) + C$$

都可以利用微分形式不變性推出一個相應的複合函數積分計算模型:

$$\int f(u)\mathrm{d}u = F(u) + C \quad (\text{其中 } u = u(x) \text{ 是 } x \text{ 的可微函數})$$

比如,我們知道 $\int \sin x \mathrm{d}x = -\cos x + C$,於是我們就有了一個關於正玄函數的複合函數積分計算模型:

$$\int \sin u \mathrm{d}u = -\cos u + C$$

有了這個計算模型,我們就能得到:

$$\int \sin 2x \mathrm{d}2x = -\cos 2x + C$$

$$\int \sin(\ln x)\mathrm{d}(\ln x) = -\cos(\ln x) + C$$

也就是說,利用一個可微的 u 函數來替代積分公式中的積分變量 x 後,其等式仍然成立,並能由此獲取一個複合函數的積分計算模型.意識到這一點,是我們學會積分計算的關鍵.因此,我們所給出的每一個積分計算公式以及我們所得到的每一個積分結果,其實都能由此推出一個相應的不定積分計算模型.

接下來的訓練就是我們如何來選定新的積分變量 u,並且用湊微分的技巧湊出 $\mathrm{d}u$,同時能夠找到一個相應的積分計算模型去計算複合函數的不定積分.

定理3.2(第一類換元積分法) 設 $f(u)$ 有原函數 $F(u)$,$u = u(x)$ 可導,則有換元積分公式:

$$\int f[u(x)] \cdot u'(x)\mathrm{d}x = \int f(u)\mathrm{d}u = F(u) + C$$

例3.8 求積分 $\int (1 + 2x)^{2.018}\mathrm{d}x$.

解 令 $u = 1 + 2x$,則被積函數變為 $(1 + 2x)^{2.018} = u^{2.018}$,現在只是缺少 $\mathrm{d}u$ 了.

因為 $\mathrm{d}u = \mathrm{d}(1 + 2x) = (1 + 2x)'\mathrm{d}x = 2\mathrm{d}x$,於是便有:

$$\int (1 + 2x)^{2.018}\mathrm{d}x = \frac{2}{2}\int (1 + 2x)^{2.018}\mathrm{d}x = \frac{1}{2}\int (1 + 2x)^{2.018}\mathrm{d}2x$$

$$= \frac{1}{2}\int (1 + 2x)^{2.018}\mathrm{d}(1 + 2x)$$

$$= \frac{1}{2} \cdot \frac{1}{2,019}(1 + 2x)^{2.019} + C$$

$$= \frac{1}{4,038}(1 + 2x)^{2.019} + C$$

本例用到的積分計算模型是：$\int u^\alpha du = \dfrac{1}{\alpha+1}u^{\alpha+1} + C(\alpha \neq -1)$.

例 3.9 求積分 $\int \tan x dx$.

解 $\int \tan x dx = \int \dfrac{\sin x}{\cos x} dx = -\int \dfrac{1}{\cos x} d\cos x = -\ln|\cos x| + C$

本例用到的積分計算模型是：$\int \dfrac{1}{u} du = \ln|u| + C$. 類似還可以得到：

$$\int \cot x dx = \int \dfrac{\cos x}{\sin x} dx = \int \dfrac{1}{\sin x} d\sin x = \ln|\sin x| + C$$

例 3.10 求積分 $\int \dfrac{1}{\sqrt{4-x^2}} dx$.

解 $\int \dfrac{1}{\sqrt{4-x^2}} dx = \int \dfrac{1}{2\sqrt{1-\left(\dfrac{x}{2}\right)^2}} dx = \int \dfrac{1}{\sqrt{1-\left(\dfrac{x}{2}\right)^2}} d\left(\dfrac{x}{2}\right)$

$$= \arcsin \dfrac{x}{2} + C$$

本例用到的積分計算模型是：$\int \dfrac{1}{\sqrt{1-u^2}} du = \arcsin u + C$. 通過本例我們還可以得到如下積分計算模型：

$$\int \dfrac{1}{\sqrt{a^2-u^2}} du = \arcsin \dfrac{u}{a} + C(a \neq 0)$$

例 3.11 求積分 $\int \dfrac{1}{\sqrt{4x-x^2}} dx$.

解 $\int \dfrac{1}{\sqrt{4x-x^2}} dx = \int \dfrac{1}{\sqrt{4-4+4x-x^2}} dx = \int \dfrac{1}{\sqrt{2^2-(x-2)^2}} dx$

$$= \int \dfrac{1}{\sqrt{2^2-(x-2)^2}} d(x-2) = \arcsin \dfrac{x-2}{2} + C$$

例 3.12 求積分 $\int \dfrac{1}{a^2+x^2} dx (a \neq 0)$.

解 $\int \dfrac{1}{a^2+x^2} dx = \dfrac{1}{a^2} \int \dfrac{1}{1+\left(\dfrac{x}{a}\right)^2} \cdot \dfrac{1}{a} dx = \dfrac{1}{a} \int \dfrac{1}{1+\left(\dfrac{x}{a}\right)^2} d\left(\dfrac{x}{a}\right)$

$$= \dfrac{1}{a} \arctan \dfrac{u}{a} + C(a \neq 0)$$

本例用到的積分計算模型是：$\int \dfrac{1}{1+u^2} du = \arctan u + C$.

例 3.13 求積分 $\int x e^{x^2} dx$.

解 因為 $d(x^2) = 2x dx$，所以 $x dx = \dfrac{1}{2} d(x^2)$.

參照基本積分公式(3)的相應積分計算模型有:
$$\int x e^{x^2} dx = \frac{1}{2} \int e^{x^2} d(x^2) = \frac{1}{2} e^{x^2} + C$$

從以上幾例可見,第一類換元積分法是一種非常有效的積分方法,其換元的主要手法就是湊微分,所以我們常把第一類換元積分法稱為**湊微分法**. 因此,把微分公式反過來用就顯得尤為重要.

下面介紹一些常會用到的湊微分的技巧.

(1) $d(u) = d(u + C)$ (其中 $u = u(x)$ 是任意可微函數,C 可以是任意常數);

(2) $dx = \frac{1}{a} d(ax) = \frac{1}{a} d(ax + b)$ (其中 a、b 可以是任意不為零的常數);

(3) $\frac{1}{\sqrt{x}} dx = 2d(\sqrt{x})$; (4) $\frac{1}{x} dx = d(\ln x)$;

(5) $x^{n-1} dx = \frac{1}{n} d(x^n)$; (6) $\sin x dx = -d(\cos x)$;

(7) $\cos x dx = d(\sin x)$; (8) $\sec^2 x dx = d(\tan x)$;

(9) $\csc^2 x dx = -d(\cot x)$; (10) $\sec x \tan x dx = d(\sec x)$;

(11) $\csc x \cot x dx = -d(\csc x)$; (12) $e^x dx = d(e^x)$;

(13) $e^{-x} dx = -d(e^{-x})$; (14) $e^{kx} dx = \frac{1}{k} d(e^{kx})$;

(15) $\frac{1}{\sqrt{1-x^2}} dx = d(\arcsin x) = -d(\arccos x)$;

(16) $\frac{1}{1+x^2} dx = d(\arctan x) = -d(\text{arccot} x)$.

例 3.14 求積分 $\int \frac{1 + \ln x}{x} dx$.

解 $\int \frac{1 + \ln x}{x} dx = \int (1 + \ln x) d(\ln x) = \int (1 + \ln x) d(1 + \ln x)$

$$= \frac{1}{2} (1 + \ln x)^2 + C$$

例 3.15 求積分 $\int \frac{1}{x^2 - a^2} dx (a \neq 0)$.

解 因為
$$\frac{1}{x^2 - a^2} = \frac{1}{(x-a)(x+a)} = \frac{1}{2a} \left(\frac{1}{x-a} - \frac{1}{x+a} \right)$$

所以
$$\int \frac{1}{x^2 - a^2} dx = \frac{1}{2a} \int \left(\frac{1}{x-a} - \frac{1}{x+a} \right) dx$$

$$= \frac{1}{2a} \left[\int \frac{1}{x-a} d(x-a) - \int \frac{1}{x+a} d(x+a) \right]$$

$$= \frac{1}{2a} (\ln|x-a| - \ln|x+a|) + C = \frac{1}{2a} \ln \left| \frac{x-a}{x+a} \right| + C$$

例 3.16 求積分 $\int \dfrac{1}{x(1+x^6)}dx$.

解 $\int \dfrac{1}{x(1+x^6)}dx = \int \dfrac{x^5}{x^6(1+x^6)}dx = \dfrac{1}{6}\int \dfrac{1}{x^6(1+x^6)}dx^6$

$$= \dfrac{1}{6}\int \left(\dfrac{1}{x^6} - \dfrac{1}{1+x^6}\right)dx^6 = \dfrac{1}{6}\left(\int \dfrac{1}{x^6}dx^6 - \int \dfrac{1}{1+x^6}d(1+x^6)\right)$$

$$= \dfrac{1}{6}[\ln x^6 - \ln(1+x^6)] + C = \dfrac{1}{6}\ln \dfrac{x^6}{1+x^6} + C$$

例 3.17 求積分 $\int \csc x\,dx$.

解 $\int \csc x\,dx = \int \dfrac{1}{\sin x}dx = \int \dfrac{1}{2\sin \dfrac{x}{2}\cos \dfrac{x}{2}}dx = \int \dfrac{1}{\tan \dfrac{x}{2}\cos^2 \dfrac{x}{2}}d\left(\dfrac{x}{2}\right)$

$$= \int \dfrac{1}{\tan \dfrac{x}{2}} \cdot \sec^2 \dfrac{x}{2}d\left(\dfrac{x}{2}\right) = \int \dfrac{1}{\tan \dfrac{x}{2}}d\left(\tan \dfrac{x}{2}\right) = \ln\left|\tan \dfrac{x}{2}\right| + C$$

由於

$$\tan \dfrac{x}{2} = \dfrac{\sin \dfrac{x}{2}}{\cos \dfrac{x}{2}} = \dfrac{2\sin^2 \dfrac{x}{2}}{2\sin \dfrac{x}{2}\cos \dfrac{x}{2}} = \dfrac{1-\cos x}{\sin x} = \csc x - \cot x$$

所以

$$\int \csc x\,dx = \ln|\csc x - \cot x| + C$$

同理可得：

$$\int \sec x\,dx = \ln|\sec x + \tan x| + C$$

3.2.1.2 第二類換元積分法

第一類換元積分法能解決許多複合函數不定積分的計算，其關鍵是根據具體的被積函數，進行適當的湊微分後，再依託於由某一個基本積分公式所得到的積分計算模型進行積分計算．但是，有一些被積函數是不容易湊微分的，因此就要嘗試做另外一種變量替換來改變被積表達式的結構，使之成為基本積分公式表中的某一個積分形式．這就產生了第二類換元積分法．

定理 3.3（第二類換元積分法）

設函數 $x = \varphi(t)$ 單調可導，且 $\varphi'(t) \neq 0$，$f[\varphi(t)]\varphi'(t)$ 的原函數 $F(t)$ 存在，則有換元積分公式：

$$\int f(x)dx \xrightarrow{\text{令 } x = \varphi(t)} \int f[\varphi(t)]\varphi'(t)dt = F(t) + C$$

在積分結束後要回代 $t = \varphi^{-1}(x)$．

第二類換元積分法在運用的過程中是非常靈活的，下面介紹其中的幾種代換技巧．

(1) 根式代換法．

在被積函數含有一次函數的根式時，為暫時讓根式消失，可直接設根式等於 t 進行變換，在求出對新變量 t 的原函數後，再代回原積分變量 x 得到所求的不定積分.

例 3.18 求積分 $\int \dfrac{1}{1-\sqrt{2x+1}} dx$.

解 設 $\sqrt{2x+1} = t$，則 $x = \dfrac{1}{2}(t^2-1)$，$dx = t\,dt$，可得：

$$\int \dfrac{1}{1-\sqrt{2x+1}} dx = \int \dfrac{1}{1-t} t\,dt = \int \dfrac{t-1+1}{1-t} dt$$

$$= -\int dt + \int \dfrac{1}{1-t} dt = -\int dt + \int \dfrac{1}{1-t} dt$$

$$= -t - \int \dfrac{1}{1-t} d(1-t) = -t - \ln|1-t| + C$$

$$= -\sqrt{2x+1} - \ln|1-\sqrt{2x+1}| + C$$

例 3.19 求積分 $\int \dfrac{1}{x+\sqrt[3]{x}} dx$.

解 設 $\sqrt[3]{x} = t$，則 $x = t^3$，$dx = 3t^2 dt$，可得：

$$\int \dfrac{1}{x+\sqrt[3]{x}} dx = \int \dfrac{1}{t^3+t} \cdot 3t^2 dt = 3\int \dfrac{t}{t^2+1} dt = \dfrac{3}{2}\int \dfrac{1}{t^2+1} d(t^2+1)$$

$$= \dfrac{3}{2}\ln|t^2+1| + C = \dfrac{3}{2}\ln\left|\sqrt[3]{x^2}+1\right| + C$$

(2) 轉移代換法.

例 3.20 求積分 $\int x^2(x+3)^{50} dx$.

解 在本例中，如果想要直接套用基本積分公式，就必須展開 50 次方的多項式，顯然這麼做非常麻煩，因此我們可用第二類換元積分的轉移代換法解決.

令 $x+3 = t$，則 $x = t-3$，$dx = dt$，可得：

$$\int x^2(x+3)^{50} dx = \int (t-3)^2 t^{50} dt = \int (t^2-6t+9)t^{50} dt$$

$$= \int (t^{52}-6t^{51}+9t^{50}) dt = \dfrac{1}{53}t^{53} - \dfrac{6}{52}t^{52} + \dfrac{9}{51}t^{51} + C$$

$$= \dfrac{1}{53}(x+3)^{53} - \dfrac{3}{26}(x+3)^{52} + \dfrac{3}{17}(x+3)^{51} + C$$

例 3.21 求積分 $\int \dfrac{x^2}{(x+1)^5} dx$.

解 令 $x+1 = t$，則 $x = t-1$，$dx = dt$，可得：

$$\int \dfrac{x^2}{(x+1)^5} dx = \int \dfrac{(t-1)^2}{t^5} dt = \int \dfrac{t^2-2t+1}{t^5} dt$$

$$= \int (t^{-3}-2t^{-4}+t^{-5}) dx = -\dfrac{1}{2}t^{-2} + \dfrac{2}{3}t^{-3} - \dfrac{1}{4}t^{-4} + C$$

$$= -\dfrac{1}{2}(x+1)^{-2} + \dfrac{2}{3}(x+1)^{-3} - \dfrac{1}{4}(x+1)^{-4} + C$$

(3) 倒代法.

例 3.22 求積分 $\int \dfrac{1}{x\sqrt{x^2-1}}\mathrm{d}x$.

解 令 $x = \dfrac{1}{t}$,則 $\mathrm{d}x = -\dfrac{1}{t^2}\mathrm{d}t$,可得:

$$\int \dfrac{1}{x\sqrt{x^2-1}}\mathrm{d}x = \int \dfrac{t}{\sqrt{\left(\dfrac{1}{t}\right)^2 - 1}}\left(-\dfrac{1}{t^2}\right)\mathrm{d}t$$

$$= -\int \dfrac{1}{\sqrt{1-t^2}}\mathrm{d}t$$

$$= \arccos t + C$$

$$= \arccos \dfrac{1}{x} + C$$

3.2.2 分部積分法

雖然說積分運算缺少乘法運算法則的支持,但是我們可以借助兩個函數的微分運算法則來推導積分運算的另一種基本方法 —— 分部積分法.

設 $u = u(x), v = v(x)$ 均是 x 的連續可微函數,則有如下微分運算法則:

$$\mathrm{d}[u(x)v(x)] = v(x)\mathrm{d}u(x) + u(x)\mathrm{d}v(x)$$

移項得:

$$u(x)\mathrm{d}v(x) = \mathrm{d}[u(x)v(x)] - v(x)\mathrm{d}u(x)$$

在這個等式兩邊同時求不定積分便可得到如下分部積分公式:

$$\int u(x)\mathrm{d}v(x) = u(x)v(x) - \int v(x)\mathrm{d}u(x)$$

分部積分法是不定積分的一種基本方法,它是通過分部積分公式,巧妙地把積分 $\int u(x)\mathrm{d}v(x)$ 的運算轉化成積分 $\int v(x)\mathrm{d}u(x)$ 的運算,而這種轉化有時可以起到「柳暗花明又一村」的效果.

例 3.23 求積分 $\int \ln x \mathrm{d}x$.

解 本例中,我們無法用換元積分法來運算,但如果設 $u(x) = \ln x, v = x$,則利用分部積分公式可得:

$$\int \ln x \mathrm{d}x = x\ln x - \int x \mathrm{d}(\ln x) = x\ln x - \int x(\ln x)'\mathrm{d}x$$

$$= x\ln x - \int x \dfrac{1}{x}\mathrm{d}x = x\ln x - \int \mathrm{d}x = x\ln x - x + C$$

從例 3.23 中我們可以看出,分部積分法的指導思想就是通過 u 函數與 v 函數的換位,然後對 u 函數求導數以達到改變原被積表達式的結構的目的,因此這個方法的**亮點**就是公式右邊的 $\mathrm{d}u(x) = u'(x)\mathrm{d}x$.為此,有時為了達到這個目的,我們還要用湊微分方法去湊出一個 v 函數.

例 3.24 求積分 $\int x^{15}\ln x\,dx$.

解 $\int x^{15}\ln x\,dx = \dfrac{1}{16}\int \ln x\,dx^{16} = \dfrac{1}{16}\left[x^{16}\ln x - \int x^{16}d(\ln x)\right]$

$\qquad = \dfrac{1}{16}(x^{16}\ln x - \int x^{16}\dfrac{1}{x}dx) = \dfrac{1}{16}(x^{16}\ln x - \int x^{15}dx)$

$\qquad = \dfrac{1}{16}(x^{16}\ln x - \dfrac{1}{16}x^{16}) + C = \dfrac{x^{16}}{16}(\ln x - \dfrac{1}{16}) + C$

通過例 3.24 我們可以體會到，湊 v 函數只是手段，而通過求導改變 u 函數的結構或使其更簡單才是目的.

例 3.25 求積分 $\int xe^x dx$.

解 $\int xe^x dx = \int x\,de^x = xe^x - \int e^x dx = xe^x - e^x + C$

例 3.26 求積分 $\int x^2\sin x\,dx$.

解 $\int x^2\sin x\,dx = -\int x^2 d\cos x = -(x^2\cos x - \int \cos x\,dx^2)$

$\qquad = -x^2\cos x + 2\int x\cos x\,dx = -x^2\cos x + 2\int x\,d\sin x$

$\qquad = -x^2\cos x + 2(x\sin x - \int \sin x\,dx)$

$\qquad = -x^2\cos x + 2x\sin x + 2\cos x + C$

例 3.27 求積分 $\int \arcsin x\,dx$.

解 同例 3.23 一樣，把積分變量 x 看成 v 函數，可得：

$$\int \arcsin x\,dx = x\arcsin x - \int x\,d(\arcsin x)$$

$$= x\arcsin x - \int \dfrac{x}{\sqrt{1-x^2}}dx$$

$$= x\arcsin x + \dfrac{1}{2}\int \dfrac{1}{\sqrt{1-x^2}}d(1-x^2)$$

$$= x\arcsin x + \sqrt{1-x^2} + C$$

同理我們還可以求出：

$$\int \arccos x\,dx = x\arccos x - \sqrt{1-x^2} + C$$

$$\int \arctan x\,dx = x\arctan x - \dfrac{1}{2}\ln(1+x^2) + C$$

$$\int \text{arccot}\,x\,dx = x\,\text{arccot}\,x + \dfrac{1}{2}\ln(1+x^2) + C$$

通過以上各例可以看到，由於分部積分法是通過求導數來改變 u 函數的結構或使其更簡單，所以我們必須對基本初等函數的導數公式要有一個更深層次的認識，即哪些函數可以通過求導數改變其函數的結構或使其更簡單，而哪些函數根本做不到這點. 顯然，

前者更適合選為 u 函數.為此,我們總結如下:

更適合選為 u 函數的有:對數函數、反三角函數、幂函數(當指數大於零時).而指數函數、三角函數以及幂函數(當指數小於零時)湊微分比較方便,更適合用來湊成 v 函數.

在積分的計算中,往往需要兼用換元積分法與分部積分法,這也是我們計算積分時常用的兩種主要的方法.

例 3.28 求積分 $\int e^{\sqrt{x}} dx$.

解 令 $\sqrt{x} = t$,則 $x = t^2$,$dx = 2tdt$,可得:

$$\int e^{\sqrt{x}} dx = 2\int te^t dt = 2\int t de^t = 2(te^t - \int e^t dt)$$

$$= 2(te^t - e^t) + C = 2(\sqrt{x} - 1)e^{\sqrt{x}} + C$$

最後給大家介紹分部積分法中的一種常用技巧——還原法.有些不定積分在求解過程中,經過若干次分部後會還原成所求的不定積分,這樣我們就能獲取所求不定積分滿足的一個簡單方程,然後通過方程求解所要計算的不定積分,這就是還原法.

例 3.29 求積分 $\int e^x \sin x dx$.

解 因為

$$\int e^x \sin x dx = \int \sin x de^x = e^x \sin x - \int e^x d\sin x$$

$$= e^x \sin x - \int e^x \cos x dx$$

$$= e^x \sin x - \int \cos x de^x$$

$$= e^x \sin x - [e^x \cos x - \int e^x(-\sin x) dx]$$

$$= e^x(\sin x - \cos x) - \int e^x \sin x dx$$

所以

$$\int e^x \sin x dx = \frac{1}{2} e^x(\sin x - \cos x) + C$$

例 3.30 求積分 $\int \sec^3 x dx$.

解 因為

$$\int \sec^3 x dx = \int \sec x \sec^2 x dx = \int \sec x d\tan x$$

$$= \sec x \tan x - \int \tan x \sec x \tan x dx$$

$$= \sec x \tan x - \int \tan^2 x \sec x dx$$

$$= \sec x \tan x - \int (\sec^2 x - 1) \sec x dx$$

$$= \sec x \tan x - \int \sec^3 x dx + \int \sec x dx$$

所以,我們通過移項後再合併同類項便可得到:

$$\int \sec^3 x dx = \frac{1}{2}(\sec x \tan x + \int \sec x dx)$$
$$= \frac{1}{2}(\sec x \tan x + \ln|\sec x + \tan x|) + C$$

在本節例題中我們還可以得到如下基本積分公式：

(14) $\int \tan x dx = -\ln|\cos x| + C$；

(15) $\int \cot x dx = \ln|\sin x| + C$；

(16) $\int \sec x dx = \ln|\sec x + \tan x| + C$；

(17) $\int \csc x dx = \ln|\csc x - \cot x| + C$；

(18) $\int \frac{1}{x^2 + a^2} dx = \frac{1}{a}\arctan \frac{x}{a} + C (a \neq 0)$；

(19) $\int \frac{1}{x^2 - a^2} dx = \frac{1}{2a}\ln\left|\frac{x-a}{x+a}\right| + C (a \neq 0)$；

(20) $\int \frac{1}{\sqrt{a^2 - x^2}} dx = \arcsin \frac{x}{a} + C (a \neq 0)$；

(21) $\int \ln x dx = x\ln x - x + C$；

(22) $\int \arcsin x dx = x\arcsin x + \sqrt{1 - x^2} + C$；

(23) $\int \arccos x dx = x\arccos x - \sqrt{1 - x^2} + C$；

(24) $\int \arctan x dx = x\arctan x - \frac{1}{2}\ln(1 + x^2) + C$；

(25) $\int \text{arccot} x dx = x\text{arccot} x + \frac{1}{2}\ln(1 + x^2) + C$.

3.2.3 不定積分的應用

例3.31 設某產品產量為Q時，其邊際成本為$C'(Q) = 2Q + 6$(千元／單位)，且已知生產的固定成本為9(千元)，求生產成本$C(Q)$.

解 據題意可知：
$$C(Q) = \int C'(Q) dQ = \int (2Q + 6) dQ = Q^2 + 6Q + C$$

因為固定成本為9(千元)，即$C(0) = 9$，代入上式可得$C = 9$.

因此所求生產成本為：
$$C(Q) = Q^2 + 6Q + 9$$

例3.32 某投資集團準備用現有資金投資一個項目，經過反覆論證，其資本形成速度為$v(t) = 8t^{\frac{1}{3}}$(萬元／年). 如果原始資本累積為100(萬元)，試求資本總量函數以及8年

後的資本累積總量.

解 設資本累積的總量函數為 $S(t)$，則 $v(t) = S'(t)$，從而可得：
$$S(t) = \int S'(t) dt = \int v(t) dt = \int 8t^{\frac{1}{3}} dt = 6t^{\frac{4}{3}} + C$$

將 $S(0) = 100$ 代入 $S(t) = 6t^{\frac{4}{3}} + C$，得 $C = 100$. 因此所求資本總量函數為：
$$S(t) = 6t^{\frac{4}{3}} + 100$$

8 年後的資本累積的總量為：
$$S(8) = 6 \times 8^{\frac{4}{3}} + 100 = 196(萬元)$$

例 3.33 已知某企業產品的邊際成本為 5(元/件)，生產該產品的固定成本為 200 元，如果邊際收益 $R'(x) = 10 - 0.02x$，求企業生產該產品 x 件時的利潤函數.

解 設利潤函數為 $L(x)$，總成本函數為 $C(x)$，總收益函數為 $R(x)$，則有：
$$C(x) = \int C'(x) dx = \int 5 dx = 5x + C_1$$
$$R(x) = \int R'(x) dx = \int (10 - 0.02x) dx = 10x - 0.01x^2 + C_2$$

據題意可知 $C(0) = 200, R(0) = 0$，分別代入以上各式可得：
$$C_1 = 200, \quad C_2 = 0$$

所以
$$C(x) = 5x + 200, \quad R(x) = 10x - 0.01x^2$$

因此，所求利潤函數為：
$$L(x) = R(x) - C(x) = 5x - 0.01x^2 - 200$$

不定積分的計算是微積分學中各種計算技能中的難點，同時也是計算定積分的基礎. 熟練掌握基本積分公式及其相應的積分計算模型，是我們學好不定積分的基礎. 學習時大家要善於根據被積函數的特點選用適當的積分方法，用類比、歸納的思維方式，總結所解習題的規律來達到解題的目的.

最後，我們要告訴大家的是：不是所有的初等函數的積分都能積出來. 對於有些簡單的初等函數，由於其原函數往往不能用初等函數來表示，因此，這些函數的積分無法用目前的方法來計算，而需要用其他數學方法去解決，$\int e^{x^2} dx, \int \frac{\sin x}{x} dx, \int \frac{1}{\ln x} dx, \int \sin x^2 dx$，等等，所以積分的計算更強調公式的運用與技能的掌握.

習題 3.2

1. 請在下列括號中填寫正確的內容：

   (1) $x dx = ($ $) d(3x^2 + 1)$；　　　　(2) $dx = ($ $) d(3 - 2x)$；

   (3) $e^{-5x} dx = ($ $) d(e^{-5x})$；　　　　(4) $\frac{1}{x^2} dx = d($ $)$；

   (5) $\sin 3x dx = ($ $) d(\cos 3x)$；　　(6) $\sec^2 \frac{x}{2} dx = ($ $) d(\tan \frac{x}{2})$；

(7) $\dfrac{1}{x}\mathrm{d}x = ($ $)\mathrm{d}(1-3\ln x)$; (8) $\dfrac{1}{\sqrt{x}}\mathrm{d}x = ($ $)\mathrm{d}(7\sqrt{x}+3)$;

(9) $\dfrac{1}{3x+1}\mathrm{d}x = ($ $)\mathrm{d}[\ln(3x+1)]$;

(10) $\dfrac{1}{\sqrt{2-3x}}\mathrm{d}x = ($ $)\mathrm{d}(\sqrt{2-3x})$.

2. 用換元積分法求下列不定積分：

(1) $\int (2-3x)^5 \mathrm{d}x$; (2) $\int x\sqrt{1+x^2}\,\mathrm{d}x$;

(3) $\int \dfrac{1}{2-3x}\mathrm{d}x$; (4) $\int 10^{2x}\mathrm{d}x$;

(5) $\int \dfrac{1}{1+4x^2}\mathrm{d}x$; (6) $\int x\mathrm{e}^{-x^2}\mathrm{d}x$;

(7) $\int \dfrac{(\ln x)^3}{x}\mathrm{d}x$; (8) $\int \dfrac{1}{x\ln x}\mathrm{d}x$;

(9) $\int \sec^2 x \tan x\,\mathrm{d}x$; (10) $\int \sin^2 x\,\mathrm{d}x$;

(11) $\int \dfrac{\mathrm{e}^x}{1+\mathrm{e}^x}\mathrm{d}x$; (12) $\int \dfrac{1}{1+\mathrm{e}^x}\mathrm{d}x$;

(13) $\int \dfrac{1}{\sqrt{x}(1+\sqrt{x})}\mathrm{d}x$; (14) $\int \dfrac{1}{\sqrt{x}(1+x)}\mathrm{d}x$;

(15) $\int \dfrac{1}{1+\cos x}\mathrm{d}x$; (16) $\int \dfrac{1}{x(1+x^3)}\mathrm{d}x$;

(17) $\int \dfrac{\arcsin x}{\sqrt{1-x^2}}\mathrm{d}x$; (18) $\int \dfrac{(\arctan x)^2}{1+x^2}\mathrm{d}x$;

(19) $\int \dfrac{\sqrt{x}}{1+x}\mathrm{d}x$; (20) $\int \dfrac{x}{\sqrt{x-1}}\mathrm{d}x$;

(21) $\int x(3x+1)^{20}\mathrm{d}x$; (22) $\int \dfrac{x^2}{(1-x)^3}\mathrm{d}x$.

3. 用分部積分法求下列不定積分：

(1) $\int x\cos 3x\,\mathrm{d}x$; (2) $\int \dfrac{x}{\sin^2 x}\mathrm{d}x$;

(3) $\int x\mathrm{e}^{-2x}\mathrm{d}x$; (4) $\int \arctan 2x\,\mathrm{d}x$;

(5) $\int \dfrac{\ln x}{\sqrt{x}}\mathrm{d}x$; (6) $\int \ln(x+\sqrt{1+x^2})\,\mathrm{d}x$;

(7) $\int \sqrt{1+\mathrm{e}^x}\,\mathrm{d}x$; (8) $\int \mathrm{e}^x \cos x\,\mathrm{d}x$.

4. 已知某產品產量 $f(x)$ 的變化率為時間 t 的函數，且 $f'(t) = 2t + 1 (t \geqslant 0)$，求產量函數 $f(t)$。

5. 已知某廠生產 x 單位商品的邊際成本為 $C'(x) = 5 + 0.02x$（元／單位），又固定成本

$C_0 = 200$ 元,求總成本函數 $C(x)$.

參考答案

§3.3 定積分的概念與性質

定積分是積分學中的一個重要概念. 它是一種特定和式的極限問題,是處理不均勻量「求和」的一個有力工具. 定積分不論在理論上還是在實際應用中都有著十分重要的意義.

3.3.1 定積分概念的兩個引例

3.3.1.1 曲邊梯形的面積計算

曲邊梯形是指這樣的圖形,它有三條邊是直線段,其中兩條是平行的,第三條與前兩條垂直,叫作底邊,第四條邊是一條曲線弧,叫作曲邊,這條曲邊與任意一條垂直於底邊的直線至多只交於一點(見圖3 - 2).

設連續函數 $f(x) \geq 0 (x \in [a,b])$,求由曲邊 $y = f(x)$,直線 $x = a, x = b$ 及 x 軸所圍成的曲邊梯形的面積 A.

(1) 分割.

在區間 $[a,b]$ 上任意插入 $n + 1$ 個分點:
$$a = x_0 < x_1 < x_2 < \cdots < x_{i-1} < x_i < \cdots < x_{n-1} < x_n = b$$
區間 $[a,b]$ 分割成 n 個小區間 $I_i = [x_{i-1}, x_i]$,且記小區間的長度為:
$$\Delta x_i = x_i - x_{i-1} \quad (i = 1, 2, \cdots, n)$$
過每個分點做平行於 y 軸的直線段,這些直線段將曲邊梯形分割成 n 個窄小的曲邊梯形,將 ΔA_i 記為第 i 個窄小的曲邊梯形的面積.

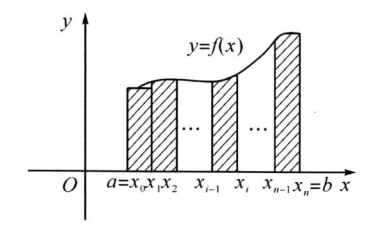

圖3 - 2

(2) 近似替代.

由於曲邊梯形的高在$[a,b]$上是連續變化的,在很短小的一段區間上它的變化也很小,而連續函數在自變量變化很小時,函數值的變化也很小.因此,在每個小區間上,可用其中某一點的高來近似代替該小區間上小曲邊梯形的變化高,並用相應的小矩形面積來近似替代小曲邊梯形的面積.具體地有:

對第i個窄小曲邊梯形,在其對應區間$I_i = [x_{i-1}, x_i]$上任意地取一點ξ_i,以$f(\xi_i)$作為近似高,以矩形面積$f(\xi_i)\Delta x_i$近似替代ΔA_i.

即:
$$\Delta A_i \approx f(\xi_i)\Delta x_i (\forall \xi_i \in [x_{i-1}, x_i], i = 1, 2, \cdots, n)$$

(3) 求和.

由上述步驟可得:
$$A = \sum_{i=1}^{n} \Delta A_i \approx \sum_{i=1}^{n} f(\xi_i)\Delta x_i$$

(4) 取極限.

很明顯地,小區間$I_i = [x_{i-1}, x_i]$的長度Δx_i越小,$\Delta A_i \approx f(\xi_i)\Delta x_i$近似替代的程度就越好;要使得$A \approx \sum_{i=1}^{n} f(\xi_i)\Delta x_i$的近似程度越好,只需$\Delta x_1, \Delta x_2, \cdots, \Delta x_n$都越來越小.因此,為了得到面積$A$的精確值,我們只需將區間$[a,b]$無限地細分,使得每個小區間的長度都趨向於零.

若記$\lambda = \max\{\Delta x_1, \Delta x_2, \cdots, \Delta x_n\}$,則當$\lambda \to 0$時,每個小區間的長度都會趨向於零,從而得到:
$$A = \lim_{\lambda \to 0} \sum_{i=1}^{n} f(\xi_i)\Delta x_i$$

3.3.1.2 變速直線運動的路程

設某物體做直線運動,已知速度$v = v(t)$是時間間隔$[T_1, T_2]$上的連續函數,且$v(t) \geq 0$,求物體在時間間隔內的運動方程(即路程函數).

我們先在時間間隔$[T_1, T_2]$內任意插入$n + 1$個分點:
$$T_1 = t_0 < t_1 < t_2 < \cdots < t_{i-1} < t_i < \cdots < t_{n-1} < t_n = T_2$$
這樣就將時間間隔區間$[T_1, T_2]$劃分成了n個小時間區間:
$$[t_0, t_1] \quad [t_1, t_2] \quad \cdots \quad [t_{i-1}, t_i] \quad \cdots \quad [t_{n-1}, t_n]$$
各時間區間的長度依次為:
$$\Delta t_1 = t_1 - t_0, \Delta t_2 = t_2 - t_1, \cdots, \Delta t_i = t_i - t_{i-1}, \cdots, \Delta t_n = t_n - t_{n-1}$$
記各時間區間內物體運動所經過的路程依次為:
$$\Delta s_1, \Delta s_2, \cdots, \Delta s_i, \cdots, \Delta s_n$$
在時間間隔$[t_{i-1}, t_i]$內物體所經過的路程Δs_i的近似值為:
$$\Delta s_i \approx v(\xi_i)\Delta t_i \quad (\forall \xi_i \in [t_{i-1}, t_i], i = 1, 2, \cdots, n)$$
即:由於物體在$[t_{i-1}, t_i]$上的速度變化不大,故可視為勻速的,並以$v(\xi_i)$來近似代替.很自然地,當$[t_{i-1}, t_i]$這一時間間隔段很短時,這種近似是合理的.

於是便可得到s的近似值:

$$s = \sum_{i=1}^{n} \Delta s_i \approx \sum_{i=1}^{n} v(\xi_i) \Delta t_i$$

為得到 s 的精確值,只需讓每個小時間間隔段的長 $\Delta t_1, \Delta t_2, \cdots, \Delta t_i, \cdots, \Delta t_n$ 均趨向於零.若記 $\lambda = \max\{\Delta t_1, \Delta t_2, \cdots, \Delta t_i, \cdots, \Delta t_n\}$,則:

$$s = \lim_{\lambda \to 0} \sum_{i=1}^{n} v(\xi_i) \Delta t_i$$

上述兩例,儘管其實際意義不同,但有兩點是一致的:

(1) 曲邊梯形的面積值 A 由高 $y = f(x)$ 及 x 的變化區間 $[a, b]$ 來決定;變速直線運動的路程 s 由速度 $v = v(t)$ 及 t 的變化區間 $[T_1, T_2]$ 來決定.

(2) 計算 A 與 s 的方法、步驟相同,且均可歸結到一種結構完全相同的和式極限:

$$A = \lim_{\lambda \to 0} \sum_{i=1}^{n} f(\xi_i) \Delta x_i; \qquad s = \lim_{\lambda \to 0} \sum_{i=1}^{n} v(\xi_i) \Delta t_i$$

這種特定和式的極限問題,在許多實際問題的討論中具有廣泛的代表性.我們如果拋開這些問題的具體實際意義,抓住它們在數量關係上共同的本質加以概括,便可給出定積分的定義.

3.3.2 定積分的定義

定義 3.3 設函數 $f(x)$ 是定義在區間 $[a, b]$ 上的有界函數,用分點

$$a = x_0 < x_1 < x_2 < \cdots < x_{i-1} < x_i < \cdots < x_{n-1} < x_n = b$$

把區間 $[a, b]$ 劃分成 n 個小區間:

$$[x_0, x_1] \quad [x_1, x_2] \cdots [x_{i-1}, x_i] \cdots [x_{n-1}, x_n]$$

各區間的長度依次記為:

$$\Delta x_1 = x_1 - x_0, \Delta x_2 = x_2 - x_1, \cdots, \Delta x_i = x_i - x_{i-1}, \cdots, \Delta x_n = x_n - x_{n-1}$$

在每個小區間 $[x_{i-1}, x_i]$ 上任取一點 $\xi_i (x_{i-1} \le \xi_i \le x_i)$,做和式:

$$s = \sum_{i=1}^{n} f(\xi_i) \Delta x_i$$

記 $\lambda = \max\{\Delta x_1, \Delta x_2, \cdots, \Delta x_n\}$,如果不論對如何劃分區間 $[a, b]$,也不論在小區間 $[x_{i-1}, x_i]$ 上如何選取點 ξ_i,只要當 $\lambda \to 0$ 時,和 s_n 總趨於確定的極限 I,我們就稱這個極限 I 為函數 $f(x)$ 在區間 $[a, b]$ 上的定積分,記為:

$$\int_a^b f(x) \mathrm{d}x = I = \lim_{\lambda \to 0} \sum_{i=1}^{n} f(\xi_i) \Delta x_i$$

其中 $f(x)$ 叫作被積函數,$f(x) \mathrm{d}x$ 叫作被積表達式,x 叫作積分變量,$[a, b]$ 叫作積分區間,a 叫作積分下限,b 叫作積分上限.

注意:

(1) 如果積分和式的極限存在,則定積分是個常量;

(2) 定積分只與被積函數和積分區間有關,而與積分變量的記號無關,即:

$$\int_a^b f(x) \mathrm{d}x = \int_a^b f(t) \mathrm{d}t = \int_a^b f(u) \mathrm{d}u$$

(3) 如果 $f(x)$ 在 $[a, b]$ 上的定積分存在,我們就說 $f(x)$ 在 $[a, b]$ 上可積,並且約定:

① $\int_a^b f(x)\,\mathrm{d}x = -\int_b^a f(x)\,\mathrm{d}x$; ② $\int_a^a f(x)\,\mathrm{d}x = 0$.

3.3.3 定積分的性質與幾何意義

3.3.3.1 定積分的性質

設函數 $f(x), g(x)$ 在 $[a,b]$ 上可積，則有：

性質 3.4 兩個函數代數和的定積分等於它們定積分的代數和，即：
$$\int_a^b [f(x) \pm g(x)]\,\mathrm{d}x = \int_a^b f(x)\,\mathrm{d}x \pm \int_a^b g(x)\,\mathrm{d}x$$

性質 3.5 被積函數的常數因子可以提到積分號外，即：
$$\int_a^b kf(x)\,\mathrm{d}x = k\int_a^b f(x)\,\mathrm{d}x \quad (k \text{ 是常數})$$

性質 3.6 如果積分區間 $[a,b]$ 被分點 c 分成區間 $[a,c]$ 和 $[c,b]$，則：
$$\int_a^b f(x)\,\mathrm{d}x = \int_a^c f(x)\,\mathrm{d}x + \int_c^b f(x)\,\mathrm{d}x$$

當點 c 在區間 $[a,b]$ 外時，上面表達式也成立．性質 3.6 又稱為積分區間的可加性，每當我們無法確定被積函數時可用此性質．

性質 3.7（定積分的保號性） 如果在區間 $[a,b]$ 上恒有 $f(x) \geq 0$，則：
$$\int_a^b f(x)\,\mathrm{d}x \geq 0$$

特別地有：如果在區間 $[a,b]$ 上恒有 $f(x) \geq g(x)$，則有 $\int f(x)\,\mathrm{d}x \geq \int g(x)\,\mathrm{d}x$．

性質 3.8（定積分估值定理）

設 M 及 m 分別是函數 $f(x)$ 在區間 $[a,b]$ 上的最大值及最小值，則：
$$m(b-a) \leq \int_a^b f(x)\,\mathrm{d}x \leq M(b-a) \quad (a<b)$$

性質 3.9（定積分中值定理）

如果函數 $f(x)$ 在閉區間 $[a,b]$ 上連續，則在積分區間 $[a,b]$ 上至少存在一個點 ξ（見圖 3-3），使得：
$$\int_a^b f(x)\,\mathrm{d}x = f(\xi)(b-a) \quad (a \leq \xi \leq b)$$

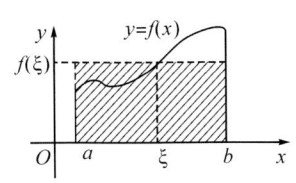

圖 3-3

如果函數 $f(x)$ 在閉區間 $[a,b]$ 上連續，我們又稱 $\dfrac{1}{b-a}\int_a^b f(x)\,\mathrm{d}x$ 為函數 $f(x)$ 在 $[a,b]$ 上的平均值．

3.3.3.2 定積分的幾何意義

(1) 在 $[a,b]$ 上, $f(x) \geqslant 0$ 時, $\int_a^b f(x) dx$ 表示由曲線 $y = f(x)$, 直線 $x = a$、$x = b$ 與 x 軸所圍成的曲邊梯形的面積(見圖 3-4).

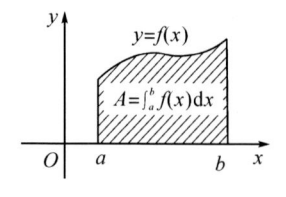

圖 3-4

(2) 在 $[a,b]$ 上, $f(x) \leqslant 0$ 時, $\int_a^b f(x) dx$ 表示該曲邊梯形面積的負值(見圖 3-5).

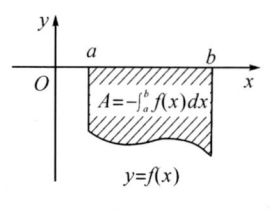

圖 3-5

(3) 在 $[a,b]$ 上, $f(x)$ 既有正值又有負值時, 定積分 $\int_a^b f(x) dx$ 表示由曲線 $y = f(x)$, 直線 $x = a$、$x = b$ 與 x 軸所圍成的曲邊梯形的面積的代數和(見圖 3-6).

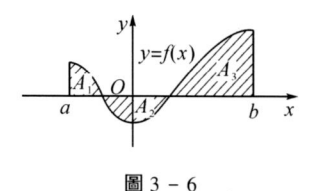

圖 3-6

定積分 $\int_a^b f(x) dx = A_1 - A_2 + A_3$.

例 3.34 已知 $f(x) = \begin{cases} 1 + x, & x < 0 \\ 1 - \dfrac{x}{2}, & x \geqslant 0 \end{cases}$, 求 $\int_{-1}^{2} f(x) dx$.

解 $\int_{-1}^{2} f(x) dx = \int_{-1}^{0} (1+x) dx + \int_{0}^{2} \left(1 - \dfrac{x}{2}\right) dx$

利用定積分的幾何意義, 可分別求出:

$$\int_{-1}^{0} (1+x) dx = \frac{1}{2}, \quad \int_{0}^{2} \left(1 - \frac{x}{2}\right) dx = 1$$

所以

$$\int_{-1}^{2} f(x)\,dx = \frac{1}{2} + 1 = \frac{3}{2}$$

例 3.35　試估計定積分 $\int_{\frac{\pi}{6}}^{\frac{\pi}{3}} \sin x\,dx$ 的值.

解　在 $[\frac{\pi}{6}, \frac{\pi}{3}]$ 上，最大值 $f(\frac{\pi}{3}) = \sin\frac{\pi}{3} = \frac{\sqrt{3}}{2}$，最小值 $f(\frac{\pi}{6}) = \sin\frac{\pi}{6} = \frac{1}{2}$，則：

$$\frac{1}{2}\left(\frac{\pi}{3} - \frac{\pi}{6}\right) \leq \int_{\frac{\pi}{6}}^{\frac{\pi}{3}} \sin x\,dx \leq \frac{\sqrt{3}}{2}\left(\frac{\pi}{3} - \frac{\pi}{6}\right)$$

即：

$$\frac{\pi}{12} \leq \int_{\frac{\pi}{6}}^{\frac{\pi}{3}} \sin x\,dx \leq \frac{\sqrt{3}\,\pi}{12}$$

習題 3.3

1. 在定積分 $\int_{0}^{4}(2x+3)\,dx$ 中，積分上限是_____，積分下限是_____，積分區間為_____，被積函數 $f(x) =$ _____，積分變量是_____．

2. 利用定積分的幾何意義說明下列各式成立：

（1）$\int_{0}^{2\pi} \sin x\,dx = 0$；　　　　　　（2）$\int_{0}^{\pi} \sin x\,dx = 2\int_{0}^{\frac{\pi}{2}} \sin x\,dx$；

3. 定積分 $\int_{2}^{2} \frac{1}{1+x^2}\,dx =$ _____．

4. 用定積分表示下列陰影部分面積：

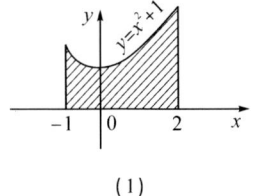

(1)

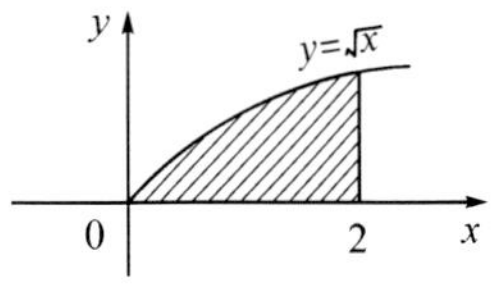

(2)

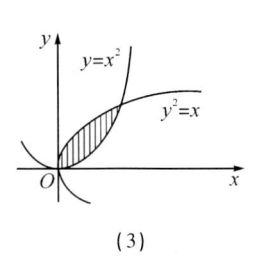

(3)

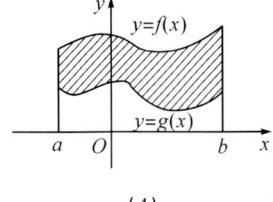

(4)

5. 已知 $\int_a^b f(x)\,dx = p, \int_a^b [f(x)]^2 dx = q$,求下列定積分的值:

(1) $\int_a^b [2f(x) + 3]\,dx$; (2) $\int_a^b [2f(x) + 3]^2 dx$.

6. 設 $f(x)$ 是連續函數,且 $f(x) = x^2 + 2\int_0^1 f(t)\,dt, \int_0^1 x^2 dx = \dfrac{1}{3}$,求 $f(x)$.

參考答案

§3.4　定積分的計算

　　定積分是一種特定和式的極限,直接用定義來計算會相當繁雜.本節將在揭示定積分與原函數關係的基礎上,討論兩者之間的內在聯繫,即微積分基本定理,從而得到定積分的一種簡便有效的計算方法——牛頓-萊布尼茨公式.

3.4.1　變上限積分函數及其導數

　　變上限積分函數又稱積分上限函數,它的一般表達式為:
$$\varphi(x) = \int_a^x f(t)\,dt \quad (a \text{ 為常數})$$

　　從表達式中可以看出:該函數的變量出現在積分上限中,為避免混淆,我們把積分變量改用其他字母如 t 表示,故定積分 $\int_a^x f(t)\,dt$ 的值隨上限 x 的變化而變化(見圖 3-7).我們稱其為**變上限積分函數**.

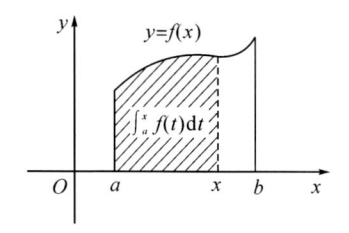

圖 3-7

　　關於變上限積分函數有如下定理:

　　定理 3.4(變上限積分函數對上限的求導定理)　　設 $f(x)$ 在區間 $[a,b]$ 上連續,則函數 $\varphi(x) = \int_a^x f(t)\,dt$ 在區間 $[a,b]$ 上可導,其導數就是 $f(x)$,即:

$$\varphi'(x) = \frac{\mathrm{d}}{\mathrm{d}x}\int_a^x f(t)\,\mathrm{d}t = f(x)$$

定理 3.4 把原函數與定積分這兩個表面上似乎不相關的概念聯繫在了一起.它告訴我們,在某區間 $[a,b]$ 上連續的函數 $f(x)$,其變上限積分 $\int_a^x f(t)\,\mathrm{d}t$ 就是 $f(x)$ 的一個原函數.於是我們又有了原函數存在定理.

定理 3.5(原函數存在定理) 若函數 $f(x)$ 在區間 $[a,b]$ 上連續,則在該區間內, $f(x)$ 的原函數一定存在,且

$$\varphi(x) = \int_a^x f(t)\,\mathrm{d}t$$

就是 $f(x)$ 的一個原函數.

函數 $\varphi(x) = \int_a^x f(t)\,\mathrm{d}t$ 是一個神奇的函數.在該表達式中既出現了原函數 $\varphi(x)$ 的表達式,同時也能看到 $\varphi(x)$ 的導函數 $f(x)$ 的表達式.它揭示了定積分與被積函數的原函數之間的關係,而正是這種關係為我們尋找定積分的有效計算方法指明了方向.

例 3.36 求極限 $\lim\limits_{x\to 0}\dfrac{1}{x^3}\int_0^x \sin^2 t\,\mathrm{d}t$.

解 因為 $\lim\limits_{x\to 0}\int_0^x \sin^2 t\,\mathrm{d}t = 0$,所以這是一個 $\dfrac{0}{0}$ 型不定式極限,運用洛必達法則可得:

$$\lim_{x\to 0}\frac{1}{x^3}\int_0^x \sin^2 t\,\mathrm{d}t = \lim_{x\to 0}\frac{\int_0^x \sin^2 t\,\mathrm{d}t}{x^3} = \lim_{x\to 0}\frac{\sin^2 x}{3x^2} = \frac{1}{3}$$

關於變上限積分函數的導數,可做如下推廣:
設 $u = u(x), v = v(x)$ 均是 x 的可微函數,則有:

(1) 若 $\varphi(x) = \int_a^{u(x)} f(t)\,\mathrm{d}t$,則 $\varphi'(x) = f(u)\cdot u'(x)$;

(2) 若 $\varphi(x) = \int_{v(x)}^b f(t)\,\mathrm{d}t$,則 $\varphi'(x) = -f(v)\cdot v'(x)$;

(3) 若 $\varphi(x) = \int_{v(x)}^{u(x)} f(t)\,\mathrm{d}t$,則 $\varphi'(x) = f(u)\cdot u'(x) - f(v)\cdot v'(x)$.

例 3.37 求下列變上限積分函數的導數:

(1) $\dfrac{\mathrm{d}}{\mathrm{d}x}\int_0^{x^2} \mathrm{e}^{-t}\,\mathrm{d}t$; (2) $\dfrac{\mathrm{d}}{\mathrm{d}x}\int_{2x}^{x^5} \sqrt{1-t^2}\,\mathrm{d}t$.

解 據題意有:

(1) $\dfrac{\mathrm{d}}{\mathrm{d}x}\int_0^{x^2} \mathrm{e}^{-t}\,\mathrm{d}t = \mathrm{e}^{-x^2}\cdot(x^2)' = 2x\mathrm{e}^{-x^2}$;

(2) $\dfrac{\mathrm{d}}{\mathrm{d}x}\int_{2x}^{x^5}\sqrt{1-t^2}\,\mathrm{d}t = \sqrt{1-(x^5)^2}\cdot(x^5)' - \sqrt{1-(2x)^2}\cdot(2x)'$

$\qquad = 5x^4\sqrt{1-x^{10}} - 2\sqrt{1-4x^2}$.

3.4.2 牛頓-萊布尼茨公式

定理 3.6(微積分基本定理) 設函數 $f(x)$ 在區間 $[a,b]$ 上連續,且 $F(x)$ 是 $f(x)$ 在

$[a,b]$ 上的任一原函數,則有:

$$\int_a^b f(x)\,\mathrm{d}x = F(b) - F(a)$$

證明 根據定理 3.5 可知變上限積分 $\int_a^x f(t)\,\mathrm{d}t$ 就是 $f(x)$ 的一個原函數,而定理 3.6 的已知條件告訴我們,$F(x)$ 也是函數 $f(x)$ 的原函數,所以由定理 3.1 可知它們之間相差一個常數 C_0,即:

$$\int_a^x f(t)\,\mathrm{d}t = F(x) + C_0$$

代入 $x = a$ 可得:

$$C_0 = \int_a^a f(t)\,\mathrm{d}t - F(a) = -F(a)$$

所以有:

$$\int_a^x f(t)\,\mathrm{d}t = F(x) - F(a)$$

代入 $x = b$,便可得到:

$$\int_a^b f(t)\,\mathrm{d}t = F(b) - F(a)$$

由於定積分的值與積分變量的記號無關,我們仍用 x 來表示積分的變量,可得:

$$\int_a^b f(x)\,\mathrm{d}x = F(b) - F(a)$$

我們將其稱為**牛頓－萊布尼茨公式**,也叫**微積分基本公式**. 為方便運用,我們也常將其寫成:

$$\int_a^b f(x)\,\mathrm{d}x = F(x)\Big|_a^b = F(b) - F(a)$$

牛頓－萊布尼茨公式是微積分中的一個非常重要的公式,它為我們提供了計算定積分的一種非常有效的方法,即在計算定積分時,只要求出被積函數 $f(x)$ 的一個原函數 $F(x)$,然後計算原函數在區間 $[a,b]$ 上的增量 $F(b) - F(a)$ 即可. 該公式把計算定積分問題歸結為求原函數的問題,揭示了定積分與不定積分之間的內在聯繫.

例 3.38 求積分 $\int_0^1 x^2\,\mathrm{d}x$.

解 因為 $\dfrac{x^3}{3}$ 是被積函數 x^2 的一個原函數,根據牛頓－萊布尼茨公式,有:

$$\int_0^1 x^2\,\mathrm{d}x = \frac{x^3}{3}\Big|_0^1 = \frac{1^3}{3} - \frac{0^3}{3} = \frac{1}{3}$$

例 3.39 求積分 $\int_{-1}^1 \dfrac{1}{1+x^2}\,\mathrm{d}x$.

解 因為 $\arctan x$ 是被積函數 $\dfrac{1}{1+x^2}$ 的一個原函數,根據牛頓－萊布尼茨公式,有:

$$\int_{-1}^1 \frac{1}{1+x^2}\,\mathrm{d}x = \arctan x\Big|_{-1}^1 = \arctan 1 - \arctan(-1)$$

$$= \frac{\pi}{4} - \left(-\frac{\pi}{4}\right) = \frac{\pi}{2}$$

例 3.40 求積分 $\int_0^{2\pi} |\sin x| dx$.

解
$$\begin{aligned}\int_0^{2\pi} |\sin x| dx &= \int_0^{\pi} \sin x dx + \int_{\pi}^{2\pi} (-\sin x) dx \\ &= [-\cos x]_0^{\pi} + [\cos x]_{\pi}^{2\pi} \\ &= 4\end{aligned}$$

3.4.3 定積分的換元積分法

定理 3.7 設函數 $f(x)$ 在區間 $[a,b]$ 上連續,而 $x = \varphi(t)$ 滿足下列條件:
(1) $\varphi(\alpha) = \varphi(\beta) = b$.
(2) 當 t 在 α 與 β 之間變化時, $\varphi(t)$ 單調變化且 $\varphi'(t)$ 連續,則:
$$\int_a^b f(x) dx = \int_\alpha^\beta f[\varphi(t)] \varphi'(t) dt$$
我們將該公式稱為定積分的換元積分公式,簡稱換元公式.

這裡要注意兩點:
(1) 定積分的換元法在換元後,積分上、下限往往也要做出相應的變換,即「換元又換限」;
(2) 在定積分的換元中,對於何時換限問題,我們一般掌握的原則是:如果換元會讓原積分變量 x 的符號消失,則應立即換上新的積分變量 t 的積分限,這樣在換元之後,可按新的積分變量進行定積分運算,不必再還原為原變量.

例 3.41 求積分 $\int_0^{\frac{\pi}{2}} \sin^4 x \cos x dx$.

解 方法一: 令 $\sin x = t$, 則 $\cos x dx = dt$, 當 $x = 0$ 時, $t = 0$, 當 $x = \frac{\pi}{2}$ 時, $t = 1$, 則:
$$\int_0^{\frac{\pi}{2}} \sin^4 x \cos x dx = \int_0^1 t^4 dt = \frac{1}{5} t^5 \Big|_0^1 = \frac{1}{5}$$

方法二:
$$\int_0^{\frac{\pi}{2}} \sin^4 x \cos x dx = \int_0^{\frac{\pi}{2}} \sin^4 x d(\sin x)$$
$$= \frac{1}{5} \sin^5 x \Big|_0^{\frac{\pi}{2}} = \frac{1}{5} \left[\left(\sin \frac{\pi}{2}\right)^5 - (\sin 0)^5 \right] = \frac{1}{5}$$

例 3.42 計算 $\int_1^e \frac{1}{x(1 + \ln x)} dx$.

解
$$\int_1^e \frac{1}{x(1 + \ln x)} dx = \int_1^e \frac{1}{1 + \ln x} d(1 + \ln x)$$
$$= \ln|1 + \ln x| \Big|_1^e = \ln 2$$

例 3.43 設函數 $f(x) = \begin{cases} 1 + x^2, & x \leq 0 \\ e^x, & x > 0 \end{cases}$, 求積分 $\int_1^3 f(x - 2) dx$.

解 令 $x - 2 = t$, 則 $x = t + 2$, $dx = dt$,
當 $x = 1$ 時, $t = -1$; 當 $x = 3$ 時, $t = 1$. 則:

$$\int_1^3 f(x-2)\mathrm{d}x = \int_{-1}^1 f(t)\mathrm{d}t = \int_{-1}^0 f(t)\mathrm{d}t + \int_0^1 f(t)\mathrm{d}t$$

$$= \int_{-1}^0 (1+t^2)\mathrm{d}t + \int_0^1 \mathrm{e}^t \mathrm{d}t$$

$$= \left(t + \frac{1}{3}t^3\right)\Big|_{-1}^0 + (\mathrm{e}^t)\Big|_0^1$$

$$= \frac{1}{3} + \mathrm{e}$$

3.4.4 定積分的分部積分法

定理 3.8 設函數 $u(x)$、$v(x)$ 在區間 $[a,b]$ 上具有連續導數 $u'(x)$、$v'(x)$，則有：
$$\int_a^b u\mathrm{d}v = uv\Big|_a^b - \int_a^b v\mathrm{d}u$$

注意：應用分部積分公式計算定積分時，只要注意「積一部，算一部」就行了，也就是及時地把先積分出來的那一部分函數在積分上、下限函數值的差計算完.這樣做的好處有兩點：一是能使後續的表達式更簡單，二是這樣做不會產生計算上的遺漏.

例 3.44 求積分 $\int_0^1 x\mathrm{e}^{2x}\mathrm{d}x$.

解 令 $u = x, \mathrm{d}v = \mathrm{e}^{2x}\mathrm{d}x$,則 $\mathrm{d}u = \mathrm{d}x, v = \frac{1}{2}\mathrm{e}^{2x}$.

代入分部積分公式，得：

$$\int_0^1 x\mathrm{e}^{2x}\mathrm{d}x = \frac{1}{2}x\mathrm{e}^{2x}\Big|_0^1 - \frac{1}{2}\int_0^1 \mathrm{e}^{2x}\mathrm{d}x$$

$$= \frac{1}{2}\mathrm{e}^2 - \frac{1}{4}\mathrm{e}^{2x}\Big|_0^1$$

$$= \frac{1}{4}(\mathrm{e}^2 + 1)$$

例 3.45 求積分 $\int_{\frac{1}{e}}^e |\ln x|\mathrm{d}x$.

解 先去掉絕對值符號，再用分部積分公式，即：

$$\int_{\frac{1}{e}}^e |\ln x|\mathrm{d}x = \int_{\frac{1}{e}}^1 (-\ln x)\mathrm{d}x + \int_1^e \ln x\mathrm{d}x$$

$$= (-x\ln x)\Big|_{\frac{1}{e}}^1 - \int_{\frac{1}{e}}^1 x\left(-\frac{1}{x}\right)\mathrm{d}x + (x\ln x)\Big|_1^e - \int_1^e x\cdot\frac{1}{x}\mathrm{d}x$$

$$= -\frac{1}{e} + \int_{\frac{1}{e}}^1 \mathrm{d}x + \mathrm{e} - \int_1^e \mathrm{d}x = 2\left(1 - \frac{1}{e}\right)$$

3.4.5 定積分的幾個常用公式

3.4.5.1 關於原點對稱區間 $[-a,a]$ 上的定積分

定理 3.9 設函數 $f(x)$ 在區間 $[-a,a]$ 上連續可導，則：

(1) 當函數 $f(x)$ 為奇函數時,有 $\int_{-a}^{a} f(x)\,dx = 0$;

(2) 當函數 $f(x)$ 為偶函數時,有 $\int_{-a}^{a} f(x)\,dx = 2\int_{0}^{a} f(x)\,dx$.

定理 3.9 從圖形上看是很直觀的,這是因為奇函數的圖形關於原點對稱,偶函數的圖形關於 y 軸對稱,故而由定積分的幾何意義便能得出上述結果.利用這個公式,奇、偶函數在關於原點對稱區間上的定積分計算可以得到簡化,甚至不經計算便能得出結果.

例 3.46 求積分 $\int_{-\frac{\pi}{4}}^{\frac{\pi}{4}} \dfrac{x^3 - x + 1}{\cos^2 x}\,dx$.

解
$$\int_{-\frac{\pi}{4}}^{\frac{\pi}{4}} \frac{x^3 - x + 1}{\cos^2 x}\,dx = \int_{-\frac{\pi}{4}}^{\frac{\pi}{4}} \frac{x^3 - x}{\cos^2 x}\,dx + \int_{-\frac{\pi}{4}}^{\frac{\pi}{4}} \frac{1}{\cos^2 x}\,dx$$
$$= 0 + 2\int_{0}^{\frac{\pi}{4}} \sec^2 x\,dx = 2(\tan x)\Big|_{0}^{\frac{\pi}{4}} = 2$$

例 3.47 求積分 $\int_{0}^{4} x(x-1)(x-2)(x-3)(x-4)\,dx$.

解 令 $x - 2 = t$,則 $dx = dt$,並有:
$x = (t+2), (x-1) = (t+1), (x-3) = (t-1), (x-4) = (t-2)$
當 $x = 0$ 時,$t = -2$;當 $x = 4$ 時,$t = 2$,可得:
$$\int_{0}^{4} x(x-1)(x-2)(x-3)(x-4)\,dx = \int_{-2}^{2} t(t^2 - 1)(t^2 - 4)\,dt = 0$$

3.4.5.2 瓦里士(Wallis)遞推公式

用定積分的換元積分法能很容易推出:
$$\int_{0}^{\frac{\pi}{2}} f(\sin x)\,dx = \int_{0}^{\frac{\pi}{2}} f(\cos x)\,dx$$

若設 $I_n = \int_{0}^{\frac{\pi}{2}} \sin^n x\,dx = \int_{0}^{\frac{\pi}{2}} \cos^n x\,dx$(其中 n 為正整數),則有:
$$I_n = \frac{n-1}{n} I_{n-2}$$

我們將該式稱為積分 I_n 關於下標的遞推公式,其中 $I_0 = \int_{0}^{\frac{\pi}{2}} dx = \dfrac{\pi}{2}$,$I_1 = \int_{0}^{\frac{\pi}{2}} \sin x\,dx = 1$.

例 3.48 求下列定積分:

(1) $\int_{0}^{\frac{\pi}{2}} \cos^5 x\,dx$;   (2) $\int_{0}^{\frac{\pi}{2}} \sin^8 x\,dx$.

解 據题意運用瓦里士遞推公式可得:

(1) $\int_{0}^{\frac{\pi}{2}} \cos^5 x\,dx = \dfrac{4}{5} \times \dfrac{2}{3} \times I_1 = \dfrac{4}{5} \times \dfrac{2}{3} \times 1 = \dfrac{8}{15}$;

(2) $\int_{0}^{\frac{\pi}{2}} \sin^8 x\,dx = \dfrac{7}{8} \times \dfrac{5}{6} \times \dfrac{3}{4} \times \dfrac{1}{2} \times I_0 = \dfrac{105}{384} \times \dfrac{\pi}{2} = \dfrac{105\pi}{768}$.

習題 3.4

1. 填空題.

(1) $\int_0^2 \sqrt{4-x^2}\,dx = $ _____ ;

(2) $\int_{-1}^1 (x^3+1)\sqrt{1-x^2}\,dx = $ _____ ;

(3) $\int_{-\frac{\pi}{2}}^{\frac{\pi}{2}} (x^3-x+1)\cos^5 x\,dx = $ _____ ;

(4) 設 $f(x) = \int_0^x \sqrt{1+t^2}\,dt$,則 $f'(2) = $ _____ ;

(5) 設 $\varphi(x) = \int_0^{x^3} \ln(t^2+3)\,dt$,則 $\varphi'(x) = $ _____ .

2. 用換元積分法求下列定積分:

(1) $\int_0^1 e^{2x+3}\,dx$;

(2) $\int_0^2 \frac{2x}{\sqrt{1+x^2}}\,dx$;

(3) $\int_e^{e^2} \frac{(\ln x)^2}{x}\,dx$;

(4) $\int_{-1}^1 \frac{x}{\sqrt{5-4x}}\,dx$;

(5) $\int_4^9 \frac{\sqrt{x}}{\sqrt{x}-1}\,dx$;

(6) $\int_0^1 \frac{1}{\sqrt{4+5x}-1}\,dx$;

(7) $\int_0^{\frac{\pi}{2}} \sin^3 x \cos x\,dx$;

(8) $\int_0^{\ln 2} \sqrt{e^x-1}\,dx$.

3. 用分部積分法求下列定積分:

(1) $\int_0^{\pi} x\cos x\,dx$;

(2) $\int_0^1 xe^x\,dx$;

(3) $\int_1^e (x-1)\ln x\,dx$;

(4) $\int_1^4 \frac{\ln x}{\sqrt{x}}\,dx$;

(5) $\int_0^{\frac{\pi}{2}} e^x \sin x\,dx$;

(6) $\int_0^{\frac{\pi}{4}} \frac{x}{\cos^2 x}\,dx$.

4. 求極限 $\lim\limits_{x\to 0} \dfrac{1}{1-\cos x}\int_0^x 2t\cos t\,dt$.

參考答案

§3.5　定積分的應用

3.5.1　利用定積分求平面圖形的面積

從定積分的幾何意義可知,由函數曲線 $y=f(x)$ 與直線 $x=a, x=b$ 以及 x 軸所圍成的曲邊梯形的面積 A 可以用定積分 $\int_a^b f(x)\,\mathrm{d}x$ 來表示,即:

$$A = \begin{cases} \int_a^b f(x)\,\mathrm{d}x, & f(x) \geq 0 \\ -\int_a^b f(x)\,\mathrm{d}x, & f(x) < 0 \end{cases}$$

由此可見,曲邊梯形面積的計算可用定積分來完成. 然而由平面曲線所圍成的平面圖形的面積,往往可以歸結為曲邊梯形的面積,所以,我們可以利用定積分來計算平面圖形的面積.

在建立平面圖形面積的定積分計算模型時,我們面對圍成平面圖形的曲線方程 $F(x,y)=0$,存在一個積分變量的選擇問題,為此,我們將分別進行討論.

3.5.1.1　選擇 x 為積分變量

我們如果選擇 x 為積分變量,那麼首先要做的就是把圍成平面圖形的曲線方程 $F(x,y)=0$ 轉化成函數 $y=f(x)$ 的形式,然後再利用上限函數減去下限函數的模型構造被積函數,從而建立求面積的定積分計算模型.

如圖 3-8 所示,設上限函數為 $y=f_1(x)$,下限函數為 $y=f_2(x)$,則無論是圖中的哪一種情況,其陰影部分的面積 A 都可以用如下模型來計算:

$$A = \int_a^b [f_1(x) - f_2(x)]\,\mathrm{d}x \quad (\text{其中 } f_1(x) \geq f_2(x))$$

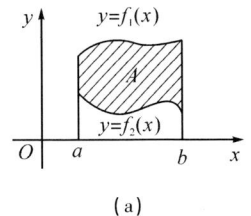

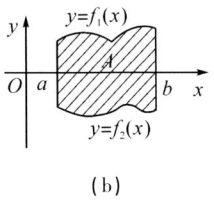

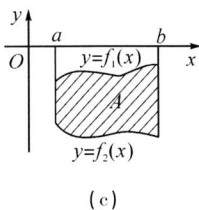

圖 3-8

例 3.49　求由拋物線 $y=x^2$ 與直線 $y=2x$ 圍成的平面圖形的面積.

解　畫出圖形(見圖 3-9),解方程組可求出兩條線的交點分別為 $O(0,0), P(2,4)$.

選擇 x 為積分變量,則積分區間為 $[0,2]$,上線函數為 $y=2x$,下線函數為 $y=x^2$.

於是所求面積為:

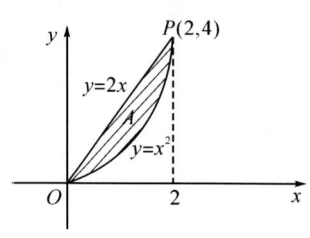

$$A = \int_0^2 (2x - x^2)\,dx = (x^2 - \frac{1}{3}x^3)\Big|_0^2 = \frac{4}{3}(\text{面積單位})$$

圖 3 - 9

3.5.1.2 選擇 y 為積分變量

我們如果選擇 y 為積分變量，那麼首先要做的就是把圍成平面圖形的曲線方程 $F(x,y) = 0$ 轉化成函數 $x = \varphi(y)$ 的形式，然後再利用右線函數減去左線函數的模型構造被積函數，從而建立求面積的定積分計算模型。

如圖 3 - 10 所示，設右線函數為 $x = \varphi_1(y)$，左線函數為 $x = \varphi_2(y)$，則無論是圖中的哪一種情況，其陰影部分的面積 B 都可以用如下模型來計算：

$$B = \int_c^d [\varphi_1(y) - \varphi_2(y)]\,dy \quad (\text{其中 } \varphi_1(y) \geqslant \varphi_2(y))$$

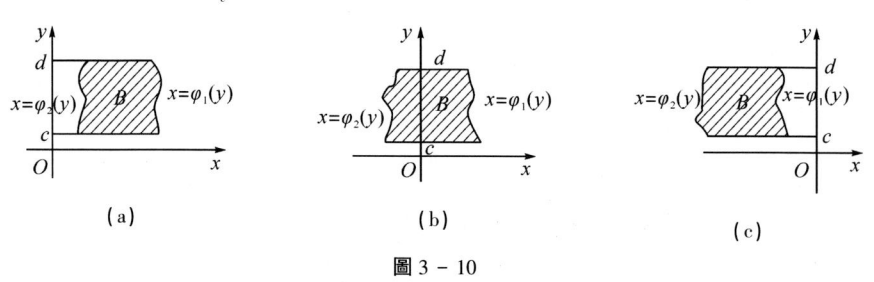

圖 3 - 10

例 3.50 求由對數曲線 $y = \ln x$ 與直線 $y = 1$ 以及 $x = 0, y = 0$ 所圍成的平面圖形的面積。

解 畫出圖形（見圖 3 - 11，本例選擇 y 為積分變量較為方便），從圖中不難看出：積分區間為 $[0, 2]$，右線函數為 $x = e^y$，左線函數為 $x = 0$（即 y 軸）。

於是所求平面圖形面積為：

$$A = \int_0^1 (e^y - 0)\,dy = (e^y)\Big|_0^1 = e - 1(\text{面積單位})$$

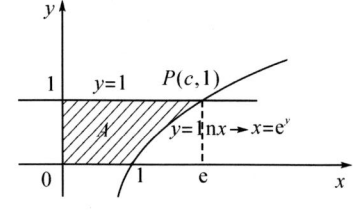

圖 3 - 11

注意：在用定積分計算平面圖形的面積時，選擇好一個適當的積分變量會使我們建立的積分計算模型更加簡便.

3.5.2 定積分在經濟分析中的應用

定積分在經濟分析中有著廣泛的應用，下面我們就常用的經濟總量模型的討論，來看定積分的應用.

由邊際函數可求經濟總量及其增量，當已知邊際函數，要求總量函數或總量函數在某個範圍內的總量時，經常要應用定積分來計算. 若已知邊際成本 $C'(Q)$，固定成本 C_0，邊際收益 $R'(Q)$ 時，則可得到如下常用**經濟總量模型：**

(1) 總成本函數：$C(Q) = \int_0^Q C'(x) \mathrm{d}x + C_0$；

(2) 總收益函數：$R(Q) = \int_0^Q R'(x) \mathrm{d}x$（一般來說 $R(0) = 0$）；

(3) 總利潤函數：$L(Q) = \int_0^Q [R'(x) - C'(x)] \mathrm{d}x + C_0$.

通過以上這些模型，我們還能得到這些經濟總量的增量計算模型：

(1) 當產量（或銷量）由 a 變到 b 時，總成本的增量為：
$$\Delta C = \int_a^b C'(Q) \mathrm{d}Q$$

(2) 當產量（或銷量）由 a 變到 b 時，總收益的增量為：
$$\Delta R = \int_a^b R'(Q) \mathrm{d}Q$$

(3) 當產量（或銷量）由 a 變到 b 時，總利潤的增量為：
$$\Delta L = \int_a^b [R'(Q) - C'(Q)] \mathrm{d}Q$$

注意：以上這些模型還可以推廣到其他經濟總量的情形.

例 3.51 設在時刻 t 某產品總產量 $Q(t)$ 的變化率為：
$$Q'(t) = 100 + 12t - 0.6t^2 (單位／小時)$$
求從 $t = 2$ 到 $t = 4$ 這兩個小時的總產量.

解 據題意有：
$$\begin{aligned}\Delta Q &= \int_2^4 (100 + 12t - 0.6t^2) \mathrm{d}t \\ &= (100t + 6t^2 - 0.2t^3)\Big|_2^4 \\ &= 260.8 (生產單位)\end{aligned}$$

即這兩個小時的總產量為 260.8 生產單位.

例 3.52 某企業每天生產某產品 Q 單位時，固定成本為 20 元，邊際成本函數為 $C'(Q) = 0.4Q + 2$（元／單位）.

(1) 求總成本函數 $C(Q)$；

(2) 如果這種產品的售價為 18 元／單位，且產品可以全部售出，求總利潤函數 $L(Q)$；

(3) 每天生產多少單位產品，才能獲得最大利潤？

解 (1) 已知固定成本 $C_0 = 20$，根據總成本函數模型可得：

$$C(Q) = \int_0^Q C'(x)\,dx + C_0 = \int_0^Q (0.4x + 2)\,dx + 20$$
$$= (0.2x^2 + 2x)\Big|_0^Q + 20 = 0.2Q^2 + 2Q + 20$$

(2) 據題意可知,總收益函數為 $R(Q) = 18Q$,於是總利潤函數為:
$$L(Q) = R(Q) - C(Q) = 18Q - (0.2Q^2 + 2Q + 20)$$
$$= 16Q - 0.2Q^2 - 20$$

(3) 令 $L'(Q) = 16 - 0.4Q = 0$,得唯一駐點 $Q = 40$.

因為 $L''(Q) = -0.4 < 0$,所以當 $Q = 40$ 時,$L(Q)$ 有最大值,即每天生產 40 單位產品時,利潤最大,且最大利潤為:
$$L(40) = 16 \times 40 - 0.2 \times 40^2 - 20 = 300 \ (元)$$

例 3.53 已知生產某產品 Q 單位(單位:百臺)的邊際成本 $C'(Q) = 5 + \frac{1}{6}Q$,邊際收益 $R'(Q) = 12 - Q$,其中 $C(Q)$(單位:萬元)和 $R(Q)$(單位:萬元)分別是總成本函數和總收益函數.求:

(1) 產量從 1(百臺)增加到 7(百臺)時總成本與總收益增加了多少?
(2) 當產量達到多少時,總利潤 $L(Q)$(單位:萬元)最大?
(3) 在利潤最大的情況下,若再生產 6(百臺),總利潤有何變化?

解 (1) 根據經濟總量的增量計算模型可得,產量從 1(百臺)增加到 7(百臺)時的總成本與總收益分別為:
$$\Delta C = \int_1^7 \left(5 + \frac{1}{6}Q\right)dQ = \left(5Q + \frac{1}{12}Q^2\right)\Big|_1^7 = 34\ (萬元)$$
$$\Delta R = \int_1^7 (12 - Q)\,dQ = \left(12Q - \frac{1}{2}Q^2\right)\Big|_1^7 = 48\ (萬元)$$

(2) 由於總利潤 $L(Q) = R(Q) - C(Q)$,因而可得:
$$L'(Q) = R'(Q) - C'(Q) = (12 - Q) - \left(5 + \frac{1}{6}Q\right) = 7 - \frac{7}{6}Q$$

令 $L'(Q) = 0$,得唯一駐點 $Q = 6$(百臺),所以當產量為 6(百臺)時總利潤最大.

(3) 在利潤最大的情況下,若再生產 6(百臺),總利潤的改變量為:
$$\Delta L = \int_6^{12} L'(Q)\,dQ = \int_6^{12}\left(7 - \frac{7}{6}Q\right)dQ = \left(7Q - \frac{7}{12}Q^2\right)\Big|_6^{12} = -21\ (萬元)$$

即在最大利潤時的產量 6(百臺)的基礎上,若再生產 6(百臺),利潤將會減少 21 萬元.

習題 3.5

1. 求由下列各組曲線所圍成的平面圖形的面積:
(1) 由曲線 $xy = 1$ 與直線 $y = x, x = 2$ 所圍成圖形.
(2) 由曲線 $y = e^x, y = e^{-x}$ 以及 $x = 1$ 圍成的圖形.

(3) 由立方拋物線 $y = x^3$ 與直線 $y = 1, y = 2$ 以及 y 軸圍成的圖形.

(4) 由拋物線 $y = x^2$ 與直線 $x + y = 2$ 所圍成的平面圖形.

2. 已知某產品總產量的變化率是時間 t(單位:年) 的函數:
$$f(t) = 2t + 5(t \geq 0)$$
求第一個五年和第二個五年的總產量各為多少?

3. 生產某產品 x 單位時,邊際成本為 $C'(x) = 20$ 元／單位,固定成本為 $10,000$ 元,試求生產 100 單位該產品時的總成本和平均成本.

4. 已知生產某產品 x 單位時,收益 R 的變化率(邊際收益) 為:
$$R'(x) = 200 - \frac{x}{100}$$

(1) 求生產 50 單位該產品時的總收益;

(2) 如果已經生產了 100 單位該產品,求再生產 100 單位該產品時的總收益.

5. 某產品的邊際成本為 $C'(Q) = 1 + 0.2Q$(單位:萬元／百臺),邊際收益為產量 Q(單位:百臺) 的函數 $R'(Q) = 5 - 0.8Q$(單位:萬元／百臺).

(1) 問產量為多少時,利潤最大?

(2) 在利潤最大的情況下,若再生產 3(百臺),總利潤有何變化?

參考答案

復習題三

一、單選題

1. 若 $f(x)$ 的導數是 $\sin x$,則 $f(x)$ 可能是(　　).

　　A. $2 + \cos x$ 　　　　　　　　B. $1 - \sin x$

　　C. $5 + \sin x$ 　　　　　　　　D. $1 - \cos x$

2. $x^2 + 1$ 為 $f(x)$ 的原函數,則(　　) 也為 $f(x)$ 的原函數.

　　A. $x^2 + 100$ 　　　　　　　　B. $2(x^2 + 1)$

　　C. $\ln(x^2 + 1)$ 　　　　　　　D. $(x^2 + 1)^3$

3. 若 $(\int f(x) \mathrm{d}x)' = ($ 　　$)$.

　　A. $f(x) + C$ 　　　　　　　　B. $f(x)$

　　C. $f'(x)$ 　　　　　　　　　　D. $f'(x) + C$

4. 下列積分值不為零的是(　　).

A. $\int_{-2}^{2} x^2 dx$ B. $\int_{-1}^{1} x dx$

C. $\int_{-\frac{\pi}{2}}^{\frac{\pi}{2}} \sin x dx$ D. $\int_{3}^{3} \sin x^2 dx$

5. $\int_{-1}^{3} |2-x| dx = ($ $)$.

   A. -1 B. 5
   C. -5 D. 3

6. 在區間 $[0, \frac{\pi}{2}]$ 上，曲線 $y = \sin x$ 與直線 $x = 0, y = 1$ 所圍成的圖形的面積是( ).

   A. $\frac{\pi}{2} - 1$ B. $1 - \frac{\pi}{2}$

   C. $2 - \pi$ D. $\pi - \frac{1}{2}$

7. 若某產品的總產量的變化率為 $f(t) = 10t - t^2$，那麼 t 從 $t_0 = 1$ 到 $t_1 = 3$ 這段時間內的總產量為( ).

   A. 36 B. $\frac{94}{3}$

   C. $\frac{122}{3}$ D. $\frac{92}{3}$

8. 已知總利潤函數為 $L(x) = \int (4 - \frac{4x}{3}) dx + C$，其中 $C = -1$，則它的最大利潤為( ).

   A. 6 B. 3
   C. 5 D. 0

二、填空題

1. 設 $f(x)$ 是連續函數，則 $\int df(x) = $ _____.

2. 若 $\int f(x) dx = \sin x + C$，則 $df(x) = $ _____.

3. $\int_{0}^{a} \sqrt{a^2 - x^2} dx = $ _____.

4. 設 $f(x)$ 為連續函數，則 $\int_{-a}^{a} x^2 [f(x) - f(-x)] dx = $ _____.

5. $\int_{0}^{1} (2x + k) dx = 2$，則 $k = $ _____.

6. 設 $f(x) = e^{-x}$，則 $\int \frac{f'(\ln x)}{x} dx = $ _____.

7. 若 $\int f(x) dx = \sqrt{1+x^2} + C$，則 $\int \cos x f(\sin x) dx = $ _____.

8. $\int_0^{\frac{\pi}{2}} \sin^7 x \, dx$ _____.

三、計算題

1. 計算下列不定積分：

（1）$\int x\sqrt{2x^2+1} \, dx$；

（2）$\int \frac{x^3}{x^2+1} dx$；

（3）$\int \frac{\sin\sqrt{x}}{\sqrt{x}} dx$；

（4）$\int \ln(x+1) \, dx$；

（5）$\int x^2 \arctan x \, dx$；

（6）$\int x^{2,018} \ln x \, dx$.

2. 計算下列定積分：

（1）$\int_{-1}^{1} (x + \sqrt{1-x^2}) \, dx$；

（2）$\int_0^{\frac{\pi}{2}} \cos^3 x \sin 2x \, dx$；

（3）$\int_0^{\pi} \sqrt{\sin^3 x - \sin^5 x} \, dx$；

（4）$\int_1^e \frac{1+\ln x}{x} dx$.

四、應用題

1. 求由曲線 $y = 2 - x^2$ 與直線 $y - 2x = 2$ 所圍成的平面圖形的面積.

2. 設某種商品的固定成本為 9,800 元，邊際成本 $C'(Q) = Q + 36$，其中 Q 為產量，求使平均成本最低的產量.

3. 已知某產品的邊際成本函數和邊際收益函數分別為 $C'(Q) = Q + 6$ 與 $R'(Q) = 33 - 8Q$，且固定成本為 100，Q 表示產量，試求：

（1）總成本函數與總收益函數；

（2）使總利潤最大的產量；

（3）產量由 2 單位減少到 1 單位時，總成本與總收益各自的改變量.

4. 某種商品的需求量 Q 是價格 p 的函數，該商品的最大需求量為 2,000（即 $Q(0) = 2,000$），且需求量關於價格的變化率（即邊際需求）為：

$$Q'(p) = -2,000(\ln 5)\left(\frac{1}{5}\right)^p$$

（1）求需求量 Q 關於價格 p 的函數關係式；

（2）求當價格從 $p = 1$ 上漲到 $p = 2$ 時，需求量減少的數量.

參考答案

【人文數學】

數學家萊布尼茨簡介

戈特弗里德·威廉·萊布尼茨(Gottfried Wilhelm Leibniz,1646—1716),德國哲學家、數學家.出生於書香門第的萊布尼茨是德國一位博學多才的學者.他的學識涉及哲學、歷史、語言、數學、生物、地質、物理、機械、神學、法學、外交等領域,並在每個領域中都有傑出的成就.然而,由於他獨立創建了微積分,並精心設計了非常巧妙而簡潔的微積分符號,從而使他以偉大數學家的稱號聞名於世.萊布尼茨對微積分的研究始於他31歲那年,那時他在巴黎任外交官,結識了數學家、物理學家惠更斯等人.他在名師的指導下系統研究了大量數學著作.1673年,他在倫敦結識了巴羅和牛頓等人,從此,他以非凡的理解力和創造力進入了數學前沿陣地.

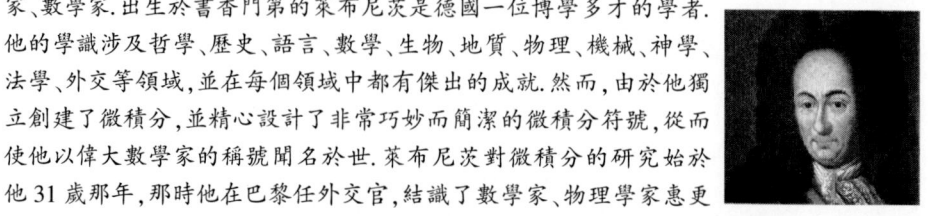

牛頓從運動學角度出發,以「瞬」(無窮小的「0」)的觀點創建了微積分.他說 dx 和 x,如同點和地球,或地球半徑與宇宙半徑.在其積分法論文中,他從求曲線所圍面積積分概念,把積分看作無窮小的和,並引入積分符號「$\int$」.這個積分符號是把拉丁文 Summa 的字頭 S 拉長.他提出的這個符號以及關於微積分的一些要領和法則一直保留到當今的教材中.

萊布尼茨也發現了微分和積分是一對互逆的運算,並提出了聯繫微分與積分的微積分基本定理,從而使原本各自獨立的微分學和積分學成為統一的微積分學.

萊布尼茨是數學史上最偉大的符號學者之一,堪稱符號大師.他曾說:要發明,就要挑選恰當的符號,而要做到這一點,就要用含義簡明的少量符號來表達和比較忠實地描繪事物的內在本質,從而最大限度地減少人的思維勞動.正像阿拉伯數字促進了算術和代數的發展一樣,萊布尼茨所創造的這些數學符號對微積分的發展也起了很大的促進作用.歐洲大陸的數學得以迅速發展,萊布尼茨的符號功不可沒.除積分、微分符號外,他創設的符號還有商「/」,比「:」,相似「∽」,全等「≌」,並「∪」,交「∩」以及函數和行列式等符號.

牛頓和萊布尼茨對微積分的創建都做出了巨大的貢獻,但兩人的方法和途徑是不同的.牛頓是在力學研究的基礎上,運用幾何方法研究微積分;萊布尼茨主要是在研究曲線的切線和面積的問題上,運用分析學方法引進微積分要領.牛頓在微積分的應用上結合了運動學,造詣精深,而萊布尼茨的表達形式更加簡潔準確.在對微積分具體內容的研究上,牛頓先有導數概念,後有積分概念;萊布尼茨則先有求積概念,後有導數概念.除此之外,牛頓與萊布尼茨的治學風格也迥然不同.作為科學家的牛頓,治學嚴謹.他遲遲不發表微積分著作《流數術》的原因,很可能是他沒有找到合理的邏輯基礎,也可能是出於「害怕別人反對」的心理.而作為哲學家的萊布尼茨富於想像,勇於推廣,結果造成在創作時間上牛頓先於萊布尼茨10年,而在發表的時間上,萊布尼茨卻早於牛頓3年.

雖然牛頓和萊布尼茨研究微積分的方法各異,但兩人殊途同歸.他們各自獨立地完成了創建微積分的盛業,榮譽應由他們兩人共享.然而在歷史上曾出現過一場圍繞微積分發明優先權的激烈爭論.牛頓的支持者,包括數學家泰勒和麥克勞林,認為萊布尼茨剽竊了牛頓的成果.那場爭論把歐洲科學家分成誓不兩立的兩派:英國和歐洲其他國家.爭論雙方停止了學術交流,而這不僅影響了數學的正常發展,也波及自然科學領域,以致發展成

英德兩國之間的政治摩擦.自尊心很強的英國民族抱住牛頓的概念和記號不放,拒絕使用更為合理的萊布尼茨的微積分符號和技巧,從而使英國在數學發展上大大落後於歐洲其他國家.

　　萊布尼茨的科研成果大部分出自青年時代,隨著這些成果的廣泛傳播,榮譽紛紛而來,他卻變得越來越保守.到了晚年,他在科學方面已無所作為.他開始為宮廷唱贊歌,為上帝唱贊歌,沉醉於研究神學和公爵家族.萊布尼茨生命中的最後 7 年,是在關於他和牛頓誰擁有微積分發明權的爭論中痛苦地度過的.他和牛頓一樣,都終生未娶.1716 年 11 月 14 日,萊布尼茨默默地離開了人世,被葬在宮廷教堂的墓地裡.

第四章
常微分方程初步

在經濟管理中,一個重要的任務就是要找到實際問題中所蘊含的各種經濟變量之間存在的函數關係.然而在實際工作中這些變量之間的函數關係往往很難直接找到,但通過某些經濟現象卻能比較容易得到關於這些未知函數的變化率(即導數)或微分的方程,這樣的方程就是微分方程.本章將給大家介紹微分方程的相關概念,一些簡單一階微分方程的解法以及其在經濟管理中的應用.

§4.1 微分方程概述

4.1.1 引例

我們先來看兩個引例,並通過這兩個引例來瞭解微分方程的相關概念.

引例 4.1 某企業生產一種產品,總利潤 $L(Q)$(單位:萬元)是產量 Q(單位:噸)的函數,已知邊際利潤 $L'(Q)=2Q-18$,且生產 20 噸產品時的利潤為 10 萬元,要求總利潤函數.

解 據題意已知:
$$L'(Q) = 2Q - 18 \tag{4.1}$$

且有:
$$L(20) = 10 \tag{4.2}$$

所以由微積分知識可得:
$$\begin{aligned} L(Q) &= \int L'(Q)\,dQ = \int (2Q-18)\,dQ \\ &= Q^2 - 18Q + C \quad (\text{其中 } C \text{ 為任意常數}) \end{aligned} \tag{4.3}$$

將 $L(20)=10$ 代入式(4.3)可得:
$$C = -30$$

故所求總利潤函數為:
$$L(Q) = Q^2 - 18Q - 30 \tag{4.4}$$

引例 4.2 將質量為 m 的物體在離地面高度 h 處以初速度 v_0 向上拋出,試求物體的運動規律(不考慮空氣阻力).

解 過上拋點做一垂直向上的直線,並以該直線與地面的交點為原點,垂直向上為正軸方向建立坐標系(見圖4-1),從物體上拋的時刻開始計時.

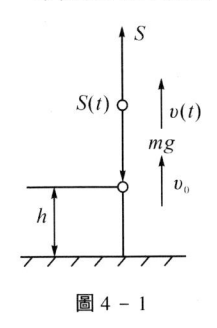

圖4-1

設在t時刻該物體的位置為$S=S(t)$,由導數的物理意義可知,物體在t時刻的速度與加速度分別為:

$$v = S'(t) = \frac{dS}{dt}, a = v'(t) = S''(t) = \frac{d^2 S}{dt^2}$$

由於不考慮空氣阻力,則有$a=-g$(g為重力加速度),即得到:

$$S''(t) = -g \quad (\text{即} v'(t) = -g) \tag{4.5}$$

據題意可知未知函數$S=S(t)$滿足下列條件:

$$S(0) = h, \quad v(0) = S'(0) = v_0 \tag{4.6}$$

對式(4.5)兩邊積分一次即可得到:

$$v(t) = \int (-g) dt = -gt + C_1, \text{即} S'(t) = -gt + C_1 \tag{4.7}$$

然後同樣對式(4.7)再積分一次便可得:

$$S(t) = -\frac{1}{2}gt^2 + C_1 t + C_2 \tag{4.8}$$

其中C_1、C_2是任意常數.

最後把式(4.6)的各項條件代入式(4.7)與式(4.8)便可求出任意常數:

$$C_1 = v_0, C_2 = h$$

於是,所求運動方程為:

$$S(t) = -\frac{1}{2}gt^2 + v_0 t + h \tag{4.9}$$

上面的兩個引例表明,在許多實際問題中,揭示某些客觀事物的函數關係往往只能用含其導數(或微分)的方程來表示,其函數關係也只能通過這類方程去尋求,像這樣的一種方程,我們稱其為微分方程.

4.1.2 微分方程的基本概念

定義4.1 含有未知函數的導數(或微分)的方程稱為**微分方程**. 未知函數是一元函數的微分方程稱為**常微分方程**;未知函數是多元函數的微分方程稱為**偏微分方程**.

本章只討論一些簡單的常微分方程.

微分方程中所含未知函數導數的最高階數,我們稱之為**微分方程的階**. 例如,引例1

中建立的微分方程 $L'(Q) = 2Q - 18$ 就是一階微分方程;引例 2 中建立的微分方程 $S''(t) = -g$ 就是二階微分方程.

定義 4.2 滿足微分方程的函數稱為**微分方程的解**. 如果是含任意常數的解, 且所含相互獨立的任意常數的個數與微分方程的階數相等, 則這類解我們稱其為**微分方程的通解**. 而不含任意常數的解我們稱其為**微分方程的特解**.

注意: 所謂相互獨立的任意常數是指不能合併的任意常數.

例如, 引例 1 中的 $L(Q) = Q^2 - 18Q + C$ 就是一階微分方程 $L'(Q) = 2Q - 18$ 的通解;引例 2 中的 $S(t) = -\frac{1}{2}gt^2 + C_1 t + C_2$ 就是二階微分方程 $S''(t) = -g$ 的通解, 其中的任意常數 $C_1 、 C_2$ 是不能合併的. 而這兩個引例最後求出的結果就是它們的特解.

定義 4.3 用來確定微分方程通解中任意常數的附加條件我們稱之為**初值條件**(也稱**初始條件**).

例如, 引例 1 中的條件 $L(20) = 10$, 引例 2 中的條件 $S(0) = h 、 S'(0) = v_0$, 都是初值條件. 初值條件我們也常寫成:

$$L\Big|_{Q=20} = 10, S\Big|_{t=0} = h, S'\Big|_{t=0} = v_0$$

例 4.1 求經過指定點 $(1, 3)$ 且斜率為 $2x$ 的曲線方程.

解 設所求曲線方程為 $y = y(x)$, 按題意, 有:

$$\frac{dy}{dx} = 2x \Rightarrow dy = 2x dx$$

兩邊積分可得:

$$y = \int 2x dx = x^2 + C$$

因為曲線過點 $(1, 3)$, 即 $y\Big|_{x=1} = 3$, 所以將其代入式 $y = x^2 + C$ 可得 $C = 2$.

於是所求曲線方程為:

$$y = x^2 + 2$$

在微分方程中, 我們把二階(含二階)以上的微分方程統稱為**高階微分方程**, 如引例 2 所建立的方程就屬於高階微分方程. 這類高階微分方程可歸納為:

$$y^{(n)} = f(x) \text{ 型}$$

對於這種類型的高階微分方程, 我們只需在方程兩邊連續積分降階, 直至求出未知函數 $y = f(x)$ 即可.

例 4.2 求三階微分方程 $y''' = x + 1$ 的通解.

解 在方程 $y''' = x + 1$ 兩邊連續積分三次可得:

$$y'' = \int (x+1) dx = \frac{1}{2}x^2 + x + C_1$$

$$y' = \int (\frac{1}{2}x^2 + x + C_1) dx = \frac{1}{6}x^3 + \frac{1}{2}x^2 + C_1 x + C_2$$

$$y = \int (\frac{1}{6}x^3 + \frac{1}{2}x^2 + C_1 x + C_2) dx$$

$$= \frac{1}{24}x^4 + \frac{1}{6}x^3 + \frac{C_1}{2}x^2 + C_2 x + C_3$$

例 4.3 驗證函數 $y = c_1 e^{2x} + c_2 e^{-2x}$ (c_1, c_2 為任意常數) 是二階微分方程
$$y'' - 4y = 0 \qquad (4.10)$$
的通解,並求此微分方程滿足初值條件 $y\big|_{x=0} = 0, y'\big|_{x=0} = 1$ 的特解.

解 將函數 $y = c_1 e^{2x} + c_2 e^{-2x}$ 分別求一階及二階導數,得:
$$y' = 2c_1 e^{2x} - 2c_2 e^{-2x}$$
$$y'' = 4c_1 e^{2x} + 4c_2 e^{-2x}$$
把它們代入微分方程(4.10)的左端,得:
$$y'' - 4y = 4c_1 e^{2x} + 4c_2 e^{-2x} - 4c_1 e^{2x} - 4c_2 e^{-2x} = 0$$
所以函數 $y = c_1 e^{2x} + c_2 e^{-2x}$ 是所給微分方程 $y'' - 4y = 0$ 的解.
又因這個解中含有兩個獨立的任意常數,
而任意常數的個數與微分方程 $y'' - 4y = 0$ 的階數相同,
所以它是該二階微分方程的通解.
現把初值條件 $y\big|_{x=0} = 0, y'\big|_{x=0} = 1$ 分別代入:
$$y = c_1 e^{2x} + c_2 e^{-2x}, y' = 2c_1 e^{2x} - 2c_2 e^{-2x}$$
得方程組:
$$\begin{cases} c_1 + c_2 = 0 \\ 2c_1 - 2c_2 = 1 \end{cases}$$
解得:
$$c_1 = \frac{1}{4}, c_2 = -\frac{1}{4}$$
於是所求微分方程的特解為:
$$y = \frac{1}{4}(e^{2x} - e^{-2x})$$

習題 4.1

1. 指出下列微分方程的階數:
(1) $dy - 3y dx = 0$;
(2) $x(y')^2 - 2xy' + x = 0$;
(3) $(7x - 6y)dx + (x + y)dy = 0$;
(4) $\left(\dfrac{dy}{dx}\right)^3 + y^{(4)} = x^2$;
(5) $y'' + 2x(y')^3 - x^4 = 0$;
(6) $y''' + 2xy'' - y = 0$.

2. 驗證函數 $y = Cx + \dfrac{1}{C}$ (C 是任意常數) 是方程 $x(y')^2 - yy' + 1 = 0$ 的通解,並求出滿足初值條件 $y\big|_{x=0} = 2$ 的特解.

3. 驗證函數 $y = C_1 e^{2x} + C_2 e^{-2x}$ (C_1 及 C_2 均為任意常數) 是二階微分方程 $y'' - 4y = 0$ 的通解,並求出滿足初值條件 $y(0) = 0, y'(0) = 1$ 的特解.

4. 已知曲線過點 $(1, 2)$,且在該曲線上任一點 $P(x, y)$ 處的切線斜率為 $3x^2$,求此曲線方程.

5. 求三階微分方程 $y''' = e^{2x} + 1$ 的通解.

參考答案

§4.2　可分離變量的一階微分方程

一階微分方程有許多種表達方式,就一般形式而言可概括為如下形式:
$$F(x, y, y') = 0 \quad \text{或} \quad y' = f(x, y)$$
本章只給大家介紹眾多一階微分方程中常會遇到的兩種形式,即可分離變量的一階微分方程與一階線性微分方程,本節先介紹可分離變量的一階微分方程.

4.2.1　可分離變量的一階微分方程解法

定義 4.4　形如
$$\frac{\mathrm{d}y}{\mathrm{d}x} = f(x) \cdot g(y) \quad (\text{其中 } g(y) \neq 0)$$
的微分方程,我們稱為**可分離變量的一階微分方程**.

對於這種形式的微分方程,我們可以通過變量分離的方法組成兩個微分表達式,然後通過兩邊的積分運算,找到 y 與 x 的某種對應關係(即我們要求的函數關係),這種對應關係可以是顯函數,也可以是隱函數,即:

(1) 分離變量: $\dfrac{1}{g(y)} \mathrm{d}y = f(x) \mathrm{d}x$.

(2) 兩邊同時積分: $\displaystyle\int \dfrac{1}{g(y)} \mathrm{d}y = \int f(x) \mathrm{d}x$.

(3) 求出對應關係: $G(y) = F(x) + C$, 其中的 $G(y)$、$F(x)$ 分別是函數 $\dfrac{1}{g(y)}$ 和 $f(x)$ 的一個原函數, C 是任意常數.

例 4.4　求一階微分方程 $\dfrac{\mathrm{d}y}{\mathrm{d}x} = 2xy$ 的通解.

解　原方程分離變量得:
$$\frac{\mathrm{d}y}{y} = 2x \mathrm{d}x$$

兩端再同時積分得:
$$\ln|y| = x^2 + c_1$$

即:

$$|y| = e^{x^2+c_1} = e^{c_1}e^{x^2}$$

或記作：
$$y = \pm e^{c_1}e^{x^2}$$

若記 $c = \pm e^{c_1}$，則通解為：
$$y = ce^{x^2}$$

例 4.5　解方程 $(1 + x^2)y\mathrm{d}y - x(1 + y^2)\mathrm{d}x = 0$.

解　移項得：
$$(1 + x^2)y\mathrm{d}y = x(1 + y^2)\mathrm{d}x$$

兩端同時除以 $(1 + x^2)(1 + y^2)$ 進行分離變量，得：
$$\frac{y}{1 + y^2}\mathrm{d}y = \frac{x}{1 + x^2}\mathrm{d}x$$

兩邊求積分得：
$$\int \frac{y}{1 + y^2}\mathrm{d}y = \int \frac{x}{1 + x^2}\mathrm{d}x$$

積分後得：
$$\frac{1}{2}\ln(1 + y^2) = \frac{1}{2}\ln(1 + x^2) + c_1$$

把任意常數 c_1 表示為 $\frac{1}{2}\ln c$，即：
$$\frac{1}{2}\ln(1 + y^2) = \frac{1}{2}\ln(1 + x^2) + \frac{1}{2}\ln c \quad (c > 0)$$

化簡得：
$$1 + y^2 = c(1 + x^2)$$

注意：本例求出來的未知函數是一個隱函數.

*4.2.2　可化成可分離變量的一階微分方程

定義 4.5　形如
$$\frac{\mathrm{d}y}{\mathrm{d}x} = \varphi\left(\frac{y}{x}\right)$$

的微分方程，我們稱為**可化成可分離變量的一階微分方程（又叫齊次方程）**.

對於這種微分方程，我們可以通過變量代換將原方程轉化成一個可分離變量的一階微分方程.

令 $\frac{y}{x} = u$，則有 $y = xu$，於是兩邊對 x 求導得：
$$\frac{\mathrm{d}y}{\mathrm{d}x} = u + x\frac{\mathrm{d}u}{\mathrm{d}x}$$

這樣方程 $\frac{\mathrm{d}y}{\mathrm{d}x} = \varphi\left(\frac{y}{x}\right)$ 就變成：
$$u + x\frac{\mathrm{d}u}{\mathrm{d}x} = \varphi(u)$$

然後分離變量得：

$$\frac{1}{\varphi(u)-u}du = \frac{1}{x}dx$$

這樣就把微分方程 $\dfrac{dy}{dx} = \varphi\left(\dfrac{y}{x}\right)$ 也變成了一個可分離變量的一階微分方程。

例4.6 求微分方程 $\dfrac{dy}{dx} = \dfrac{y^2}{xy - x^2}$ 的通解。

解 原方程可化成：

$$\frac{dy}{dx} = \frac{\left(\dfrac{y}{x}\right)^2}{\dfrac{y}{x} - 1}$$

於是令 $\dfrac{y}{x} = u$，則方程變為：

$$u + x\frac{du}{dx} = \frac{u^2}{u-1}$$

然後分離變量得：

$$\frac{u-1}{u}du = \frac{1}{x}dx$$

在方程兩邊積分後可求出方程的通解為：

$$\frac{y}{x} - \ln y = C$$

注意：本例求出來的未知函數是一個隱函數。

習題 4.2

1. 求下列微分方程的通解：
   (1) $y' = e^{x+y}$；
   (2) $dy - \sqrt{y}dx = 0$；
   (3) $x(y^2 - 1)dx + y(x^2 - 1)dy = 0$；
   (4) $xy' - y\ln y = 0$；
   (5) $x\ln y dy + y\ln x dx = 0$；
   (6) $\dfrac{dy}{dx} = \dfrac{y}{x} + \tan\dfrac{y}{x}$.

2. 求下列微分方程滿足所給初值條件的特解：
   (1) $y'\sin x = y\ln y$, $\quad y\big|_{x=\frac{\pi}{2}} = e$；
   (2) $\sqrt{1-x^2}\,y' = x$, $\quad y\big|_{x=0} = 0$；
   (3) $y' = e^{2x-y}$, $y\big|_{x=0} = 0$.

3. 已知一曲線上任意一點處的切線垂直於該點與原點的連線，求此曲線方程。

參考答案

§4.3　一階線性微分方程

在微分方程的概念中,線性微分方程是一個系列,從一階到 n 階不等,本章我們只介紹一階線性微分方程.

定義 4.6　形如
$$y' + p(x)y = Q(x)$$
的方程稱為**一階線性微分方程**. 其中 $p(x)$ 叫作**係數函數**,$Q(x)$ 是**自由項**,並且它們都是連續函數. 此方程也被稱為**關於 y、y' 的一階線性微分方程**.

在線性微分方程中,如果自由項 $Q(x) = 0$,則稱方程是齊次的;如果自由項 $Q(x) \neq 0$,則稱方程是非齊次的.

例如,當 $Q(x) = 0$ 時,$y' + p(x)y = 0$ 為**一階齊次線性微分方程**;而當 $Q(x) \neq 0$ 時,$y' + p(x)y = Q(x)$ 為**一階非齊次線性微分方程.**

4.3.1　一階齊次線性微分方程的解法

很顯然,一階齊次線性微分方程 $y' + p(x)y = 0$ 是一個可分離變量的微分方程,其通解可以利用分離變量法得到,即有如下通解公式:

$$y = Ce^{-\int p(x)dx} \quad (\text{其中 } C \text{ 是任意常數}) \qquad (4.11)$$

注意:這裡約定 $\int p(x)dx$ 只取 $p(x)$ 的一個原函數,它不含積分常數.

例 4.7　求微分方程 $y' + y\sin x = 0$ 的通解.

解　這是一個一階齊次線性微分方程,且 $p(x) = \sin x$. 利用通解公式 (4.11) 可得:
$$y = Ce^{-\int \sin x dx} = Ce^{\cos x}$$

例 4.8　解方程 $(y - 2xy)dx + x^2 dy = 0$.

解　原微分方程經過變形整理得:
$$\frac{dy}{dx} + \frac{1-2x}{x^2} y = 0$$

或寫成:
$$y' + \frac{1-2x}{x^2} y = 0$$

顯然,這是一個一階齊次線性微分方程,且

$$p(x) = \frac{1-2x}{x^2}$$

因為

$$-\int p(x)\,dx = \int\left(\frac{2}{x} - \frac{1}{x^2}\right)dx = \ln x^2 + \frac{1}{x}$$

所以利用通解公式(4.11)可得方程的通解為:

$$y = Ce^{\ln x^2 + \frac{1}{x}}$$

4.3.2 一階非齊次線性微分方程的解法

對於每個一階非齊次線性微分方程 $y' + p(x)y = Q(x)$ 來說,它都會有一個與之對應的一階齊次線性微分方程 $y' + p(x)y = 0$. 這兩個方程的等式的左邊是完全一樣的,不同之處在於方程等式右邊,一個不為零,一個等於零.

事實上,要求一階非齊次線性微分方程的通解,可以利用它所對應的一階齊次線性微分方程通解中的任意常數 C,經過常數變易法來推出它的通解公式,在這裡我們省略推導過程,直接給出一階非齊次線性微分方程的通解公式為:

$$y = e^{-\int p(x)\,dx}\left(\int Q(x)e^{\int p(x)\,dx}\,dx + C\right) \text{(其中 } C \text{ 是任意常數)} \tag{4.12}$$

注意:這裡也是約定 $\int p(x)\,dx$ 只取 $p(x)$ 的一個原函數,它不含積分常數.

例4.9 求微分方程 $\dfrac{dy}{dx} + 2xy = 2xe^{-x^2}$ 的通解.

解 這是一階非齊次線性微分方程,且

$$p(x) = 2x, \quad Q(x) = 2xe^{-x^2}$$

所以我們利用通解公式(4.12)可得:

$$y = e^{-\int 2x\,dx}\left(\int 2xe^{-x^2}e^{\int 2x\,dx}\,dx + C\right)$$

$$= e^{-x^2}\left(\int 2x\,dx + C\right)$$

$$= e^{-x^2}(x^2 + C)$$

故得原方程的通解為:

$$y = (x^2 + C)e^{-x^2}$$

例4.10 求方程 $\begin{cases} y' + y - x = 0 \\ y(0) = 1 \end{cases}$ 的解.

解 據題意可知,本例是求微分方程的特解.在解微分方程時,要求特解,往往需要先求出通解,然後再根據所給的初值條件去求出特解.

原方程可化為:

$$y' + y = x$$

這是一個 $p(x) = 1, Q(x) = x$ 的一階非齊次線性微分方程.

由通解公式(4.12)可得:

$$y = e^{-\int dx}\left(\int xe^{\int dx}\,dx + C\right) = e^{-x}\left(\int xe^x\,dx + C\right)$$

$$= e^{-x}(xe^x - e^x + C) = x - 1 + Ce^{-x}$$

將初值條件 $y\big|_{x=0} = 1$ 代入可得 $C = 2$,因此所求特解為:
$$y = 2e^{-x} + x - 1$$

在微分方程中,變量 y 與 x 的未知函數關係往往總是相互依存的,也就是說 y 與 x 都可以作為因變量(即函數)或自變量而存在,所以一階非齊次線性微分方程還可以寫成:
$$x' + p(y)x = Q(y)$$

這個方程我們稱之為**關於 x、x' 的一階線性微分方程**.於是我們同樣可以得到這個方程的通解公式,即:
$$x = e^{-\int p(y)dy}\left(\int Q(y)e^{\int p(y)dy}dy + C\right) \quad (\text{其中 } C \text{ 是任意常數}) \tag{4.13}$$

在這裡 x 成了因變量(即函數),而 y 卻成了自變量.同樣在這裡我們也約定 $\int p(y)dy$ 只取 $p(y)$ 的一個原函數,它不含積分常數.

例 4.11 求微分方程 $\dfrac{dy}{dx} = \dfrac{y}{x + y^3}$ 的通解.

解 這個方程顯然不是關於 y、y' 的一階線性微分方程,因此公式(4.12)在這是不能用,但是這個方程經過變形可轉化成:
$$\frac{dx}{dy} - \frac{1}{y}x = y^2 \quad (\text{即 } x' - \frac{1}{y}x = y^2)$$

於是方程就變成了關於 x、x' 的一階線性微分方程,且
$$p(y) = -\frac{1}{y}, Q(y) = y^2$$

因此利用公式(4.13)有:
$$x = e^{\int \frac{1}{y}dy}\left(\int y^2 e^{-\int \frac{1}{y}dy}dy + C\right)$$
$$= y\left(\int y\, dy + C\right)$$
$$= y\left(\frac{1}{2}y^2 + C\right)$$

習題 4.3

1. 求下列微分方程的通解:

(1) $y' + 2y = 1$; (2) $x^2 dy + (2xy - x^2)dx = 0$;

(3) $y' - \dfrac{2}{x+1}y = (x+1)^2$; (4) $\dfrac{dy}{dx} + y = e^{-x}$;

(5) $\dfrac{dx}{dy} - 2xy = 2y$; (6) $(x^2 + 1)y' + 2xy - \cos x = 0$.

2. 求下列微分方程滿足所給初值條件的特解:

(1) $(x - 2)\dfrac{dy}{dx} = y + 2(x - 2)^3$, $y\big|_{x=1} = 0$;

（2）$y' + y\cos x = e^{-\sin x}$，$y\big|_{x=0} = 0$.

3. 設一曲線經過原點，且在點 (x,y) 處的切線斜率等於 $2x + y$，求此曲線方程.

參考答案

*§4.4　微分方程的應用舉例 —— 固定資產折舊模型

微分方程理論在經濟管理學中有著廣泛的應用，特別是建立微分方程數學模型能夠為經濟分析提供有力的工具.本節介紹一個微分方程在經濟管理中的應用範例 —— 通過微分方程來建立固定資產折舊模型.

問題背景：企業在進行成本核算的時候，經常要計算固定資產的折舊，一般來說，固定資產在任一時刻的折舊額與當時固定資產的價值是成正比.試研究建立固定資產價值 P 與時間 t 的函數關係.

問題求解：設時刻 t 該固定資產的價值為 $P = P(t)$，則該時刻資產的折舊就是 $\dfrac{\mathrm{d}P}{\mathrm{d}t}$，由於固定資產的價值 P 是隨時間 t 的增加而減少的，因此 $P = P(t)$ 是遞減函數，即 $\dfrac{\mathrm{d}P}{\mathrm{d}t} < 0$.

據題意可知：

$$\frac{\mathrm{d}P}{\mathrm{d}t} = -kP \quad \text{（其中 } k \text{ 為比例系數}, k > 0\text{）}$$

這是一個一階齊次線性微分方程，利用通解公式(4.11)可得通解為：

$$P = Ce^{-\int k\mathrm{d}t} = Ce^{-kt}$$

下面利用初值條件來求出參數 C 與 k.假設從某一時刻開始計算，記此時刻的時間為 $t = 0$，資產價值為 $P(0) = P_0$，n 年後該資產的價值為 $P(n) = P_n$.

將條件 $P(0) = P_0$ 代入通解，得 $C_0 = P_0$，故原方程的特解為 $P = P_0 e^{-kt}$.再將條件代入特解 $P(n) = P_n$，得 $P_n = P_0 e^{-kn}$，由此求出：

$$k = \frac{1}{n}\ln\frac{P_0}{P_n}$$

因此原方程的特解可以表示為：

$$P = P_0 e^{-\frac{t}{n}\ln\frac{P_0}{P_n}} = P_0 \left(\frac{P_0}{P_n}\right)^{-\frac{t}{n}} = P_0 \left(\frac{P_n}{P_0}\right)^{\frac{t}{n}}$$

從而得到固定資產價值 P 與時間 t 的函數關係為：

$$P(t) = P_0 \left(\frac{P_n}{P_0}\right)^{\frac{t}{n}}$$

這就是**資產折舊模型**.其中 P_0 表示最初資產價值,P_n 表示經過 n 年後資產的價值.根據這兩個已知的資產價值,我們就可以利用折舊模型,計算該資產在今後的某一時刻的價值.

顯然,$P_n < P_0$,即 $\dfrac{P_n}{P_0} < 1$. 所以我們觀察資產折舊模型可以發現,當時間無限延長時可以認為 $t \to +\infty$,這時 $P(t) = P_0 \left(\dfrac{P_n}{P_0}\right)^{\frac{t}{n}} \to 0$,也就是說資產的價值趨近於零,這同我們現實中的認知是非常貼切的.

例 4.12　假設某固定資產 5 年前購買時價值為 10,000 元,而現在的價值為 6,000 元,試估算該固定資產再過 10 年的價值大約是多少?

解　據題意可知 $P_0 = 10,000, P_5 = 6,000 P_0$.

再過 10 年的價值,應該是 $t = 15$ 時刻的固定資產價值 $P(15)$.

因此,我們利用固定資產折舊模型可得:

$$P(15) = P_0 \left(\dfrac{P_5}{P_0}\right)^{\frac{15}{5}} = 10,000 \times \left(\dfrac{6,000}{10,000}\right)^3 = 2,160(元)$$

所以,該固定資產再過 10 年後的價值為 2,160 元.

習題 4.4

1. 若某儀器設備 5 年前購買時的價格為 10,000 元,而現在的價值為 5,000 元,試利用資產折舊模型估算該儀器設備再過 6 年的價值.

2. 請你根據資產價值折舊模型對身邊的某項資產進行價值估算,並說明運用此模型有什麼實際意義.

參考答案

復習題四

一、單選題

1. 微分方程 $y'' + (y')^3 + 2x = 0$ 的階數是(　　).

　A.1　　　　　　　　　　　　B.2

C.3   D.4

2. 微分方程 $xy'' + y''' = 0$ 的通解中應含的獨立任意常數的個數為( )。

   A.1   B.2

   C.3   D.4

3. 指出下列哪個方程不是微分方程( )。

   A. $y^2 = 2y + x$ B. $2x(y')^3 + 2x = 0$

   C. $dy - \sqrt{y}\,dx = 0$ D. $\dfrac{d^2 y}{dx^2} = 3$

4. 微分方程 $xy' + 3y = 0$ 的通解是( )

   A. $y = x^{-3}$ B. $y = Cxe^x$

   C. $y = Ce^x$ D. $y = Cx^{-3}$

5. 微分方程 $x\,dy = y\ln y\,dx$ 的一個特解是( )。

   A. $y = \ln x$ B. $y = \sin x$

   C. $y = e^x$ D. $(\ln y)^2 = x$

6. 微分方程 $x^2 y\,dx - dy = x^2\,dx$ 是( )。

   A.可分離變量的微分方程   B.一階線性微分方程

   C.二階微分方程   D. 以上都不正確

7. 微分方程 $(x + y)\,dx + x\,dy = 0$ 是( )。

   A.可分離變量的微分方程   B.一階線性微分方程

   C.二階微分方程   D. 以上都不正確

8. 下列函數是微分方程 $y'' = x^2$ 的解的是( )。

   A. $y = \dfrac{1}{x}$ B. $y = \dfrac{x^3}{3} + 1$

   C. $y = \dfrac{x^4}{6}$ D. $y = \dfrac{x^4}{12}$

二、計算題

1. 根據已給的初始條件，確定下列函數關係式中的任意常數：

$(1)\ e^x + e^{-y} = C,\ y\big|_{x=1} = -2;$

$(2)\ y = (C_1 + C_2 x)e^{2x},\ y\big|_{x=0} = 0,\ y'\big|_{x=0} = 1.$

2. 求下列微分方程的解：

$(1)\ y' = xy;$ $(2)\ (y + 1)\,dx + (x - 1)\,dy = 0;$

$(3)\ y\ln x\,dx + x\ln y\,dy = 0;$ $(4)\ xyy' = 1 - x^2;$

$(5)\ \dfrac{dy}{dx} = 5^{x+y},\ y\big|_{x=1} = 0;$ $(6)\ \dfrac{dx}{y} + \dfrac{dy}{x} = 0,\ y\big|_{x=3} = 4;$

$(7)\ \dfrac{x}{1+y}\,dx - \dfrac{y}{1+x}\,dy = 0,\ y\big|_{x=1} = 0;$ $(8)\ x\,dy - 3y\,dx = 0,\ y\big|_{x=1} = 1.$

3. 求下列微分方程的解：

(1) $y' + 2y = e^{-x}$;

(2) $y' + \dfrac{2}{x}y - \dfrac{x}{a} = 0$;

(3) $y' - 3xy = 2x$;

(4) $y' - \dfrac{2}{x}y = x^2 \sin 3x$;

(5) $\dfrac{dy}{dx} + \dfrac{y}{x} = \dfrac{\sin x}{x}, y\big|_{x=\pi} = 1$;

(6) $\dfrac{dy}{dx} - y\tan x = \sec x, y\big|_{x=0} = 0$;

(7) $y' - \dfrac{2}{x}y = \dfrac{1}{2}x, y\big|_{x=1} = 2$;

(8) $xy' + y - e^x = 0, y\big|_{x=0} = b$.

三、應用題

1. 一曲線通過點 $(1,1)$，且曲線上任意點 $M(x,y)$ 處的切線與直線 OM 垂直，求此曲線的方程．

2. 某商品需求量 Q 對價格 P 的彈性為 $-P\ln 2$，已知該商品的最大需求量（即價格為零時的需求量）為 200，求需求量 Q 與價格 P 的函數關係．

3. 某產品的利潤 L 與廣告費 x 的函數關係 $L = L(x)$ 滿足微分方程：
$$L' = b - a(x + L)$$
其中 a, b 為已知正常數，且 $L(0) = L_0 > 0$，試求 $L(x)$．

參考答案

【人文數學】

數學家歐拉簡介

歐拉（L. Euler, 1707—1783）是瑞士數學家，出生於瑞士的巴塞爾，卒於聖彼得堡．歐拉的父親保羅·歐拉是位牧師，喜歡數學，所以歐拉從小就受到家庭的熏陶．但父親卻執意讓他攻讀神學，以便將來接他的班．幸運的是，歐拉並沒有走父親為他安排的路．父親曾在巴塞爾大學上過學，與當時著名數學家約翰·伯努利（Johann Bernoulli, 1667—1748）及雅各布·伯努利（Jacob Bernoulli, 1654—1705）有幾分情誼．由於這種關係，歐拉結識了約翰的兩個兒子：擅長數學的尼古拉（Nicolaus Bernoulli, 1695—1726）及丹尼爾（Daniel Bernoulli, 1700—1782）兄弟二人（這二人後來都成了數學家）．他倆經常給小歐拉講生動的數學故事和有趣的數學知識．這些都使歐拉受益匪淺．1720 年，由約翰保舉，才 13 歲的歐拉成了巴塞爾大學的學生，而且約翰精心培養著聰明伶俐的歐拉．當約翰發現課堂上的知識已滿足不了歐拉的求知慾望時，他就決定每週六下午單獨給他授課．約翰的心血沒有白費，在他的嚴格訓練下，歐拉終於成長起來．歐拉 17 歲的時候，成為巴塞爾有史以來最年輕的碩士，並成為約翰的

助手.在約翰的指導下,歐拉從一開始就選擇了通過解決實際問題進行數學研究的道路.1726 年,19 歲的歐拉由於撰寫了《論桅杆配置的船舶問題》而獲得巴黎科學院的資助獎金.

歐拉的成長與他這段經歷是分不開的.當然,歐拉的成才還有另一個重要的因素,就是他那驚人的記憶力! 他能背誦前 100 個質數的前十次冪,能能背誦羅馬詩人維吉爾(Virgil) 的史詩 *Aeneil*,能背誦全部的數學公式.直至晚年,他還能復述年輕時的筆記的全部內容.高等數學的計算他可以用心算來完成.

儘管他的天賦很高,但如果沒有約翰的教育,結果也很難想像.約翰·伯努利以其豐富的閱歷和對數學發展狀況的深刻瞭解,指點歐拉一開始就學習那些雖然難學卻十分必要的書,使歐拉少走了不少彎路.這段經歷對歐拉的影響極大,以至於歐拉成為大科學家之後仍不忘記培養新人,這主要體現在歐拉一直致力於編寫教科書和培養有才華的數學工作者,其中包括後來成為大數學家的拉格朗日(J. L. Lagrange, 1736—1813).

歐拉本人雖不是教師,但他對教學的影響很大.他身為世界一流的學者、教授,肩負著解決高深課題的重擔,卻能無視「名流」的非議,熱心於數學的普及工作.他編寫的《無窮小分析引論》《微分法》和《積分法》均產生了深遠的影響.有的學者認為,自從 1784 年以後,初等微積分和高等微積分教科書基本上都是在抄襲歐拉的書,或者抄襲那些抄襲歐拉的書.

歐拉在這方面與其他數學家如高斯、牛頓等都不同.他們所寫的書一是數量少,二是艱澀難明,別人很難讀懂.而歐拉的文字既輕鬆又明了,堪稱教科書的典範.歐拉從來不壓縮字句,總是津津有味地把他那豐富的思想和廣泛的興趣寫得有聲有色.他用德、俄、英文發表過大量通俗文章,還編寫過大量中小學教科書.他編寫的關於初等代數和算術的教科書考慮細緻,敘述有條有理.他用許多新的思想和敘述方法,使得這些書既嚴謹又易於理解.歐拉最先把對數定義為乘方的逆運算,並且最先發現了對數是無窮多值的.他證明了任一非零實數 R 有無窮個對數.歐拉使三角學成為一門系統的科學,用比值來給出了三角函數的定義,而在他以前學界一直以線段的長作為三角函數的定義.歐拉的定義使三角學跳出只研究三角表這個圈子,並對整個三角學做了分析性的研究.在這以前,三角學的每個公式僅從圖中推出,大部分以文字敘述來表達.歐拉卻從最初的幾個公式推導出了全部三角公式,還獲得了許多新的公式.歐拉用 a、b、c 表示三角形的三條邊,用 A、B、C 表示各邊所對的角,從而使敘述大大得到簡化.

在普及教育和科研中,歐拉意識到符號的簡化和規則化既有助於學生的學習,又有助於數學的發展,所以歐拉創立了許多新的符號.如用 $\sin$、$\cos$ 等表示三角函數,用 e 表示自然對數的底,用 $f(x)$ 表示函數,用 $\sum$ 表示求和,用 i 表示虛數,等等.圓周率 π 雖然不是歐拉首創,但卻是經過歐拉的倡導才得到廣泛推廣的.而且,歐拉還把 e、π、i 統一在一個令人叫絕的關係式 $e^{\pi i} + 1 = 0$ 中.

歐拉不但重視教育,而且重視人才.當時法國的拉格朗日只有 19 歲,而歐拉已 48 歲.拉格朗日與歐拉通信討論「等周問題」,而歐拉也在研究這個問題.後來拉格朗日獲得成果,歐拉就壓下自己的論文,讓拉格朗日首先發表,使他一舉成名.

作為這樣一位科學巨人,歐拉在生活中卻並不是一個呆板的人.他性情溫和,性格開朗,也喜歡交際.歐拉結過兩次婚,有 13 個孩子.他熱愛家庭生活,常常和孩子們一起做科學游戲、講故事.歐拉旺盛的精力和鑽研精神一直堅持到他生命的最後一刻.1783 年 9 月

18 日下午,歐拉一邊和小孫女逗著玩,一邊思考著如何計算天王星的軌跡,突然,他從椅子上滑下來,嘴裡輕聲說:「我死了.」一位科學巨匠就這樣約束了他的生命.歷史上,能跟歐拉比肩的人不多,有的歷史學家把歐拉和阿基米德、牛頓、高斯列為有史以來貢獻最大的四位數學家,依據是他們都有一個共同點,就是在創建純粹理論的同時,還應用這些數學工具去解決大量天文、物理和力學等方面的實際問題.他們的工作是跨學科的,並且他們不斷地從實踐中吸取豐富的營養,但又不滿足於具體問題的解決,而是把宇宙看作一個有機的整體,力圖揭示它的奧秘和內在規律.

由於歐拉出色的工作,後世的著名數學家都極度推崇歐拉.大數學家拉普拉斯曾說過:讀讀歐拉,這是我們一切人的老師.被譽為數學王子的高斯也曾說過:對於歐拉工作的研究,將仍舊是對於數學的不同範圍的最好的學校,並且沒有別的可以替代它.

第五章
數學建模簡介

由教育部高教司和中國工業與應用數學學會共同舉辦的一年一度的全國大學生數學建模競賽已經在全國高校蔚然成風,已成為高校中規模最大的大學生課外科技活動之一,而作為培養大學生應用創新能力最有效的課程——數學建模課程,從20世紀80年代初以來,已逐漸進入中國大學課堂.

本章將對數學模型、數學建模及建模的方法、中國大學生數學建模競賽做簡單介紹.

§5.1 數學模型、數學建模的概念及類型

世界上的一切事物都按照一定的客觀規律運動、變化著,事物間彼此相互聯繫和制約著,從浩瀚的宇宙到微小的粒子,從自然科學到社會科學,都是如此.事物的變化規律和事物之間的聯繫,必然蘊含著一定的數量關係,而找尋這樣的關係、建立起數學模型對於人們認識世界、改造世界是極其重要的.

5.1.1 數學模型與數學建模的概念

人們在認識研究現實世界裡的客觀對象時,由於客觀對象的複雜性,往往不能直接面對那些對象的原型,因此常常需要設計、構造出它們的模型,如玩具模型、展覽廳裡各種各樣的模型、化學上的分子結構模型等.這些都是人們為了一定的目的,對客觀事物和現象的某一部分進行簡化、抽象、提煉出來的原形替代物,集中反應了原形中人們需要的那一部分特徵,因而有利於幫助人們認識客觀對象.這類模型我們稱之為具體模型.

什麼是數學模型呢?對此,現在雖然還沒有一個統一的、準確的定義,但一般可描述為:數學模型是關於部分現實世界和為一種特殊目的而做的一個抽象的、簡化的結構.具體來說,數學模型是人們在解決實際問題的時候,忽略一些次要因素,抓住主要的因素,做一些必要的簡化,將抽象所得的問題,用數學語言對其進行近似的刻畫,用字母、數學及其他數學符號建立起來的等式或不等式以及圖表、圖像、框圖等描述客觀事物的特徵及其內在聯繫的數學結構表達式,以便於人們更深刻地認識所研究的對象.

應該說,數學模型是我們每個人都十分熟悉的,在學習初等代數時我們就已經用建立數學模型的方法來解決實際問題了.例如,我們一定解決過例5.1這樣的問題.

例5.1 一個人步行從A地到B地,兩地相距13.2千米,同時又有一個人騎自行車由B地到A地.44分鐘後兩人相遇,而騎車人到達A地比行人到達B地的時間早1小時45分鐘,求行人和騎車人的速度.

解 設行人和騎車人的速度分別為x米／分、y米／分,則由題意可得:

$$\begin{cases} \dfrac{13,200}{x+y} = 44 & (5.1) \\ \dfrac{13,200}{x} - \dfrac{13,200}{y} = 105 & (5.2) \end{cases}$$

由式(5.1)得:
$$x + y = 300, y = 300 - x \quad (5.3)$$

由式(5.2)得:
$$880(y - x) = 7xy \quad (5.4)$$

將式(5.3)代入式(5.4)得:
$$880(300 - 2x) = 7x(300 - x)$$

解得:
$$x_1 = \frac{3,300}{7}, x_2 = 80$$

由於$x_1 = \dfrac{3,300}{7} > 300$,代入式(5.3)將使$y < 0$,顯然不合題意,捨去.因此有:
$$x = 80, y = 220$$

所以,行人和騎車人的速度分別是80米／分和220米／分.

實際上,這裡列出的方程組,就是解決上述這個實際問題的數學模型,而數學模型(在這裡就是建立的方程組)的建立,將原問題轉化成了一個純粹的數學問題,方程組的解$x = 80$(米／分),$y = 220$(米／分)最終給出了問題的答案.

對於生產實際中的問題,其數學模型比例5.1要複雜得多,但數學模型的基本內容已經包含在求解這個代數應用題的過程中了,那就是,根據建立數學模型的目的和問題的背景做出必要的簡化假設(行人和騎車人的速度為常數),用字母表示待求的未知量(x、y分別表示行人和騎車人的速度),利用相應的物理或其他規律(勻速運動的距離等於速度乘以時間等),列出式子(二元方程組),建立數學模型.這種建立數學模型的過程就稱為數學建模.

求出數學上的解答($x = 80, y = 220$),用這個答案解釋原問題(行人和騎車人的速度分別是80米／分和220米／分),最後,還要根據實際現象來驗證上述結果.

5.1.2 數學模型的類型

由於實際問題總是複雜多樣,建立起來的數學模型也是千差萬別,因此,瞭解數學模型的類型對於建立數學模型是非常重要的.數學模型可以按照不同的方式進行分類,常見的有以下幾種:

(1)按照模型的應用領域(或所屬學科)可分為:人口模型、環境模型、交通模型、水資源模型、生態模型、城鎮規劃模型、資源再生模型、污染模型等.

（2）按照建立模型所應用的數學方法（或所屬數學分支）可分為：初等模型、幾何模型、微分方程模型、差分方程模型、概率統計模型、線性規劃模型、圖論模型、馬氏鏈模型等。

（3）按照模型中的變量特點有以下幾種分法：

第一，確定性模型和隨機性模型．這種分法取決於是否考慮隨機因素的影響．近年來，隨著數學的發展，又有了突變性模型和模糊性模型．

第二，連續模型和離散模型．這是指模型中的變量（主要是時間變量）是取為離散的還是連續的．

第三，線性模型和非線性模型．這取決於模型的基本關係，如方程是否為線性的．

第四，靜態模型與動態模型．這取決於是否考慮時間因素引起的變化．

雖然從本質上講大多數實際問題都是隨機性的、動態的、非線性的，但由於確定性、靜態、線性模型容易處理，並且往往可作為初等的近似來解決問題，所以建模時常常先考慮確定性、靜態、線性模型．連續性模型便於利用微積分法求解，做理論分析，而離散模型便於用計算機做數值計算，所以用哪種模型要看具體問題而定．在具體的建模過程中將連續模型離散化，或將離散變量視作連續變量，也是常用的方法．

（4）按照人們對事物發展過程的瞭解程度可分為：白箱模型、灰箱模型和黑箱模型等．這是把研究對象比喻成箱子裡的機關，要通過建模來提示它的奧妙．白箱模型是指那些內部規律比較清楚的模型，如力學、熱學、電學及相關的工程技術問題等；灰箱模型是指那些內部規律尚不十分清楚，在建立和改善模型方面都還不同程度地有許多工作要做的問題，如氣象學、生態學、經濟學等領域的模型；黑箱模型是指一些內部規律還很少為人們所知的現象，如生命科學、社會科學等方面的問題．有些工程技術問題雖然主要基於物理、化學原理，但由於因素眾多、關係複雜和觀測困難等，也常把它們作為灰箱或黑箱模型處理．白、灰、黑之間並沒有明顯的界線，而且隨著科學技術的發展，箱子的「顏色」也將逐漸由暗變亮．

（5）按照建模的目的可分為：描述模型、分析模型、預測模型、優化模型、決策模型、控制模型和預報模型等．

§5.2　數學建模的基本方法和步驟

5.2.1　數學建模的基本方法

數學建模面臨的問題是多種多樣的，在問題中所給出的已知信息也各不相同，有的是一組實測的數據或模擬數據，有的是對問題的定性描述．不同的信息用不同的方法去處理，會得到不同的模型，而即使面對相同的已知信息，由於建模的目的、分析的方法、採用的數學工具等的不同，得到的模型也會不同，因此，數學建模的方法及數學模型的分類都只能是從一般意義上進行區分．

5.2.1.1　機理分析方法

這種方法是根據對客觀事物特性的認識，分析其因果關係，通過推理分析找出反應

事物內部機理的數量規律.利用這種方法建立的模型常常有明確的物理或現實意義,如萬有引力定律、能量轉換定律.

5.2.1.2 測試分析方法

這種方法也叫系統辨識法,是指對客觀事物的特性不能準確認識,看不清其內部機理,從而通過對系統的輸入、輸出數據的測量和統計分析,按照一定的準則找出與數據擬合得最好的模型,如天氣預報問題、疾病診斷問題等模型.測試分析方法有一套完整的數學方法,最小二乘法、迴歸分析等就屬於這類方法.

在這兩類方法中,又可根據所應用的數學方法的不同而分為許多具體的方法,如機理分析方法中有微分方程方法、最優化方法等,測試分析方法中有迴歸分析方法、方差分析方法等.而且在實際建模中往往是兩類方法的綜合運用,即用機理分析方法確定數學模型的結構,再用測試分析方法確定模型中的參數,如人口預測模型就是這樣的.

5.2.2 數學建模的基本步驟

由於數學模型涉及的範圍很廣,有很大的靈活性,不可能有現存的定理和公式去建立每一個模型,因此,建模的步驟就顯得十分重要.做好建模的每一個步驟是建立一個好的數學模型的基本保證.儘管數學建模的方法多種多樣,但是針對實際問題,建立數學模型的基本過程大體相同,一般有如下步驟:

5.2.2.1 模型準備

數學建模是一項創新活動,其第一步是對問題所給條件和數據進行分析,明確要解決的問題,通過對問題的分析,明確問題中所給出的信息與哪些學科有關(屬於哪一個領域),判斷可能用到的知識和方法,最好能確定解決問題的重點和關鍵所在.另外,還要瞭解問題的實際背景,收集建模必要的相關數據和參考資料.

5.2.2.2 模型假設

這是數學建模過程中最關鍵的一個步驟,是根據所研究對象的特徵及建模目的,抓住問題的本質,忽略次要因素,對問題做出合理、簡化的假設.假設的合理性主要是指假設要基本符合實際情況.假設的簡化性主要是為了能夠用數學的語言描述問題,同時方便入手,使解題方向更加明確.做出合理、簡化的假設,取決於對問題的瞭解是否準確、深入,還取決於是否具有直觀的判斷力、豐富的想像力,以及是否具有足夠多的知識儲備,在實際建模過程中還要對已做的假設進行不斷的補充和修改.

5.2.2.3 模型建立

建立數學模型除了要具備應用數學方面的知識外,還需要具備一些相關學科的專門知識.在建立模型之前,一是要明確建模的目的,二是要善於發揮想像力,注意使用類比法,分析所研究的對象與熟悉的其他對象的共性,借用已有的模型,並在此基礎上加以修改和推廣以便適用於所研究的問題.建立模型時還要根據所做的假設和有關數據建立起問題中相關變量或因素之間的數學規律 —— 數學表達式、圖形、表格、算法等;根據所做

出的假設,用數學語言、符號描述出研究對象的內在規律,並建立包含常量、變量等的數學模型,可以是函數表達式、數學方程、算法或圖形等.構建的模型過於簡單或者過於複雜都不好.建立模型的原則是要盡量用簡單的數學工具,因為建立的模型總是希望能有更多的人瞭解和使用,而不是只供少數專家欣賞.另外也不要一味追求簡單,忽略了某些重要因素,從而使結果大相徑庭.

5.2.2.4　模型求解

採用各種計算方法對所建立的數學模型進行求解,可能是求函數的極值,求方程的解、算法或圖形的實現等各種傳統的和近代的數學方法,特別是計算機技術.掌握一兩個數學工具軟件(如 MATLAB、SPSS 等),對於求解是非常重要的,也將帶來極大的方便.

5.2.2.5　模型分析

對求解結果進行數學上的分析,如結果的誤差分析(誤差是否在允許的範圍內)、統計分析(結果是否符合特定的統計規律)、模型對數據的靈敏度分析(模型的結果是否會因數據的微小改變而發生大的變化)等.通過分析,如果發現結果不符合要求,就修改或檢查前幾步是否有問題,特別是要修改模型的假設條件,重新建模,直到符合要求;通過分析,如果結果符合要求,則還可以對模型進行進一步的評價、優化.

5.2.2.6　模型檢驗

將求解結果和分析結果放到實際問題之中,與實際現象、實際數據進行比較,檢驗其是否與實際吻合.如果吻合較好,則模型及其結果可以應用於實際問題;如果吻合不好,則需對模型進行修正.此時問題常常出在模型假設上,所以應對模型假設進行修正或補充,然後重新建模.一個好的模型有時需要反覆修正幾次才能得到.

5.2.2.7　模型應用

當所建立的模型經過檢驗已成為一個具有合理性和實用性的模型後,就可以用來解決實際問題了.

以上所歸納的是建立數學模型的常規步驟,實際上,有時各步驟之間的界限並不分明,比如一個算法的建立與求解過程往往是緊密聯繫在一起的,因而建模時也要靈活處理各步驟之間的關係.

數學建模的流程如圖 5 - 1 所示.

數學模型的建立過程告訴我們,數學模型是對客觀對象進行歸納和抽象化的產物,它源於客觀實際,又高於客觀實際.數學建模的過程就是「實踐 → 理論 → 再實踐」的過程,因此,與其說數學建模是一門技術,不如說數學建模是一門藝術.它需要熟練的數學技巧、豐富的想像力、敏銳的洞察力,需要大量閱讀、思考別人所做的模型,尤其要自己動手,親身體驗.

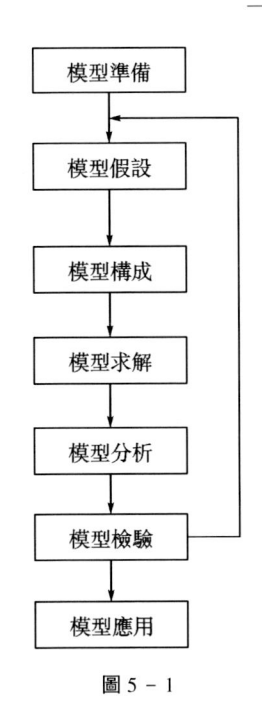

```
模型準備
   ↓
模型假設
   ↓
模型構成
   ↓
模型求解
   ↓
模型分析
   ↓
模型檢驗
   ↓
模型應用
```

圖 5－1

§5.3　全國大學生數學建模競賽簡介

　　中國大學生數學建模競賽,通稱全國大學生數學建模競賽.
　　英文名稱:China Undergraduate Mathematical Contest in Modeling.
　　英文簡稱:CUMCM.
　　主辦機構:中國工業與應用數學學會(CSIAM).圖 5－2 為全國大學生數學建模競賽自 2007 年開始使用的新徽標,圖案寓意三名大學生的合作競賽.
　　競賽宗旨:創新意識、團隊精神、重在參與、公平競爭.

圖 5－2

5.3.1 大學生數學建模競賽的由來

大學生數學建模競賽誕生於美國,其源起與普特南數學競賽有關.

在1985年以前美國只有一種大學生數學競賽,即普特南數學競賽(The William Lowell Putnam mathematical Competition).這是由美國數學協會(MAA,即 Mathematical Association of America 的縮寫)主持,於每年12月的第一個星期六分兩試進行,每年一次,在國際上有很大的影響力,現已成為一項國際性的大學生賽事.由於賽題相當難,因此該競賽被美國《時代》雜誌稱為世界上最難的數學競賽.因此,也有人把該競賽譯為「普特難數學競賽」.

很多普特南數學競賽的優勝者,後來都成了著名的科學家、數學家和企業家,如理查德·費曼(Richard Feynman)、肯尼斯·威爾遜(Kenneth G. Wilson)、史蒂文·溫伯格(Steven Weinberg)和默里·蓋爾曼(Murray Gell-Mann)獲得諾貝爾物理學獎;約翰·納什(John Nash)獲得諾貝爾經濟學獎;約翰·米爾諾(John Milnor)、大衛·曼福德(David Mumford)、丹尼爾·奎倫(Daniel Quillen)、保羅·科恩(Paul Cohen)、約翰·格里格斯·湯普森(John G. Thompson)等獲得數學界的諾貝爾獎、菲爾茲獎.此外,人類基因組計劃的主要負責人之一艾瑞克·蘭德(Eric Lander),著名的計算機科學家唐納德·克努特(Donald Knuth)等人都曾參加過普特南數學競賽並獲得優勝獎勵.微軟公司的創始人比爾·蓋茨也參加過普特南數學競賽.但這項賽事有其不足之處:第一,由於這項賽事的題目非常難,很多基礎較差,特別是沒有優秀的指導教師和高質量培訓的參賽學生考分極低,在一定程度上打擊了他們的積極性;第二,普特南數學競賽很少有實際應用題,更不容許使用計算器或計算機,不能滿足對數學的實際應用有興趣的學生的要求.

由於上面提到的普特南數學競賽的缺陷,特別是由於計算機、計算技術以及網絡技術的迅速發展,數學的應用範圍日益擴大,越來越多的人認識到數學特別是數學建模的重要性,要求數學教育(包括數學競賽)做出相應的改變.1985年在美國出現了一種大學生數學建模競賽,1987年全稱為 Mathematical Competition in Modeling,1988年改全稱為 Mathematical Contest in Modeling(MCM).

中國在1989年首次選派隊伍參加這一競賽,而後歷屆均取得優異成績.數年參加美國大學生數學建模競賽的成就表明,中國大學生在數學建模方面是有競爭力和創新聯想能力的.

1992年,由教育部高教司和中國工業與應用數學學會聯合,中國開始舉辦一年一度的中國大學生數學建模競賽,這項賽事也稱作全國大學生數學建模競賽(簡稱CUMCM).這項賽事自舉辦以來,規模發展非常迅速,一是由賽事之初的競賽只在本科院校中開展,發展到在各個層次的高校中開展(1999年,專科院校開始加入這項賽事);二是賽事舉辦初期只有10省(市)79所院校的314隊、1,000多人,而到2017年,中國34個省級行政區包括香港、澳門和臺灣)及新加坡和澳大利亞的1,418所院校、36,375個隊(其中本科組33,062隊、專科組3,313隊)的11萬多名大學生報名參賽.目前,中國大學生數學建模競賽是全國高校規模最大的課外科技活動之一.

5.3.2　競賽的內容

數學模型競賽與通常的數學競賽不同,競賽題目一般來源於工程技術和管理科學等領域的經過適當簡化加工的實際問題,不要求參賽者預先掌握深入的數學知識,只要學過高等院校的數學課程就能參賽,並且題目有較大的靈活性以供參賽者發揮其創造能力. 參賽者應根據題目要求,完成一篇包括模型的假設、建立和求解、計算方法的設計和計算機實現、結果的分析和檢驗、模型的改進等方面內容的論文(即答卷).

參賽隊完成的答卷(論文)是競賽成績評判的唯一依據,而評判是以假設的合理性、建模的創造性、結果的正確性和文字表述的清晰程度為主要標準的.

5.3.3　競賽的形式和規則

全國大學生數學建模競賽每年舉辦一次,剛開始是在9月上、中旬的某個星期五至下一週的星期一(共3天,72小時)舉行.而從2017年開始,競賽時間調整為從周四晚上8點到週日晚上12點(共76小時).競賽題目全國統一,採取通信競賽方式,以相對集中的形式進行;競賽面向全國大專院校的學生,大學生以隊為單位參賽,每隊3人(須屬於同一所學校),專業不限.競賽分本科、專科兩組進行,本科生參加本科組競賽,專科生參加專科組競賽(也可參加本科組競賽).每隊可設一名指導教師(或教師組),從事賽前輔導和參賽的組織工作,但指導教師在競賽期間必須迴避參賽隊員,不得進行指導或參與討論,否則按違反紀律處理.競賽期間參賽隊員可以使用各種圖書資料、計算機和軟件,在國際互聯網上瀏覽,但不得與隊外任何人(包括在網上)討論.競賽開始後,賽題將公布在指定的網址供參賽隊下載,參賽隊在規定時間內完成答卷,並準時交卷.

競賽由全國大學生數學建模競賽組織委員會(以下簡稱全國組委會)主持,負責每年發動報名、擬定賽題、組織全國優秀答卷的復審和評獎、印製獲獎證書、舉辦全國頒獎儀式等.

競賽分賽區組織進行,原則上一個省(自治區、直轄市)為一個賽區,每個賽區應至少有6所院校的20個隊參加.鄰近的省可以合併成立一個賽區.每個賽區建立組織委員會(以下簡稱賽區組委會),負責本賽區的宣傳發動及報名、監督競賽紀律和組織評閱答卷等工作.未成立賽區的各省院校的參賽隊可直接向全國組委會報名參賽.

各賽區組委會聘請專家組成評閱委員會,評選本賽區的一等、二等獎(也可增設三等獎),獲獎比例一般不超過三分之一,其餘凡完成合格答卷者可獲得成功參賽證書.

各賽區組委會按全國組委會規定的數量將本賽區的優秀答卷送至全國組委會.全國組委會聘請專家組成全國評閱委員會,按統一標準從各賽區送交的優秀答卷中評選出全國一等、二等獎,並頒發獲獎證書.

5.3.4　數學建模論文的寫作

由於全國大學生數學建模競賽的答卷是一篇包括模型的假設、建立和求解、計算方法的設計和計算機實現、結果的分析和檢驗、模型的改進等方面內容的論文,而這篇論文

是對參賽隊的競賽成績進行評判的唯一依據,因此撰寫數學建模論文是完成競賽非常重要的環節。

數學建模論文的基本內容和格式大致分為三大部分:標題、摘要部分,正文部分,附錄部分。

5.3.4.1 標題、摘要部分

(1) 標題或題目。

寫出較確切的題目(不能只寫 A 題、B 題、C 題或 D 題)。論文標題或題目應該簡短精練、高度概括、準確得體、恰如其分,在整篇論文中起到畫龍點睛的作用,讓人一看就能明白所表達的意思。

(2) 摘要。

摘要在數學建模論文中顯得尤其重要,現行格式要求作為一整頁放在正文前面,以便於閱讀和評分。一篇論文一般為 10 頁甚至更長,評委們不可能有很長的時間去細細閱讀,但會很認真地閱讀摘要,因此摘要應起到總結和導向的作用。

摘要的要求是:用精練的語言概括說明使用什麼方法、解決什麼問題、得到什麼結論。如果論文中有獨特巧妙的建模方法或值得說明的傑出工作,也應該在摘要中體現出來。一般要求科技論文的摘要不列舉例證,不出現圖表和公式,不自我評價,但對數學建模競賽摘要的要求是不超過一頁,因此字數可適當多一些。有關結果如果能用一個表清楚列出的話也是可以的,但建議不要出現數學公式,因為數學公式中的符號所代表的意思在一開始往往是不知道的。

由於是競賽論文,因此作者姓名只在參加競賽承諾那一頁出現,答卷只有編號,不會出現作者姓名。競賽論文通常要列出 3 ~ 5 個關鍵詞,這些詞一般與論文的主要內容有關。由於標題起到了畫龍點睛的作用,因此關鍵詞也常與論文標題有關。

5.3.4.2 正文部分(中心部分)

一篇論文的主要部分就是正文,整個建模過程包括模型假設、模型的建立與求解及有關結果都將寫在正文中。正文一般分為若干部分(或稱為邏輯段),每個部分都應有恰當的標題。這些部分通常與建模的步驟和方法有關。

(1) 問題重述。

數學建模競賽要求對給定的問題找到解決的辦法,所以參賽者在論文中應根據題目將要解決的問題敘述清楚。撰寫這部分內容時,不要照抄原題,而要在這一部分說明自己的隊伍研究的是什麼問題,要達到什麼目的。

(2) 模型假設與符號說明。

由題目中給出的條件建立數學模型還不夠,還應補充一些假設。模型假設是建立數學模型中非常關鍵的一步,關係到模型的成敗和優劣。所以,參賽者應該細緻地分析實際問題,從大量的變量中篩選出最能表現問題本質的變量,並簡化它們的關係。由於假設一般不是由實際問題直接提供的,而是因人而異的,所以在撰寫這部分內容時要注意以下三點:

第一,論文中的假設要以嚴格、確切的數學語言來表達,不要使讀者產生任何曲解。

第二,論文所提出的假設確實是建立數學模型所必需的,與建立模型無關的假設只

會擾亂讀者的思考.

第三,假設應驗證其合理性.假設的合理性可以從分析問題的過程中得出,如從問題的性質出發做出合乎常識的假設,或者由觀察所給數據的圖像,得到變量的函數形式,也可以參考其他資料由類推得到(應指出參考文獻的相關內容).

做出模型假設後,一般是符號和概念說明部分.對於建模中出現的主要數學符號和關鍵概念,在論文中要加以說明,否則,模型中出現的符號表示的意義就會不清楚.符號使用要簡潔、通用.

(3) 模型建立.

根據前面做出的假設和引進的代表實際意義的符號,在論文中抽象而確切地表達出它們的關係,並通過一定的數學方法,建立數學模型.論文的模型建立部分要有問題分析、公式推導、基本模型、最終或簡化模型等.基本模型要有數學公式、方案等,它要求完整、正確、簡明,讓讀者能夠清楚地瞭解模型建立的過程.在邏輯推理過程中上下文之間切忌跨度過大,影響論文的說服力.簡化模型要說明簡化思想和依據.在問題分析推導過程中,要做到分析合乎邏輯,術語專業,依據正確,表述簡明,且關鍵步驟要列出,需要推理和論證的地方,應有推導的過程,而且應力求嚴謹;引用現成定理時,要先驗證滿足定理的條件.模型要實用有效,以能解決問題為最終原則,不要追求數學上的高(級)、深(刻)、難(度大).建立數學模型時,能用初等方法解決的,就不用高級方法;能用簡單方法解決的,就不用複雜方法;能用能被更多人看懂、理解的方法,就不用只有少數人能看懂、理解的方法.建模創新很重要,但要切合實際,不要因標新立異而離題.

總之,要把得到數學模型的過程表達清楚,使讀者獲得判斷模型科學性的依據.

(4) 模型求解.

在論文的模型求解部分,需要說明計算方法或給出算法的原理、思想、依據、步驟等.若採用現有軟件求解,要說明採用此軟件的理由和軟件名稱.在計算過程中,中間結果可要可不要的,不要列出,通常將這些中間結果與有關的計算程序一起放在後面的附錄中.要設法算出合理的數值結果,但不要在模型一開始就代入數值(開始時通常應該用符號來表示).可用計算機軟件繪製曲線和曲面示意圖,以便形象地表達數值計算結果.

(5) 模型的檢驗改進與結果表示.

模型檢驗就是把模型在數學上分析的結果(數值結果或模擬結果)與研究的實際問題做比較,以檢驗模型的正確性、合理性.模型檢驗對建模的成敗是很重要的,對於檢驗中出現結果不正確、不合理或誤差大等與實際情況不相符合的,應該分析其原因,對算法、計算方法進行修正,甚至修改補充假設或改換其他數學方法重新做模型構成.通常,一個模型要經過如此多次反覆修改才能得到滿意的結果.

在論文中,如何將有關的結果表示出來,也是個不容忽視的問題.論文的結果表示應做到:

一是題目中要求回答的問題,數值結果,結論須一一列出;

二是結果表示要集中,一目了然,直觀,便於比較分析;

三是數值結果表示要注意精心設計表格,可能的話,用圖形、圖表的形式來表示.

(6) 模型評價與討論推廣.

在論文中,參賽者應該對自己的模型進行分析評價,同時應對將模型運用到實際問題中可能碰到的問題進行分析,應根據實際問題大致分析自己解出的結果的正確性與合

理性,應該對所建立模型的優缺點加以討論比較,並實事求是地指出模型的使用範圍,並為模型的進一步改革提出建議或方案.在正文引用處和參考文獻中均要按照規定的參考文獻的表述方式.

(7) 參考文獻.

參考文獻部分是論文正文的最後一個部分,也是論文不可缺少的內容.在這部分要寫清楚自己在建模過程中所引用的別人的成果或其他公開的資料(包括網上查到的資料).

5.3.4.3 附錄部分

附錄部分包括:建模過程中的計算程序、框圖、各種求解演算過程、計算中間結果,各種圖形、表格,等等.這些內容是論文的一個組成部分,但由於它們往往會占據較大的篇幅,一般不在正文中出現,而是通過附錄的方式一一列出.要注意的是,主要的結果數據應在正文中列出.

【數學史話】

歷史上的三次數學危機

一、第一次數學危機

(一) 第一次數學危機的簡介

從某種意義上來講,現代意義下的數學(也就是作為演繹系統的純粹數學)來源於古希臘的畢達哥拉斯學派.這個學派興旺的時期為公元前500年左右,是一個唯心主義流派.他們重視對自然及社會中不變因素的研究,把幾何、算術、天文學、音樂稱為「四藝」,並在其中追求宇宙的和諧及規律性.他們認為「萬物皆數」,認為數學的知識是可靠的、準確的,而且可以應用於現實的世界.他們還認為數學知識是從純粹的思維中獲得的,並不需要觀察、直覺及日常經驗.

畢達哥拉斯數是指整數.畢達哥拉斯學派在數學上的一項重大發現是證明了勾股定理.他們知道滿足直角三角形三邊長的一般公式,由此發現了一些直角三角形的三邊比不能用整數來表達,也就是勾長或股長與弦長是不可通約的.然而這樣一來,他們就否定了畢達哥拉斯學派的信條:宇宙間的一切現象都能歸結為整數或整數之比.

不可通約性的發現引起了第一次數學危機.有人說,這種性質是希帕索斯在約公元前400年發現的,為此,他的同伴把他拋進大海.不過更有可能是畢達哥拉斯已經知道這種事實,而希帕索斯因洩密而被處死.不管怎樣,這個發現對古希臘的數學觀點有極大的衝擊.這表明,幾何學的某些真理與算術無關,幾何量不能完全由整數及其比來表示,反之數卻可以由幾何量表示出來.整數的尊崇地位受到挑戰,於是幾何學開始在希臘數學中佔有特殊地位.

同時這也反應出,直覺和經驗不一定靠得住,而推理證明才是可靠的.從此希臘人開始由「自明的」公理出發,不斷進行演繹推理,並由此建立幾何學體系.這是數學思想上的一次巨大的革命,也是第一次數學危機的自然產物.

回顧以前的各種數學,無非都是「算」,也就是提供算法.即使在古希臘,數學也是從實際出發,應用到實際問題中去的,如泰勒斯預測日食,利用影子距離計算金字塔高度,測量船只離岸距離等,都是屬於計算技術範圍的.至於埃及、中國、印度等國的數學,並沒有經歷過這樣的危機和革命,所以也就一直停留在「算學」階段.而希臘數學則走向了完

全不同的道路,形成了歐幾里得《幾何原本》的公理體系與亞里士多德的邏輯體系.

但是,自此以後希臘人把幾何看成了全部數學的基礎,把數的研究隸屬於形的研究,割裂了它們之間的密切關係.這樣做的最大不幸是放棄了對無理數本身的研究,使算術和代數的發展受到很大的限制,基本理論十分薄溺.這種畸形發展的局面在歐洲持續了2,000多年.

(二) 第一次數學危機的誘因

整數是在對於對象的有限整合進行計算的過程中產生的抽象概念.日常生活中,我們不僅要計算單個的對象,還要度量各種量,如長度、重量和時間.為了滿足這些簡單的度量需要,就要用到分數.於是,如果定義有理數為兩個整數的商,那麼由於有理數系包括了所有的整數和分數,所以用有理數進行實際量度是足夠的.

有理數有一種簡單的幾何解釋.在一條水準直線上,標出一段線段作為單位長,如果令它的定端點和右端點分別表示數0和1,則可用這條直線上的間隔為單位長的點的集合來表示整數,正整數在0的右邊,負整數在0的左邊.以q為分母的分數,可以用每一單位間隔分為q等份的點來表示.於是,每一個有理數都對應著直線上的一個點.

古代數學家認為,這樣能把直線上所有的點用完.但是,畢氏學派大約在公元前400年發現:直線上存在不對應任何有理數的點.特別是,他們證明了:這條直線上存在點p不對應於有理數,這裡的距離op等於邊長為單位長的正方形的對角線.於是就必須發明新的數對應這樣的點,並且因為這些數不可能是有理數,只好稱它們為無理數.無理數的發現,是畢氏學派最偉大的成就之一,也是數學史上的重要里程碑.

無理數的發現,引起了第一次數學危機.一是對於全部依靠整數的畢氏哲學,這是一次致命的打擊.二是無理數似乎與常識相矛盾.其在幾何上的對應情況同樣也是令人驚訝的,因為與直觀相反,它存在不可通約的線段,即沒有公共的量度單位的線段.由於畢氏學派關於比例的定義假定了任何兩個同類量都是可通約的,所以畢氏學派比例理論中的所有命題都局限在可通約的量上,這樣,他們的關於相似形的一般理論也失效了.

「邏輯上的矛盾」是如此之大,以至於有一段時間,他們費了很大的精力將此事保密,不準外傳.但是人們很快發現不可通約性並不是罕見的現象.泰奧多勒斯指出,面積等於3、5、6、…、17的正方形的邊與單位正方形的邊也不可通約,並對每一種情況都單獨予以了證明.隨著時間的推移,無理數的存在逐漸成為人所共知的事實.

誘發第一次數學危機的一個間接因素是之後「芝諾悖論」的出現.它增加了數學家們的擔憂:數學作為一門精確的科學是否還有可能?宇宙的和諧性是否還存在?

在大約公元前370年,這個矛盾被畢氏學派的歐多克斯通過給比例下新定義的方法解決了.他處理不可通約量的方法,出現在歐幾里得《幾何原本》第5卷中,並且和狄德金於1872年提出的無理數的現代解釋基本一致.今天中學幾何課本中對相似三角形的處理,仍可反應出由不可通約量帶來的某些困難和微妙之處.

(三) 第一次數學危機的產物——古典邏輯與歐氏幾何學

亞里士多德的方法論對於數學方法的影響是巨大的.他指出了正確的定義原理.亞里士多德繼承自己老師柏拉圖的觀念,把定義與存在相區分,認為由某些屬性來定義的東西可能未必存在(如正九面體).另外,定義必須用已存在的定義過的東西來定義,所以必定有些最原始的定義,如點、直線等.而證明存在的方法需要規定和限制.

亞里士多德還指出公理的必要性,因為這是演繹推理的出發點.他區別了公理和公

設,認為公理是一切科學所公有的真理,而公設只是某一門學科特有的最基本的原理.他把邏輯規律(矛盾律、排中律等)也列為公理.

亞里士多德對邏輯推理過程進行深入研究,得出三段論法,並把它表達成一個公理系統,這是最早的公理系統.他關於邏輯的研究不僅使邏輯形成一個獨立學科,而且對數學證明的發展也有良好的影響.

亞里士多德對於離散與連續的矛盾有一定闡述,並對潛在的無窮(大)和實在的無窮(大)加以區別.他認為正整數是潛在無窮的,因為任何整數加上1以後總能得到一個新的數,但是他認為所謂「無窮集合」是不存在的.他認為空間是潛在無窮的,時間在延長上是潛在無窮的,在細分上也是潛在無窮的.

歐幾里得的《幾何原本》對數學發展的作用無須在此多談.不過應該指出,歐幾里得的貢獻在於他有史以來第一次總結了以往希臘人的數學知識,從而構成了一個標準化的演繹體系.這對數學乃至哲學、自然科學的影響一直延續到19世紀.牛頓的《自然哲學的數學原理》和斯賓諾莎的《倫理學》等都採用了歐幾里得《幾何原本》的體例.

歐幾里得的平面幾何學出現在《幾何原本》的最初四篇與第六篇.其中有七個原始定義,五個公理和五個公設.他規定了存在的證明依賴於構造.

《幾何原本》在西方世界流傳較廣.它一直是幾何學的標準著作.但是它還存在許多缺點並不斷受到批評.例如,它對於點、線、面的定義是不嚴格的:「點是沒有部分的對象」「線是沒有寬度的長度(線指曲線)」「面是只有長度和寬度的對象」.顯然,這些定義不能起邏輯推理的作用.特別是其對直線、平面的定義更是從直觀上來解釋的(「直線是同其中各點看齊的線」).

另外,歐幾里得的公理五是「整體大於部分」,沒有涉及無窮量的問題.在他的證明中,原來的公理也不夠用,須加上新的公理.特別是平行公設是否可由其他公理、公設推出更是令人矚目的問題.儘管如此,近代數學的體系特點在其中已經基本形成了.

(四) 非歐幾何學的誕生過程

歐幾里得的《幾何原本》是第一次數學危機的產物.儘管它有種種缺點和毛病,但是兩千多年來它一直是大家公認的典範.尤其是許多哲學家,把歐幾里得幾何學擺在絕對幾何學的地位.18世紀時,大部分人都認為歐幾里得幾何是物質空間中圖形性質的理想化,特別是康德認為關於空間的原理是先驗綜合判斷的,物質世界必然是歐幾里得式的,歐幾里得幾何是唯一的、必然的、完美的.

既然歐氏幾何學是完美的,大家當然希望其公理、公設簡單明白、直截了當.其他的公理和公設都滿足了這個條件,唯獨平行公設不夠簡明,像是一條定理.

歐幾里得的平行公設是:每當一條直線與另外兩條直線相交,在它一側形成的兩個同側內角的和小於兩直角和時,這另外兩條直線就在同側內角和小於兩直角和的那一側相交.

在《幾何原本》中,證明前28個命題並沒有用到這個公設,這很自然引起了人們的思考:這條囉哩囉唆的公設是否可由其他的公理和公設推出,也就是說,平行公設可能是多餘的.

之後的兩千多年,許多人曾試圖證明這點,有些人開始以為成功了,但是經過仔細檢查發現:所有的證明都使用了一些其他的假設,而這些假設又可以從平行公設推出來,所以他們只不過得到一些和平行公設等價的命題罷了.

到了18世紀,有人開始想用反證法來證明,即假設平行公設不成立,企圖由此得出矛盾.他們得出了一些推論,如「有兩條線在無窮遠點處相交,而在交點處這兩條線有公垂線」等.在他們看來,這些結論不合情理,因此不可能是真實的.但是這些推論的含義不清楚,也很難說導出了矛盾,所以不能說由此證明了平行公設.

從舊的歐幾里得幾何觀念到新幾何觀念的確立,需要在某種程度上解放思想.

第一,要能從兩千年來證明平行公設的失敗過程中看出這個證明是辦不到的事,並且這種不可能性是可以加以證實的;第二,要選取與平行公設相矛盾的其他公設,也能建立邏輯上沒有矛盾的幾何.這主要是羅巴切夫斯基的開創性工作.

要認識到歐幾里得幾何不一定是物質空間的幾何學,歐幾里得幾何學只是許多可能的幾何學中的一種.而幾何學要從由直覺、經驗來檢驗的空間科學變成一門純粹的數學,也就是說,它的存在性只由無矛盾性來決定.雖說像蘭伯特等人已有這種思想苗頭,但是真正把幾何學變成一門純粹的數學的是希爾伯特.

這個過程是漫長的,其中最主要的一步是羅巴切夫斯基和波耶分別獨立地創立了非歐幾何學,尤其是他們所考慮的無矛盾性是歷史上的獨創.後人把羅氏幾何的無矛盾性隱含地變成歐氏幾何無矛盾性的問題.這種利用「模型」和證明「相對無矛盾性」的思想一直貫穿在之後對數學基礎的研究中.而且這種把非歐幾何歸結為大家一貫相信的歐氏幾何,也對大家接受非歐幾何起到了重要的作用.

應該指出,非歐幾何為廣大數學界人士接受還是經歷了一段曲折歷程的.首先要證明第五公設的否定並不會導致矛盾,只有這樣才能說明新幾何學已成立,才能說明第五公設獨立於別的公理、公設,這是一個起碼的要求.

當時證明的方法是證明「相對無矛盾性」.因為當時大家都承認歐幾里得幾何學沒有矛盾,如果能把非歐幾何用歐幾里得幾何學來解釋而且解釋得通,也就變得沒有矛盾了.而這就要把非歐幾何中的點、直線、平面、角、平行等翻譯成歐幾里得幾何學中相應的東西,公理和定理也可用相應歐幾里得幾何學的公理和定理來解釋,這種解釋叫作非歐幾何學的歐氏模型.

對於羅巴切夫斯基幾何學,最著名的歐氏模型有義大利數學家貝特拉米於1869年提出的常負曲率曲面模型,德國數學家克萊因於1871年提出的射影平面模型和彭加勒在1882年提出的用自守函數解釋的單位圓內部模型.這些模型的確證實了非歐幾何的相對無矛盾性,而且有的可以推廣到更一般的非歐幾何,即黎曼創立的橢圓幾何學,另外還可以推廣到高維空間上.

因此,從19世紀60年代末到19世紀80年代初,大部分數學家接受了非歐幾何學.儘管有的人還堅持歐幾里得幾何學的獨特性,但是許多人明確指出非歐幾何學和歐氏幾何學平起平坐的時代已經到來.當然也有少數頑固派,如數理邏輯的締造者弗雷格,至死不肯承認非歐幾何學,不過這已無關大局了.

非歐幾何學的創建對數學的影響很大,數學家開始關心幾何學的基礎問題.從19世紀80年代起,幾何學的公理化成為大家關注的目標,並由此產生了希爾伯特的新公理化運動.

(五) 第一次數學危機的意義

第一次數學危機表明,幾何學的某些真理與算術無關,幾何量不能完全由整數及其比來表示.反之,數卻可以由幾何量表示出來.整數的地位受到挑戰,古希臘的數學觀點受

到極大的衝擊.於是,幾何學開始在希臘數學中佔有特殊地位.同時也反應出,直覺和經驗不一定靠得住,而推理證明才是可靠的.從此希臘人開始從「自明的」公理出發,經過演繹推理,並由此建立了幾何學體系.這是數學思想上的一次革命,是第一次數學危機的自然產物.

二、第二次數學危機

17、18世紀關於微積分發生的激烈的爭論,被稱為第二次數學危機.從歷史或邏輯的觀點來看,它的發生也帶有必然性.

這次危機的萌芽出現在大約公元前450年,芝諾注意到由於對無限性的理解問題而產生的矛盾,提出了關於時空的有限與無限的四個悖論:

「兩分法」:向著一個目的地運動的物體,首先必須經過路程的中點,然而要經過這點,又必須先經過路程的1/4點……如此類推以致無窮.結論是:無窮是不可窮盡的過程,運動是不可能的.

「阿基里斯(《荷馬史詩》中善跑的英雄)追不上烏龜」:阿基里斯總是首先必須到達烏龜的出發點,因而烏龜必定總是跑在前頭.這個論點同兩分法悖論一樣,所不同的是不必把所需通過的路程一再平分.

「飛矢不動」:意思是箭在運動過程中的任一瞬必在一確定位置上,因而是靜止的,所以箭就不能處於運動狀態.

「操場或遊行隊伍」:A、B兩件物體以等速向相反方向運動.從靜止的C來看,比如說A、B都在1小時內移動了2千米,可是從A看來,則B在1小時內就移動了4千米.運動是矛盾的,所以運動是不可能的.

芝諾揭示的矛盾是深刻而複雜的.前兩個悖論詰難了關於時間和空間無限可分,因而運動是連續的觀點,後兩個悖論詰難了時間和空間不能無限可分,因而運動是間斷的觀點.芝諾悖論的提出可能有更深刻的背景,不一定是專門針對數學的,但是它們在數學界掀起了一場軒然大波.它們說明了希臘人已經看到「無窮小」與「很小很小」的矛盾,但他們無法解決這些矛盾.其後果是,希臘幾何證明中從此就排除了無窮小.

經過許多人多年的努力,終於在17世紀晚期,形成了無窮小演算——微積分這門學科.牛頓和萊布尼茲被公認為是微積分的奠基者,他們的功績主要在於:把各種有關問題的解法統一成微分法和積分法;有明確的計算步驟;微分法和積分法互為逆運算.由於運算的完整性和應用的廣泛性,微積分成為當時解決問題的重要工具.同時,關於微積分基礎的問題也越來越深入.關鍵問題就是無窮小量究竟是不是零?無窮小及其分析是否合理?由此而引起了數學界甚至哲學界長達一個半世紀的爭論,造成了第二次數學危機.

無窮小量究竟是不是零?兩種答案都會導致矛盾.牛頓曾對它做過三種不同的解釋:1669年說它是一種常量;1671年說它是一個趨於零的變量;1676年又說它被兩個正在消逝的量的最終比所代替.但是,他始終無法解決上述矛盾.萊布尼茲曾試圖用和無窮小量成比例的有限量的差分來代替無窮小量,但是他也沒有找到從有限量過渡到無窮小量的橋樑.

英國大主教貝克萊於1734年寫文章,攻擊流數(導數)是消失了的量的鬼魂……能消化得了二階、三階流數的人,是不會因吞食了神學論點就嘔吐的.他說,忽略高階無窮小而消除了原有的錯誤,是依靠雙重的錯誤得到了雖然不科學卻是正確的結果.貝克萊雖然也抓住了當時微積分、無窮小方法中一些不清楚、不合邏輯的問題,但是他是出自對科學

的厭惡和對宗教的維護,而不是出自對科學的追求和探索.

當時一些數學家和其他學者,也批判過微積分的一些問題,指出其缺乏必要的邏輯基礎.例如,羅爾曾說:微積分是巧妙的謬論的匯集.在那個時期,科學在邏輯上存在這樣那樣的問題,並不是個別現象.

18世紀的數學思想的確是不嚴密的、直觀的,強調形式的計算而不管基礎的可靠性.其中特別是:沒有清楚的無窮小概念,從而導數、微分、積分等概念不清楚;無窮大概念不清楚;發散級數求和的任意性;符號的不嚴格使用;不考慮連續性就進行微分;不考慮導數及積分的存在性以及函數可否展成冪級數;等等.

直到19世紀20年代,一些數學家才比較關注微積分的基礎.從波爾查諾、阿貝爾、柯西、狄里赫利等人的工作開始,到威爾斯特拉斯、狄德金和康托爾的工作結束,中間經歷了半個多世紀,基本上解決了矛盾,為數學分析奠定了一個嚴格的基礎.

波爾查諾給出了連續性的正確定義;阿貝爾指出要嚴格限制濫用級數展開及求和.柯西在1821年的《代數分析教程》中從定義變量出發,認識到函數不一定要有解析表達式.他抓住極限的概念,指出無窮小量和無窮大量都不是固定的量而是變量,無窮小量是以零為極限的變量,並且定義了導數和積分.狄里赫利給出了函數的現代定義.在這些工作的基礎上,威爾斯特拉斯消除了其中不確切的地方,給出現在通用的極限的定義、連續的定義,並把導數、積分嚴格地建立在極限的基礎上.

19世紀70年代初,威爾斯特拉斯、狄德金、康托爾等人獨立地建立了實數理論,而且在實數理論的基礎上,建立起極限論的基本定理,從而使數學分析建立在實數理論的嚴格基礎之上.

三、第三次數學危機

19世紀下半葉,康托爾創立了著名的集合論.在集合論剛產生時,他曾遭到許多人的猛烈攻擊.但不久這一開創性成果就為廣大數學家所接受了,並且獲得廣泛而高度的贊譽.數學家們發現,從自然數與康托爾集合論出發可建立起整個數學大廈,因而集合論成為現代數學的基石.「一切數學成果可建立在集合論基礎上」這一發現使數學家們為之陶醉.1900年,國際數學家大會上,法國著名數學家龐加萊興高採烈地宣稱:「借助集合論概念,我們可以建造整個數學大廈 …… 今天,我們可以說絕對的嚴格性已經達到了 ……」

可是,好景不長.1903年,一個震驚數學界的消息傳出:集合論是有漏洞的! 這就是英國數學家羅素提出的著名的羅素悖論.

羅素構造了一個集合S:S由一切不是自身元素的集合所組成.然後羅素問:S是否屬於S呢? 根據排中律,一個元素或者屬於某個集合,或者不屬於某個集合.因此,對於一個給定的集合,問是否屬於它自己是有意義的.但對這個看似合理的問題的回答卻會令人陷入兩難境地.如果S屬於S,根據S的定義,S就不屬於S;反之,如果S不屬於S,同樣根據定義,S就屬於S.無論如何都是矛盾的.

其實,在羅素之前就已經有人發現了集合論中的悖論.例如,1897年,布拉利和福爾蒂提出了最大序數悖論;1899年,康托爾自己發現了最大基數悖論.但是,由於這兩個悖論都涉及集合中的許多複雜理論,所以只是在數學界掀起了一點小漣漪,未能引起廣泛的關注.羅素悖論則不同.它非常淺顯易懂,而且所涉及的只是集合論中最基本的東西.所以,羅素悖論一提出就在當時的數學界與邏輯學界內引起了極大震動.如弗雷格在收到羅素介紹這一悖論的信後傷心地說:「一個科學家所遇到的最不合心意的事莫過於在他的

工作即將結束時,其基礎崩潰了.羅素先生的一封信正好把我置於這個境地.」戴德金也因此推遲了他的《什麼是數的本質和作用》的再版.可以說,這一悖論就像在平靜的數學水面上投下了一塊巨石,而它所引起的巨大反響則導致了第三次數學危機的產生.

危機產生後,數學家們紛紛提出自己的解決方案.人們希望能夠通過對康托爾的集合論進行改造,通過對集合定義加以限制來排除悖論,而這就需要建立新的原則.「這些原則必須足夠狹窄,以保證排除一切矛盾;另一方面又必須充分廣闊,使康托爾集合論中一切有價值的內容得以保存下來.」1908 年,策梅羅在自己這一原則的基礎上提出第一個公理化集合論體系,後來經其他數學家改進,稱為 ZF 系統.這一公理化集合系統在很大程度上彌補了康托爾樸素集合論的缺陷.除 ZF 系統外,集合論的公理系統還有很多種,如諾伊曼等人提出的 NBG 系統等.公理化集合系統的建立,成功排除了集合論中出現的悖論,從而比較圓滿地解決了第三次數學危機.但在另一方面,羅素悖論對數學而言有著更為深刻的影響.它使得數學基礎問題第一次以如此迫切的姿態擺在數學家面前,從而迫使數學家去研究數學基礎問題.而這又極其深刻地影響了整個數學,如圍繞著數學基礎之爭,形成了現代數學史上著名的三大數學流派,而各派的工作又都極大地促進了數學的發展.

以上簡單介紹了數學史上由於數學悖論而導致的三次數學危機,從中我們不難看到數學悖論在推動數學發展中的巨大作用.有人說:提出問題就是解決問題的一半,而數學悖論提出的正是讓數學家無法迴避的問題.正如希爾伯特在《論無限》一文中所指出的那樣,「必須承認,在這些悖論面前,我們目前所處的情況是不能長期忍受下去的.人們試想:在數學這個號稱可靠性和真理性的模範裡,每一個人所學的、教的和應用的那些概念結構和推理方法竟會導致不合理的結果.如果甚至於數學思考也失靈的話,那麼應該到哪裡去尋找可靠性和真理性呢?」悖論的出現逼迫數學家投入最大的熱情去解決它,而在解決悖論的過程中,各種理論應運而生了:第一次數學危機促成了公理幾何與邏輯的誕生;第二次數學危機促成了分析基礎理論的完善與集合論的創立;第三次數學危機促成了數理邏輯的發展與現代數學的產生.數學由此得到了蓬勃發展,而這或許就是數學悖論重要意義之所在吧.

附錄一
希臘字母表

| 希臘字母(Greek Letter) || 英文拼法 | 近似漢語讀音 |
大寫字母(Capital)	小寫字母(Small)	(English Spelling)	
A	α	alpha	阿爾法
B	β	beta	貝塔/畢塔
Γ	γ	gamma	伽馬/甘瑪
Δ	δ	delta	得爾塔/岱歐塔
E	ε	epsilon	埃普西龍
Z	ζ	zeta	澤塔
H	η	eta	伊塔/誒塔
Θ	θ	theta	西塔
I	ι	iota	埃歐塔
K	κ	kappa	堪帕
Λ	λ	lambda	蘭姆達
M	μ	mu	謬/穆
N	ν	nu	拗/奴
Ξ	ξ	xi	可西/賽
O	ο	omicron	歐(阿)米可榮
Π	π	pi	派
P	ρ	rho	柔/若
Σ	σ	sigma	西格瑪
T	τ	tau	套/駝
Y	υ	upsilon	宇(阿)普西龍
Φ	φ	phi	弗愛/弗憶
X	χ	chi	凱/柯義
Ψ	ψ	psi	普賽/普西
Ω	ω	omega	歐米伽/歐枚嘎

附錄二
常用初等數學基本公式

一、乘法公式

(1) $a^2 - b^2 = (a+b)(a-b)$.

(2) $a^3 \pm b^3 = (a \pm b)(a^2 \mp ab + b^2)$.

(3) $a^n - b^n = \begin{cases} (a-b)(a^{n-1} + a^{n-2}b + \cdots + b^{n-1}) \ (n\ 為正整數); \\ (a+b)(a^{n-1} + a^{n-2}b - a^{n-3}b^2 + \cdots + ab^{n-2} - b^{n-1}) \ (n\ 為正整數). \end{cases}$

(4) $a^n + b^n = (a+b)(a^{n-1} - a^{n-2}b + a^{n-3}b^2 - \cdots - ab^{n-2} + b^{n-1}) \ (n\ 為奇數)$.

二、不等式

(1) $|a \pm b| \leq |a| + |b|$.

(2) $|a - b| \geq |a| - |b|$.

(3) $-|a| \leq a \leq |a|$.

(4) $|a| \leq b \Leftrightarrow -b \leq a \leq b$.

三、一元二次方程 $ax^2 + bx + c = 0$ 的解

(1) $x_{1,2} = \dfrac{-b \pm \sqrt{b^2 - 4ac}}{2a}$.

(2) 根與系數的關係(韋達定理): $x_1 + x_2 = -\dfrac{b}{a}, x_1 \cdot x_2 = \dfrac{c}{a}$.

(3) 判別式 $\Delta = b^2 - 4ac \begin{cases} > 0, & 方程有相異二實根; \\ = 0, & 方程有相等二實根; \\ < 0, & 方程有共軛復數根. \end{cases}$

四、某些數列的前 n 項和

(1) $1 + 2 + \cdots + n = \dfrac{n(n+1)}{2}$.

(2) $1 + 3 + \cdots + (2n-1) = n^2$.

(3) $2 + 4 + \cdots + 2n = n(n+1)$.

(4) $1^2 + 2^2 + \cdots + n^2 = \dfrac{n(n+1)(2n+1)}{6}$.

(5) $1^2 + 3^2 + \cdots + (2n-1)^2 = \dfrac{n(4n^2-1)}{3}$.

(6) $1^3 + 2^3 + \cdots + n^3 = \dfrac{n^2(n+1)^2}{4}$.

(7) $1^3 + 3^3 + \cdots + (2n-1)^3 = n^2(2n^2-1)$.

(8) $1 \cdot 2 + 2 \cdot 3 + \cdots + n \cdot (n+1) = \dfrac{n(n+1)(n+2)}{3}$.

五、二項式展開公式

$(a+b)^n = a^n + na^{n-1}b + \dfrac{n(n-1)}{2!}a^{n-2}b^2 + \cdots + b^n$.

六、三角函數公式

(一) 兩角和公式

(1) $\sin(\alpha \pm \beta) = \sin\alpha\cos\beta \pm \cos\alpha\sin\beta$.

(2) $\cos(\alpha \pm \beta) = \cos\alpha\cos\beta \mp \sin\alpha\sin\beta$.

(3) $\tan(\alpha \pm \beta) = \dfrac{\tan\alpha \pm \tan\beta}{1 \mp \tan\alpha\tan\beta}$.

(4) $\cot(\alpha \pm \beta) = \dfrac{\cot\alpha\tan\beta \mp 1}{\cot\beta \pm \cot\alpha}$.

(二) 倍角公式

(1) $\sin 2\alpha = 2\sin\alpha\cos\alpha$.

(2) $\cos 2\alpha = \cos^2\alpha - \sin^2\alpha = 2\cos^2\alpha - 1 = 1 - 2\sin^2\alpha$.

(3) $\tan 2\alpha = \dfrac{2\tan\alpha}{1-\tan^2\alpha}$.

(4) $\cot 2\alpha = \dfrac{\cot^2\alpha - 1}{2\cot\alpha}$.

(三) 半角公式

(1) $\sin\dfrac{\alpha}{2} = \pm\sqrt{\dfrac{1-\cos\alpha}{2}}$.

(2) $\cos\dfrac{\alpha}{2} = \pm\sqrt{\dfrac{1+\cos\alpha}{2}}.$

(3) $\tan\dfrac{\alpha}{2} = \pm\sqrt{\dfrac{1-\cos\alpha}{1+\cos\alpha}} = \dfrac{1-\cos\alpha}{\sin\alpha} = \dfrac{\sin\alpha}{1+\cos\alpha}.$

(4) $\cot\dfrac{\alpha}{2} = \pm\sqrt{\dfrac{1+\cos\alpha}{1-\cos\alpha}} = \dfrac{1+\cos\alpha}{\sin\alpha} = \dfrac{\sin\alpha}{1-\cos\alpha}.$

(四) 積化和差

(1) $2\sin\alpha\cos\beta = \sin(\alpha+\beta) + \sin(\alpha-\beta).$

(2) $2\cos\alpha\sin\beta = \sin(\alpha+\beta) - \sin(\alpha-\beta).$

(3) $2\cos\alpha\cos\beta = \cos(\alpha+\beta) + \cos(\alpha-\beta).$

(4) $-2\sin\alpha\sin\beta = \cos(\alpha+\beta) - \cos(\alpha-\beta).$

(五) 和差化積

(1) $\sin\alpha + \sin\beta = 2\sin\dfrac{\alpha+\beta}{2}\cos\dfrac{\alpha-\beta}{2}.$

(2) $\sin\alpha - \sin\beta = 2\cos\dfrac{\alpha+\beta}{2}\sin\dfrac{\alpha-\beta}{2}.$

(3) $\cos\alpha + \cos\beta = 2\cos\dfrac{\alpha+\beta}{2}\cos\dfrac{\alpha-\beta}{2}.$

(4) $\cos\alpha - \cos\beta = -2\sin\dfrac{\alpha+\beta}{2}\sin\dfrac{\alpha-\beta}{2}.$

(5) $\tan\alpha \pm \tan\beta = \dfrac{\sin(\alpha\pm\beta)}{\cos\alpha\cos\beta}.$

(6) $\cot\alpha \pm \cot\beta = \pm\dfrac{\sin(\alpha\pm\beta)}{\sin\alpha\sin\beta}.$

參考文獻

[1] 葉鳴飛,王華.高等數學[M].南京:南京大學出版社,2010.

[2] 張聲年,葉鳴飛,程冬時.經濟應用數學[M].北京:高等教育出版社,2012.

[3] 盛光進.實用經濟數學[M].北京:高等教育出版社,2012.

[4] 曾廣洪,張曉霞,吳慶初.微積分[M].北京:高等教育出版社,2014.

[5] DUNHAM W.微積分的歷程——從牛頓到勒貝格[M].李伯民,汪軍,張懷勇,譯.北京:人民郵電出版社,2010.

國家圖書館出版品預行編目（CIP）資料

經濟數學 / 葉鳴飛, 謝素鑫 主編. -- 第一版.
-- 臺北市：崧博出版：財經錢線文化發行, 2019.05
　　面；　公分
POD版

ISBN 978-957-735-857-8(平裝)

1.經濟數學

550.191　　　　　　　　　　　　　108006581

書　　名：經濟數學
作　　者：葉鳴飛、謝素鑫 主編
發 行 人：黃振庭
出 版 者：崧博出版事業有限公司
發 行 者：財經錢線文化事業有限公司
E - m a i l：sonbookservice@gmail.com
粉 絲 頁：　　　　　　網　址：
地　　址：台北市中正區重慶南路一段六十一號八樓815室
8F.-815, No.61, Sec. 1, Chongqing S. Rd., Zhongzheng Dist., Taipei City 100, Taiwan (R.O.C.)
電　　話：(02)2370-3310　傳　真：(02) 2370-3210

總 經 銷：紅螞蟻圖書有限公司
地　　址：台北市內湖區舊宗路二段 121 巷 19 號
電　　話:02-2795-3656 傳真:02-2795-4100　　網址：
印　　刷：京峯彩色印刷有限公司（京峰數位）

　　本書版權為西南財經大學出版社所有授權崧博出版事業股份有限公司獨家發行電子書及繁體書繁體字版。若有其他相關權利及授權需求請與本公司聯繫。

定　價：320元
發行日期：2019 年 05 月第一版
◎ 本書以 POD 印製發行